◇◇◇ **重新发现中国** 主编｜贺雪峰 沈山

大均衡

进城与返乡的
历史判断与制度思考

贺雪峰 著

The Great Equilibrium

Reflecting on the
Directions of Chinese
Rural Migration

GUANGXI NORMAL UNIVERSITY PRESS
广西师范大学出版社
· 桂林 ·

DA JUNHENG
JINCHENG YU FANXIANG DE LISHI PANDUAN YU ZHIDU SIKAO

图书在版编目（CIP）数据

大均衡：进城与返乡的历史判断与制度思考 / 贺雪峰著. —
桂林：广西师范大学出版社，2022.1（2022.12 重印）
（重新发现中国 / 贺雪峰，沈山主编）
ISBN 978-7-5598-4370-8

Ⅰ. ①大… Ⅱ. ①贺… Ⅲ. ①城乡建设－中国－文集
Ⅳ. ①F299.21-53

中国版本图书馆 CIP 数据核字（2021）第 210615 号

广西师范大学出版社出版发行

（广西桂林市五里店路 9 号　邮政编码：541004）
网址：http://www.bbtpress.com
出版人：黄轩庄
全国新华书店经销
深圳市精彩印联合印务有限公司印刷
（深圳市光明新区白花洞第一工业区精雅科技园　邮政编码：518108）
开本：889 mm × 1 240 mm　1/32
印张：10.75　　字数：214 千字
2022 年 1 月第 1 版　　2022 年 12 月第 3 次印刷
定价：55.00 元

如发现印装质量问题，影响阅读，请与出版社发行部门联系调换。

目 录

代 序
回不去的乡村？ / 1

一 进城还是返乡

务工、务农与创业 / 3

返乡创业的逻辑 / 11

农民家庭劳动力如何配置 / 15

进城还是留守 / 23

农民为什么愿意回村居住 / 35

熟人社会的养老 / 40

互助养老值得重视 / 45

从新冠疫情认识农民退路的重要性 / 50

二　农村区域差异

代际责任与自由恋爱 / 57

性别失衡与代际关系 / 63

老年人储蓄的区域差异 / 75

北方农村兄弟关系更容易紧张 / 81

农村老年人瘫痪了还能活很多年 / 86

负担不重的家庭 / 90

半市场中心地带 / 99

晋西北农村性质 / 104

村庄秩序的条件 / 109

云贵川与鲁豫皖 / 114

文化核心区与边缘区 / 126

三　农业用地制度

中国的粮食安全有没有问题？ / 133

武汉郊区的土地抛荒 / 137

北京郊区的蔬菜种植 / 144

烟台市党支部领办合作社 / 155

农地三权分置问题 / 162

皖河农场的经营体制及其优势 / 176

保护耕地也要考虑代价 / 192

大均衡

四 建设用地制度

沿海土地利用的先行劣势 / 197

壮大农村集体经济要警惕负债 / 202

宅基地改革的核心是"居有其屋" / 206

征地拆迁与农民的地权意识 / 218

五 "三农"政策对话

"三农"问题的根本是农民问题 / 233

乡村振兴战略的辩证法 / 237

城乡收入差距为什么会拉大？ / 256

城市发展战略的若干想法 / 264

城乡融合发展彰显中国制度优势 / 274

从开发扶贫到精准扶贫 / 280

农民如何城市化 / 291

国土空间规划的几个问题 / 297

乡村振兴规划中的四类村庄 / 304

未来15年乡村建设重点在于保底 / 310

"合村并居"何必拆农民房子 / 314

"合村并居"可能造成系统性风险 / 320

后 记 / 323

代　序

回不去的乡村？

一

"农民工回不回得去农村"是一个前沿问题，对这个问题的回答关系到中国"三农"政策的制定和中国现代化道路的选择。当前对这个问题的解答显然不能让人满意，这里的简单讨论算是抛砖引玉。

一般认为，当前农民工有两代。第一代农民工往往在村庄长大，有务农经历，父母和子女皆留在农村。第一代农民工进城务工是为了更好的农村生活：他们本人进城务工，将土地留给父母耕种，既获得农业收入，又获得务工收入，经济收入因此不断提高。目前，第一代进城农民工年龄都已渐长，他们或已返乡，或正在返乡的路上，或已不得不考虑返乡。农民工返乡是一个过程。随着年龄的增长，在城市获得体面就业机会越来越难，而从事起"脏苦累险"的体力活来也越来越力不从心；于是他们开始返乡，接替因年龄太大而再难种地的父母，耕种土地；然而返乡不久，他们就会因为种地来钱太慢、收入太少，而再次进城务工。年龄越大，进城务工越难，返乡务农的时间就越长……经过四五年的往返，他们终于回到农村定居种地。一般来说，随着年龄的增长，农民工越来越偏向在家乡附近务工，并用更长的时间务农，一直到完全返乡。

当前，全国农村仍在经历一个已持续20年的建房高潮。建房首先是因为有了收入的节余（主要得益于农民进城务工所获得的收入），其次是由于村庄熟人社会中的攀比，再次，这也是他们对返乡的预期。

由此，我们可以认为第一代农民工是愿意回去农村的。

问题是第二代农民工还愿不愿意回去农村。第二代农民工是指1980年代以后出生的农民工，他们往往没有务农经历，初中毕业即直接进城务工。这一部分没有务农经历甚至缺少村庄生活经验的年轻人，既不会务农，也不喜欢务农；他们对农村没有感情，反而对城市充满热烈的向往。正因如此，当问到第二代农民工是否愿回到农村时，他们中的绝大多数都会回答不愿意，甚至有人说死也要死在城市。

也因此，学界和政策部门一般倾向认为，第二代农民工由于从来没有过务农经历，回到农村不会农活，况且本身也不愿意回到农村务农，因此是回不去的。既然第二代农民工回不去，那么将来在农村谁来种田就成了问题。未雨绸缪，现在的农村政策甚至城市化政策就应当做到"四化同步"，即与城镇化、工业化和信息化发展同步推进农业现代化，推动农村土地流转，培育新型农业经营主体，实现适度规模经营。简单地说，政策安排应该以第二代农民工回不去农村为预设。

问第二代农民工是否愿意回农村务农，这对于当前只有20至30岁的年轻人来说，的确是有点不合时宜：他们还年轻，正处在青春烂漫的年龄，还要努力，要学一门技术，要在机会更多的城市寻找发财致富的机会——还要做梦。中国当前的发展阶段也可以为很多进城农民工提供实现梦想的机会，若他们凭借自己的努力，又能抓住良好的机遇，就有机会获得足够的就业与收入条件，进而真正地在城市体面安居。

第二代农民工是在改革开放的繁荣中成长起来的。他们在电视中看到的都是城市中产阶级的光荣与梦想，因此期待自己进城后也能够实现这种中产阶级的生活。但在中国当前的经济发展阶段，城市只能提供相对有限的高收入就业岗位，国家也不可能为所有的进城农民工提供在城市体面生活的保障（社会保障的覆盖面越广，其保障水平必然越低）；只是因为他们年轻，可以有较高的务工收入，才可以支撑自己在城市的生存；但他们仍要将所有工资收入贴现使用，因而不愿意缴纳"五险一金"——农民工每月三五千元的工资，"五险一金"就要缴去三分之一甚至一半，几乎没有农民工愿意缴；而不缴或缴不起"五险一金"，就意味着他们无法为未来积蓄。

第二代农民工现在正年轻，还可以拼搏奋斗，寻找机会实现梦想，因此当然不愿意返乡务农。谁说他们就一定没有机会呢？他们还在奋斗、还要奋斗呢！到了中老年，若仍然没有获得在城市体面安居的就业与收入条件，他们就不得不在进城与返乡之间做出选择，这时候再问他们是否愿意返乡，答案一定会完全不同。

当前农民工进城，即使是为了让子女受到良好教育，而将子女带入城市，拖家带口地在城市安了家，他们也一定将父母留在了农村。因为家中还有承包地，父母种地有收入，农村生活费又低，父母不仅不需要进城务工子女赡养，还往往将农产品无偿支持进城子女。

现在的问题是，当初年富力强进城务工经商的农民工，随着时间推移，已步入中老年；他们的子女也已经成长起来，成为新一代农民工，并且结婚生子。这样的农民家庭就有了三代人一起待在城市。农民工年龄越大，在城市就业的机会就越少，一家三代人即使有住房，居住条件也可能不太理想。年轻子女的务工收入有限，还要养活他们的子女；而已经年老的父母既无就业机会，自然无收入来源，也就成为了家庭中的累赘与负担，拮据的家庭经济导致了紧张的家庭关系。在这样局促的空间里，在这样紧张的家庭关系中，所有压力都转向父母——那些已经年老，并仍然留在城市以期全家团聚的农民工，他们的日子十分煎熬。

处在这样的语境下再来看，若这些年老的、在城市失去就业机会的进城农民工还有回农村去的机会，他们还会不会选择返回农村？

当前中国社会比较安定，社会结构具有较大弹性，农民工对现状仍然满意。其中原因是，中国农村已经普遍形成"以代际分工为基础的半工半耕"劳动力再生产模式，这种结构占到全国农民家庭的大约70%。在一个农民家庭中，中老年父母务农，获得务农收入；年轻子女务工，获得务工收入。农村自给自足经济成分比较高，生活成本低，虽然农民家庭收入不是太高，日子却不难过；若全家进城，农民就会失去务农收入，且

大均衡

城市生活成本很高，即使在城市买了房子，他们连每月的物业费也缴不起，城市生活的日子就会很煎熬。因此，有人认为只要给农民工房子，他们就可以在城市体面安居，这种认识显然是片面的。

当前中国经济发展的阶段，决定了大多数进城农民工无法在城市获得体面安居所必需的就业机会与收入。随着中国经济的持续增长，会出现越来越多可以让农民工在城市体面安居的就业机会，从而可以让越来越多农民工在城市体面安居下来。但在未来很长一段时间，还会有数量庞大的进城定居失败的农民，这部分农民有返乡的要求，他们要回到农村去。但是，他们还回得去吗？

二

农民工能否回得去农村取决于两个因素：一是农民工退养能否与农耕结合起来，二是农村是否具备农民进行生产、生活的基本条件。先来看第一个因素。

农业生产有一个重要特点：它既是社会过程，又是自然过程。自然过程是指，春播只能秋收，一年中真正农忙的时间只有两三个月，其余时间都是在等待和进行田间管理。作为自然过程，农业生产无法人为加快，也很难进行劳动投入与农业产出的考评，因此它天然适合家庭经营。在当前农业机械化越来越普及，农业重体力劳动环节越来越少的情况下，农业生产越来越成为技术性和管理性的劳动投入。中老年农民种田，是

"人均一亩三分，户均不过十亩"[1]的小规模经营，体力劳动不重，田间管理负责，且有的是时间等待春播秋收。这种就业不充分的软性劳动投入与农业相对较低的收入构成平衡。中老年人种田，因为精耕细作，一定是亩产最高的。假设一对夫妇种10亩田，不计劳动投入，一年可以有1万元纯收入，再加上庭院经济和副业收入1万元，每年农村收入就有2万元，而农村生活自给自足，住自家住房不出房租，支出很少。这等收入虽然不能致富，却可以解决温饱，物质消费水平不差，日子很好过。

当前中国三分之二的耕地用于种粮，种粮食的收益比较低，风险也比较小，不需要与市场对接（国家保护价收购粮食），技术也比较简单成熟，这使中国三分之二的耕地可以与数以亿计中老年农民的退养状态结合起来，让这数以亿计的中老年农民可以从种粮中获得收入、就业、价值与意义。正是通过种粮，基于土地之上的村庄治理关系得以建立。至于农业生产中的经营性部分，尤其是希望发展现代农业的部分，可以让更有资本、更有技术、更愿冒险及更想赚钱的"新型农业经营主体"去经营。所以要将生产粮食的三分之二的耕地留给退养状态的中老年农民，包括进城失败的农民工。

有人认为，因为第二代农民工从来没有种过田，所以他们即使在城里待得不舒服而想返乡，也种不了田。实际上，农民工返乡是一个过程。前面已述，农民工到了一定年龄，在城市就业越来越难，就会开始返乡；而家乡的父母不仅拥有进行农

---

1 "亩"为中国农村传统的土地面积单位，1亩约为0.067公顷。

大均衡

业生产的场所、工具、土地，还有现成的技术，这些农业技术并不是什么难以掌握的高科技，而是经过手把手教授很快就可以学习到的。经过几年的城乡往返，即使从来没有种过田的人也可以很快熟练掌握种田技术。

一旦农民工回乡种田，体力劳动不重，田间管理轻松，每年有三个月农忙，大部分时间农闲，他们就可以在农村建立基于土地的、略胜于城市的生活。他们有力可以使，有熟人社会中的关系可以开展，有家有业，有事情做。春播到秋收，是收获的期待，是人生的希望。他们有了就业，就有了意义感，就有了存在的价值。

当然，中老年农民种田必须要具备进行农业生产的基本条件。尤其是单家独户"不好办、办不好和办起来不合算"的共同生产事务不仅需要村社集体协力，还需要健全良好的社会化服务。通过调整农民土地以让农地集中连片，村社集体能否解决单家独户不好办的共同生产事务，以及国家能否通过自上而下的财政转移支付解决农业生产所需的基本公共品，就成为"老人农业"能否有效率的关键，也就成为农民工回不回得来农村的关键。

举一个例子。据湖北省孝感市经管局调查，孝感一个村，因为农民不种田，村干部推动土地流转，几年时间，推动了300户的800多亩耕地流转给了大户耕种。后来，市新农村建设工作组从上级争取到部分资源改善了农业生产条件，做到了所有农田能排能灌和机耕机收。结果，村庄里的老年人纷纷要回了承包地，他们的理由有三条：一是农业生产条件好了，不需要重体力，年龄大也搞得了；二是种田有成就感；三是可以锻炼身体。农民要回承包地的三条朴素意见极其重要：过去不种田，不是不愿种，也不是无人种，而是无法种。只要有了进行农业生产的基本条件，农民都是愿意种地的。

三

如果小农可以解决生产、生活中的共同事务，国家能为农民提供进行农业生产所需基本条件，则不仅有人种田，而且进城失败的农民工也可以体面地返回农村，将退养与种粮有机结合起来。武汉郊区房地产商的广告词是"城市农夫有点田"，即为每栋别墅预留两分农地，以吸引城市人来郊区买房。农民进城，由于年龄大了，无法在城市体面安居，他们返回农村，在自己宅基地上住自家建的房子，种自家承包地，虽然收入不高，生活水平却不低；最重要的是，有了就业，就有了体面和尊严感，就可以理直气壮地活着，就可以在进行农业生产的同时展开村庄的生活，进行村庄的治理。城市的灯红酒绿已经厌倦，家乡的村庄是落叶归根的地方，更是人生的归宿。

当前中国普遍存在"以代际分工为基础的半工半耕结构"，一个家庭中的老年父母在家务农。中国目前还有两亿多农业劳动力，平均年龄是47岁。虽然现在农业劳动力正在老去，但进城务工的农民也年龄渐老，其中相当部分人会返乡务农，从而使农业劳动力的数量长期保持在两亿左右的高位。中国总共有20亿亩耕地，按两亿农业劳动力来计算，劳均仅10

亩耕地。这10亩耕地不足以让农民致富，却可以解决农民的就业、收入、温饱问题。只要中国经济没有发展到可以为大多数进城务工的农民提供在城市体面安居的就业与收入机会的程度，就会有大量进城失败的农民工需要退回农村从事农业，就不会没有人种田。

中老年人小规模种田虽然不能致富，却可以维持温饱与底线生存，保持基本的体面生活。同时，小规模农业生产，精耕细作，粮食亩产一定很高，这样就可以解决谁来养活中国的问题。因此，当前的农业政策应基于仍然有大量小农要依托耕地种粮、且有能力种粮的前提来制定；农业政策则以这些小规模地种自家承包地的农户为主要目标，为他们提供服务，而不是如目前"三农"政策的重点是扶持所谓"新型农业经营主体"，推动土地流转，实现土地规模经营。

自上而下的财政支农资金一定要解决小农户无法种地的问题，其中关键又是解决小农户进行农业生产所必需的基本农业生产条件的问题。

四

若要保证进城失败的农民可以返回得了农村，国家在当前城市化政策中就应当充分注意发挥当前城乡二元结构对农民的保护作用，即农民可以自由进城，资本不能自由下乡。农民的住房、宅基地和土地承包经营权不允许失去，不能够自由交易。农民的宅基地使用权、土地承包经营权是他们的基本保障和社会保险。要知道，在城市资本严重过剩的情况下，允许交易的结果，是农民很快就会失去自己将来可能还要退回家乡的基本条件。

如果农民工进城失败可以退回农村，即农民工在城乡之间可以自由进退，就可以防止形成严重对立的城市内的二元结构，就可以让农村继续充当中国现代化的稳定器与蓄水池，就可以继续保持中国社会结构的弹性。当然也就可以让进城失败的农民仍然可以保持基本的有尊严的生活。

2015年1月3日

大均衡

一

进城还是返乡

务工、务农与创业

我在浙江上虞经济技术开发区调研时，遇到从重庆到开发区务工的崔海。

崔海自2002年到开发区务工已有15年，2008年被当地聘为和谐促进员。他的妻子和儿子现在也在开发区务工。2013年，为儿子娶媳妇，崔海花50万元在开发区买了一套102平方米的商品房。崔海二弟一家也在开发区务工，不过，他二弟是在老家买的商品房。崔海认为他二弟不会算计，因为二弟在老家买商品房，房子只能闲置在那里，而全家在浙江务工，还得租房子，光花钱不说面积还小，也不方便。自己在开发区买房子住，夏天有空调，天天可以洗热水澡，日子过得舒服，即使将来老了要回老家也可以将房子卖掉。何况，因为务工时同步缴纳了社会养老保险，退休后就会有退休金，将来也未必会回到农村。更重要的是，人的生命是有限的，要珍惜好生活的每一天，在务工的地方买了房子就有了家，可以过日子，也就有了生活本身。务工不再只是手段，而变成了自己的生活，在务工的地方就有了准备落地生根的心态。

对于进城务工，崔海和他二弟拥有两种完全不同的心态与行为模式。

一、进城务工是手段还是目标

第一代农民工进城务工的规律，往往是年轻人进城务工，年老父母留守农村务农；丈夫外出务工，妻子留守务农。"分田到户"以后，农村人均承包地不多，随着农业技术的进步，劳动力剩余的情况越来越普遍，一个农民家庭可能会有三四个适龄劳动力，而农业生产可能只需要一两个，且对劳动力的需求是季节性的。适逢1990年代城市化进程加速，大量农村剩余劳动力进城务工经商，在城市获取收入；同时，留守的老年父母和妇女继续从事农业生产，家庭农业收入并没有减少。家庭中有人进城务工，所得务工收入使家庭收入净增长，而在农村的家庭支出相对比较少。越来越多人外出务工，所得收入回流至村庄中，从而提高了村庄的消费水平与人际交往成本，比如人情彩礼水平的提高，促使更多农村青壮年劳动力外出打工，以挣更多钱回到农村生活。随着时间的延续，以前以为只用很短时间在外务工，挣到在家盖一栋房子的钱就能体面回家，却发现村庄越来越多人外出务工，进城务工由临时性的短期安排变成长期打算。外出务工者的特征由青年向中年、男同胞到女同胞、个人到夫妻转变，夫妻甚至将子女也带出去务工。尽管如此，人们此时外出务工，生活目标与归属仍在村庄，自己生命价值的参照群体也在村庄。无论在外打工时间有多长，生活的终点与意义都在村庄。每年春节回到村庄，既是自己生活的年度假期，又是生活的意义所在。无论在外受到多少委屈、历经多少辛劳，只要能回到家乡与亲友乡邻相聚，就能为外出务工找到意义。每年春节返乡，也是依据自己家庭情况决定是否进行家庭策略调整的决策时期，比如家庭中谁外出打工，到哪里打工，打什么工，以及家庭农业发展策略如何，是在村庄中建房还是到城里买房，等等。

在这样的家庭策略中，即使在外务工时间长、收入多，这些外出务工的人最终也要落叶归根。他们在城市获取收入，却在村庄获得意义，他们之所以愿意在城市忍受委屈与辛苦，是为了未来在农村的生活。打工是手段，村庄生活才是目的，才是终极价值，才是魂牵梦绕的所在。

当农民家庭不只是丈夫外出务工，而是夫妻携孩子进城务工时，农民工家庭就有了更多城市生活的内容，就可能更大程度上地脱离对农村经济的依赖：他们仅在春节回来看望仍然在家务农的父母，或只是寄钱给父母；子女在城市借读，越来越熟悉城市生活，与城市自然地融为一体。夫妻开始在城市建立除了务工以外的社会关系，有了更多在此落地生根的倾向。他们在城市务工时间越长，在城市建立起的关系越是深厚，也就越有落地生根的能力，甚至开始策划在自己家乡县城或就在城市里买房，最终可能融入城市，忘记农村。当然，他们在城市的生活还不稳定，还有可能进城失败，因此一般愿意保留农村退路。万一进城失败，他们就可能选择回到农村，这个时候的农村只是他们的最后退路，已不再是他们的目的，以及他们的终极价值所在。他们没有"乡愁"而只有"城愁"，他们期待能真正在城市体面生活下去并为此而努力。

总之，第一代农民工外出务工，目标很清楚，就是要通过务工获取收入来实现村庄中的家庭生活。务工是手段，体面的村庄生活才是目的。第二代农民工外出务工，越来越变成拖家带口在城市务工，因此有了更强烈的融入城市生活的愿望。他们想融入城市并不是希望在城市漂泊，而是能在城市体面安居，而因为知道在城市体面安居不易，所以他们大都愿意保留退路，一旦进城失败就可以退回农村，过比在城市漂泊更体面和安全的日子。也就是说，对于第二代农民工，农村很多时候变成了手段，融入城市才是梦想。

当然也存在地域间的差异。云贵川的农民进城务工，更愿意在城市享受生活，外出务工能不能赚钱也许不是最重要的，能见世面，好玩，有钱可以赶时髦，可以吃好喝好，这个也很重要。云贵川农村的社会纽带较弱，进城务工的农民可以相对自由地享受城市的生活，不必也不会过于节俭以在年底带现金回到家乡村庄，他们甚至可能春节不回家，留在城市过春节。

相对来讲，鲁豫皖农村往往存在着相当激烈的竞争关系，赚钱回家盖房子或到县城买房子是人们外出务工的第一要务。在外务工者没能赚钱盖房子，在村庄中就抬不起头，儿子甚至说不到媳妇。因此，进城务工的鲁豫皖农民工就会想方设法多加班赚钱，十分地节俭，愿意干脏活苦活累活。他们最终能够赚到钱且回家盖房子，甚至到县城买房子。

云贵川外出务工农民工与家乡的联系更弱，从而更可能脱离家乡，但问题是他们务工的收入基本上都用于消费，积蓄很少，所以他们不仅在家乡的村庄盖不起好房子，更无力到县城买房子、进城。相反，虽然鲁豫皖外出务工农民工与家乡联系紧密，他们却因为攒钱在县城买了房子，从而有能力脱离自己的村庄。

农民工进城务工是目的还是手段？农民会如何融入城市？这个问题不可笼统回答，必须依据时间与空间条件来具体分析。无论何种情况，在当前中国快速城市化进程中，城市不可能为所有进城农民工提供体面生活的就业与收入条件。因此，保留农民工的农村退路就是保留他们的基本人权，也就为中国现代化提供了安全阀。相对稳健的农村政策是中国农民之福，也是中国现代化之福。

二、务工还是务农

北京远郊T村53岁的李云已经种蔬菜30年了，现在仍然种两个大棚的蔬菜，早晨4点起来到大棚干活到上午10点，下午4点再到大棚干活到晚上8点，每天农业生产时间10个小时，一年收入5万元。这个收入较进城务工略高，但劳动过程也更辛苦：工作时间更长且体力活更多。而且，李云的两个大棚的建造共花费40万元（当然其中30万元是由政府补助的）。如李云每天生产大约100斤[1]青菜，以每斤2元交给基地，扣除生产投入，每天净收入大概150元，而在当地雇请临时工的工资也是150元/天。与工地临时工的工作不稳定从而收入无保障不同，李云的大棚每天都带来相当稳定的预期收入，就业比在工地务工更稳定。

1　1斤为0.5千克。

李云认为，种蔬菜更重要的还不是就业，而是种地自由，可以自己掌握自己的劳动时间与劳动强度。虽然一般每天4点起来干活，但就算她在8点起来干活，也不用受人监督，更不会被人训斥。在外面打工是给别人干活，不如自己给自己干活。李云种蔬菜30年了仍然乐在其中。

长期自己种蔬菜的，不只李云一个。T村自1988年开始种蔬菜，很快就有了70个蔬菜种植户，这70户一直种蔬菜到现在，几乎没有变过。不变的原因有二：一是T村现已没有可以新增种蔬菜的土地，有人想种蔬菜也无地种；二是种蔬菜的70户没有变化，除了年龄渐长，基本上没有人退出。

只是，30年过去，之前的年轻人现在年龄都不小了。李云今年53岁，是蔬菜种植户中年龄最小的之一。年龄最大的蔬菜种植户已有70岁，以至于李云她们也开始担忧：将来谁种菜呢？

与种蔬菜种田不同的是进厂务工。到工厂务工，每天按时作息，工作的时候就要遵守工厂纪律。工厂务工有两种方式：一种是"8小时双休"制，即每天工作8小时，每周休息两天。这样的"8小时双休"，没有加班，每月工资基本上就是最低工资，一个月2000元左右，加上"五险"也不会超过3000元。另外一种是"10小时单休"，即每天工作10小时甚至12小时，这样就有大量加班时间，每月可能拿到4000元工资。

如今工厂的工作一般都不是重体力活，多是生产线上的工作，需要长时间集中注意力做一件事情甚至做一个动作，对体力、耐力、注意力的要求其实很高。只有身体灵活、耐力强、视力好的年轻人才容易适应。年龄稍大的人，工作时间一长，就容易腰酸背痛，头昏眼花，很难久坐，要起来活动，但是这样会影响生产线的运转，因此这些人也就不适合生产线劳动了。

年轻人身体好，适合在生产线上长时间劳动，如果有生产线的务工机会他们也愿意去做。T村旁边就是工业区，T村的年轻妇女基本上都在工业区的工厂务工，在生产线上作业，收入不高也不低。T村家庭分工中，婆婆有带孙子的义务，年轻媳妇则不应留在家中照看孩子，而应到工厂务工赚钱。进工厂务工，年轻人远比中老年人有优势，家庭分工必须体现出这种优势，家庭也就只可能让婆婆来带孙子了。

问题是，蔬菜种植户李云的收入比进厂务工的年轻妇女收入还高，将来要是李云儿子结婚有了孙子，孩子是李云带还是媳妇带？李云的儿子还未结婚，所以这个问题可以搁置，但可以猜想到，媳妇仍然要进厂务工，反正工厂就在附近。而作为婆婆的李云则要同时兼顾带孙子和种蔬菜。种菜虽然辛苦，时间却较为灵活。以前种菜，李云不需要丈夫帮助，有了孙子，李云的丈夫就要分担一部分蔬菜种植上的事情。对于T村大多数农户来讲，他们不存在是带孙子还是种蔬菜的选择：全村270户，只有70户有菜地，200户无菜地可种。

年轻时人们愿意务工，也适合工厂生产线上的劳动；年龄大了，不再适应工厂生产线上持续的单调劳动，就只能到工地上打零工。这个时候如果拥有一两个蔬菜大棚，可以务农，自己安排自己的劳动，是一个相当不错的选择。北京市通过政策支持了部分菜农，对于他们获得收入、就业、退路乃至意义，是十分重要的事情。

中国当前正处在史无前例的快速城市化进程中，中国农村绝大多数青壮年劳动力都已进城务工经商，年轻人在工厂，年龄较大的仍然在工地。当进城青壮年农民工年龄越来越大，却缺少在城市继续生活下去的条件，或者面临进城失败的可能时，他们还能不能返回农村种地？返回农村种地一是有收入，二是有自由，三是有意义。种三五亩地不可能致富，却可以解决温饱，解决意义问题。有了土地上的劳动收入，就有了村庄内的安全感，就有了心灵上的归宿，就可以告别在城市漂泊时身体和灵魂都无处安放的问题。

因此，当前的农地制度改革和农村改革，一定要为可能进城失败的中老年农民工提供返回农村的退路，更要为仍然留村的农民保留他们在土地上就业的权利。村庄和土地是中国9亿农民最可靠的保障，任何政策的出发点与归属点都要落到这个保障上来。以农业发展的名义，以农民致富财产权的名义，以及以其他任何名义进行的改革，若没有充分考虑到这个保障，就有可能走上歧路。

2015年4月7日

大均衡

返乡创业的逻辑

农民工返乡创业受到广泛关注。农民工返乡创业，为家乡带来了资金、技术、新理念和新的市场机会，带动了家乡的经济发展，也减轻了沿海城市的就业压力。也因此，无论是国家还是地方政府层面都出台了鼓励农民返乡创业的政策。

农民工返乡创业当然不是始于现在。1990年代开始，大量农民进入沿海城市务工经商，他们在沿海城市寻找获利机会，将所获收入汇回家乡，农村因此变得更加繁荣。也有在外务工经商的农民工有了积蓄，学习了技术，学会了经营，再加上农村当地有了一定市场，就返回家乡开店办厂。他们成为最早返乡创业的农民工。这个意义上，在东西之间和城乡之间发展不平衡的情况下，东部沿海地区和城市吸引了大量农民前来务工经商，同时也有农民工将在东部沿海地区城市所获收入、技术、经营理念带回家乡的相反方向的运动。农民工返乡创业是一个自发且持续的运动，是一个自然而然的进程。

农民工返乡创业有两个动因。一是在家乡发现获利机会，因此将外出务工经商所获的积蓄、技术和理念带回家乡，以在家乡创业获利。二是农民工外出务工经商往往只是为了更好的家乡生活，返乡创业是他们仔细权衡利弊后做出的艰难决定。

在外务工赚不到钱，年龄大了就要回到家乡。农民工会在外出务工、返乡创业、自身资本（年龄、技术、资金、关系等）之间进行权衡，从而做出理性决策。

进入21世纪第二个10年，农民工进城逻辑发生了重要变化，这个变化直接推动了农民工返乡创业逻辑的变化，因此出现了与第一波返乡创业潮不同的另外一种逻辑。

1990年代，农民工进城务工经商，目的是从城市获取收入，以增加农村家庭收入。农民工进城了，农村家庭有钱建新房，支付得起更高的人情开支。就是说，农民进城，农村更加繁荣。农民进城是手段，返乡才是目的，就是要过体面舒适的村庄生活。村庄是家乡，是魂牵梦绕的地方，是相互攀比产生人生意义的熟人社会。

进入新世纪第二个10年，进城农民工在城市待的时间越长，对家乡的牵挂越少，也越适应城市生活。进城的农民不再是在城市挣钱回农村消费，他们越来越希望在城市买房安居。在大城市买不起房，在家乡县城也要买房。靠自己务工经商的收入买不起房，就将父母务农的收入一并拿来买房。过去是进城青壮年将务工收入汇回农村家庭，现在则是留守的中老年父母将务农积蓄拿出来支援进城子女。也就是说，不仅越来越多农民进城了，而且家庭这条管道将有限的农村收入也吸进了城市。农村真正衰落了。

当前多数农民都想进城，并且希望能在城市体面生活。不过，仅靠务工收入，一般农民家庭很难在城市体面安居。农民家庭往往举家合力在县城买房，农村中老年留守父母为进城年

12 　　　　　　　　　　　　　　　　　　大均衡

轻子女提供支持，减轻负担。年轻人勉勉强强进了县城。

县城的优点是房价往往不高，缺点是获利机会不多，工资收入不高。靠在县城务工经商的收入很难维持基本生活。因此，农民家庭在县城买了房，却必须到沿海地区大城市务工经商，以获得在县城维持生活的收入。

农民希望有真正的体面城市生活，他们希望不只是在县城，而且在有更多工作机会的大城市买房，或者希望在县城获得高于市场平均水平的就业与收入机会。

当前中国是一个充分流动的社会，充分流动形成了全国劳动力市场，也就形成了劳动力平均工资率，意味着几乎不再有超额工资和超额利润。农民工工资水平只与其劳动时间、危险程度、生活成本、劳动强度有关，没有人可以轻轻松松拿到比其他人高的工资。之所以大城市工资更高，是因为大城市生活成本也高。在当前阶段，全国统一劳动力市场已经形成，农民工进城所获的工资是可以预期的，这个工资一般都不足以维持他们在城市的体面生活。

进城农民仍然年轻时，他们还可以耐心积蓄，希望出现奇迹。随着年龄逐步增长，所获收入始终有限，靠有限收入无法满足城市体面安居的需要，这个时候，农民工就有进入收入更高、风险也更大的创业市场碰运气的强烈冲动。他们将自己十几年甚至二十几年的务工积蓄投入到创业中，一旦创业成功，就有了可以在城市体面安居的收入条件。换句话说，为了能体面进城，农民工有着内在的返乡创业的动力。他们很清楚，仅靠务工收入必然无法体面进城，因为务工收入太确定了。进入到风险大的创业领域，通过增大不确定性来换取更大的获利机会，只有两种命运：要么成功，成为幸运儿；要么失败，几十年务工的积蓄打了水漂。为了进城，农民倾向冒险。之前保守的农民开始偏好风险。

现在的问题是，全国劳动力市场已经形成了，全国创业市场也已形成，哪里有创业获利机会，哪里就会有资本投入进去。农民为体面进城而进行创业的强大动力和风险偏好，使得农民工返乡创业市场变得过于拥挤，从而导致创业市场上的更大风险和更多农民工创业的失败。

农民工返乡创业风险很大。在我看来，这不是一条好走的道路。

2020年3月20日

大均衡

农民家庭劳动力如何配置

农民家庭劳动力如何配置对农民家庭收入至关重要。在当前全国已经形成统一劳动力市场的情况下，一个地区农民家庭收入的多少与该家庭配置家庭劳动力的策略直接相关，家庭劳动力配置又与一定的市场机会相关，不同地区农民家庭的劳动力配置也表现出不同的策略倾向。

一

我在北京远郊农村调研时，发现农户都很勤劳，无论是务农还是务工，村庄没有懒人，并且在家庭策略倾向上，大多是按家庭收入最大化的原则进行劳动力配置的。最典型的是，如果年轻媳妇生了小孩，大多数情况是由婆婆在家带孙子，媳妇进工厂务工。婆婆带孙子和媳妇进工厂最符合家庭收入最大化的策略，因为年轻媳妇比较容易找到工厂工作，而年龄比较大的婆婆比较难找到正规的工厂工作。从事正规的工厂工作，媳妇就难以兼顾带孩子，而带孙子的婆婆仍然可以做家务和干农活。

我又到晋西北调研，发现年轻媳妇既不务工，也不务农。

不务农的原因很简单，就是家庭承包土地有限，公公婆婆两人种地都绰绰有余，轮不上年轻媳妇去种地。而晋西北当地又缺少年轻妇女的务工机会。结果，最近几年，晋西北农村兴起陪读潮流，即农村年轻媳妇生育之后，子女到了上幼儿园年龄即到县城租房上学，母亲陪读。晋西北陪读与全国大部分地区农村陪读有所差异：全国农村出现陪读，多是为了子女接受更好教育，需要陪读的孩子一般都是高年级尤其是初三、高中年级；晋西北陪读的焦点却似乎不是学龄儿童而是年轻媳妇，因为年轻媳妇希望借陪读到县城过城市人的日子，告别单调无趣的农村生活。这些进城陪读的年轻媳妇除了为在城里上学的子女做饭，其余时间无所事事。

在浙江上虞经济技术开发区，我遇到很多年轻夫妻带子女在上虞务工的家庭。年轻夫妻都在工厂务工，子女就在当地学校读书。民办幼儿园尤其受到欢迎，原因是民办幼儿园可以"双托"，即下午放学和节假日都可以托管，父母双职工就可以在下班之后再接托管子女回家。

2017年4月我到云南屏边县调研，发现有一对35岁夫妇带两个孩子，生活十分困难，夫妻俩只有有限的农业收入，全家人一直住在危房中。国家倡导"精准扶贫、不落一人"，当地政府通过大笔资金投入，为这对贫困户夫妇修建了漂亮的两层楼房，并为丈夫安排了森林防护员的工作，让这个家庭脱了贫。当地缺少务工机会，而夫妻二人又不愿意离开家乡去外地务工。这对夫妇所在村庄几乎没有人出省务工，就是到县外务工的农民人数也很少。不愿离开家乡的原因除了心理上的畏惧以外，还有一个重要原因是丈夫多次听说有年轻夫妇外出务工，结果却是妻子跟人跑了，丈夫一个人回来。不出去务工好歹还有一个家庭，出去务工倒成了光棍，因此丈夫就更加不敢出去务工。

二

与年轻媳妇能够选择是否务工、在哪里务工不同，农民家庭中，中老年父母一般都是要劳动的，其中最普遍的是在家务农以及在农村获取副业收入。全国绝大多数农业型地区，只要能劳动的中老年人都会继续耕种自家承包的土地，以获得农业收入，同时减少家庭支出。他们务农的同时可以照看孙辈，照看子女在农村的房产，以及参加村庄的人情循环。

相对年轻的中老年人则可能在农闲时间外出务工，多是到工地劳动。农忙时务农，农闲时务工。而这些地方的农村往往缺少临近的务工机会，人们要务工就得离乡和进城。

苏南、浙江、珠三角以及北京、上海郊区等东部沿海发达地区已经实现了工业化，村域范围内有大量第二、三产业就业机会。因此，这些地方的中老年农民普遍到工厂或工地务工经商。我在苏州农村调研时发现，村庄里70多岁的老年人还身兼三职——同时务三份工，比如同时打扫卫生、做保安以及送牛奶——收入比年轻人还高。大量第二、三产业的就业机会为当地中老年农民提供了就地获取收入的可能。而且，第二、三产业的就业机会是没有季节性限制的，因此，工业化地区农村的中老年人不离乡就可以获得相当稳定的第二、三产业收入。相对来讲，农业型地区的中老年农民缺少农业以外的收入机会。农业生产受季节性影响大，大量时间都是农闲，农业收入比较有限。

浙江农村的中老年农民也有很强的通过第二、三产业务工获取收入的动力。相对来讲，在珠三角核心区农村，超过60岁的退休老年人大多不再会从事第二、三产业，而是真正退休在家休息，因为他们往往有较高的分红收入和房租收入。进到工厂务工的多是还未退休又缺少白领工作机会的当地中年农民。他们认为现在退休还有点早，且家中上有老下有小，多少还有一些家庭压力。

上海农村实行了较为完善的养老保障制度，农民退休后一般每月可以拿到1500元的养老保险，自己还可以种菜自食，农村生活也成本不高，他们因此没有很强的继续打工赚钱的冲动。在退休前，40到50岁的农民通过政府再就业工程获得就业，他们上班主要不是为了收入，而是为了让就业的机构交社保。相对来讲，北京农民的社会养老保障水平只有上海农民的大约三分之一，所以北京农村的中老年农民就会继续以获利为主要目标，在第二、三产业就业。

三

以上讨论了年轻妇女和中老年人的就业与收入情况。然而，构成农户家庭收入主体的显然是这个家庭青壮年劳动力的收入。在当前中国已经形成全国统一劳动力市场的情况下，青壮年劳动力在这个市场上可获得相差不多的就业与收入机会。其中差异有三个：一是工地与工厂的差异，工地工作相对脏苦累且不稳定，日工资比较高，工厂工作则相对稳定且有规律，每天都有事情要做；二是技工与普工的差异，技工专业化程度高，工资水平也高，普工专业化程度低，工资水平也比较低；三是务工与经营的差异，务工是给别人打工，经营管理可能是自雇，也可能是跑运销。沿海发达地区农村的农民较中西部农业型地区的农民工而言，具有天时地利之便，可能有更多相对好的获利机会，不过，更大的获利机会往往与更高的风险相伴随。

在天生平等派的市场条件下，从中西部来到东部沿海地区务工的农民工可以通过自己的劳动获得平均收入，东部地区农村的大部分当地劳动力也只能与从中西部来的劳动力一样劳动与获利，而东部地区少部分先富起来的群体会有远高于外来农民工的收入与消费水平，这会对熟人社会中通过工厂劳动获利的本地农民，尤其是对村庄中的本地年轻人，构成巨大压力。东部沿海地区的年轻人不愿落入与外地农民工的低层次竞争中，却又缺少白领的工作机会，他们可能选择"伪白领"的生活，即选择那些收入不高、劳动不重、坐办公室的工作，这些工作的工资收入远不如工厂收入高。这些"伪白领"的消费水平貌似中产阶级，却没有中产阶级的收入，只能剥削父代。总体来讲，青壮年劳动力是农民家庭收入的主干，而青壮年劳动力的收入机会根据地区的不同差异很大。大致来讲，在东部地区，农村青壮年劳动力的收入可以分为三层：一层是极少数的富裕阶层，通过办厂经营致富，年收入很高；第二层占大多数，是从市场上获得平均收入的普通农户家庭；第三层是家庭收入在普通家庭以下的群体，其中的年轻人宁愿选择低工资的"伪白领"工作也不愿进厂务工。

在绝大多数中西部地区，农村青壮年均进城务工经商，从而获取劳动力市场上的平均工资。差异在于是夫妻一起进城还是只有一方进城。农民家庭劳动力的配置，对农民家庭的收入至关重要。

在某些少数民族地区，农村青壮年人不愿进城务工经商，或即使进城务工经商也是短期的、临时的、季节性的，农民家庭缺少来自进城务工经商的收入。

四

这样一来，我们就可以构建一个全国不同地区因为农民家庭策略差异而产生的农民家庭收入列表。

假定一个农民家庭有三代人，中老年父母60岁，子女30岁（夫妻），孙辈。在不同地区（我们先分为东部、中西部、边疆少数民族地区三种情形），这个农民家庭配置劳动力所产生的不同收入结果如下：

大均衡

表1　全国不同地区农民家庭策略与收入水平

	东部地区	中西部地区	边疆少数民族地区
中老年父母	第二、三产业收入	农业收入	农业收入
年轻子女	第二、三产业收入	第二、三产业收入	农业收入
家庭收入	高	中等	低

再来看年轻妇女就业与否对不同地区农民家庭的影响：

表2　全国不同地区妇女就业情况对家庭的影响

	晋西北	北京郊区	苏州农村	珠三角	普通中西部农村	云南屏边县
年轻妇女	陪读	务工	务工	带孩子	务工	务农
中老年人	务农	带孙子+务农	带孙子+务农	务工	带孙子+务农	带孙子
家庭收入	低	较高	高	主要为租金收入	较高	低

　　小结一下就是，在当前全国已经形成统一劳动力市场的情况下，一个地区农民家庭收入的多少与该家庭配置劳动力的策略直接相关，后者又与一定的市场机会相关。大体可作以下四点讨论：

　　第一，在沿海发达地区的农村，因为乡村工业化，农民家庭里年轻人与中老年人都可以不离乡即轻松地获得第二、三产业的就业与获利机会，因此这些地区的农民家庭收入最高。

　　第二，在中西部农业型地区的农村，因为村庄缺少第二、三产业的获利机会，农户家庭策略中很重要的一条是普遍形成了以代际分工为基础的半工半耕——中老年父母务农，年轻子女进城务工经商。中老年父母在务农之余若还有副业收入或外出季节性务工，这样的农户家庭收入就最高。反之，如果年轻子女中只有男子务工，年轻妇女与父母留守农村，则家庭收入相对较低。

第三，在有第三代需要抚育的情况下，如果由中老年父母带孙子，年轻夫妻外出务工，该家庭的收入就高于那些年轻媳妇带孩子的家庭，因为年轻妇女比中老年妇女更有从市场上获利的能力。

第四，若农民家庭所有劳动力都不愿外出务工经商，而是留守农村务农，则农村地区的农民家庭无法从全国劳动力市场中获利，就容易落入贫困之中。

简单来说，农户家庭中有越多劳动力尤其是青壮年劳动力进入第二、三产业就业获利，农民家庭的收入就越高，反之亦然。

当前农民家庭劳动力配置的策略具有高度的区域特征，这种区域特征包括三个方面：一是本地工业化的状况，或不离乡情况下的第二、三产业就业机会的数量；二是距第二、三产业就业机会的距离；三是地方文化及策略。因为以上三个方面均为区域性，而非个体现象，所以在当前全国存在统一劳动力市场的条件下，不同区域的农户家庭虽然劳动力结构相似，却有相当不同的收入差异。

2017年9月15日

进城还是留守

2017年暑假到晋西北小寨乡调研，我发现近年来当地出现了普遍的县城陪读现象。陪读不单发生在孩子小学和初中阶段，甚至提前到了幼儿园，还有妇女在小孩一岁时即开始到县城租房子，为陪读做准备。陪读不只是教育现象，而且是农村妇女地位的直接反映，也会极大地影响农村代际关系。

一、小寨乡的陪读

小寨乡是一个小乡镇，办有一所完小，还有一个幼儿班。小学有21个教职工，17名专职教师。2013年小寨小学有130多名学生，到2017年上半年，含幼儿班全校仅有42名学生，全乡大部分学生都转到县城读书了。据初步统计，全乡有大约200名学龄儿童进入县城上学，由家长在县城陪读，主要是母亲陪读。

应当说，最近10多年来，全国农村父母陪读现象具有相当的普遍性，小寨乡出现陪读并非特殊情况。不过，当地陪读与全国其他地区有相当不同的特点，主要有三：一是全国陪读大多为初中、高中陪读，尤其是毕业时期的陪读，小寨乡的陪读却是小学甚至幼儿园陪读。二是小寨乡的陪读，是在乡中心小学教学条件相当不错甚至师资也相当不错的情况下的陪读，而不是无学可上只能到县城的陪读。三是小寨乡的陪读并非真正为了提高受教育质量，陪读的重点不在陪读儿童而在陪读母亲。或者说，与其说陪读是为了让子女接受更好教育，不如说是为妇女进城提供理由。陪读极大地改变了当地农村的家庭结构与社会生活。

小寨乡所在县是晋西北的一个小县，全县才有12万人口，地广人稀，全县共有60多万亩耕地，人均有大约5亩耕地，户均大约30亩耕地。当地主要种玉米，因为无霜期比较短，每年只能种一季玉米，亩产1000斤左右，农业收入不高却比较稳定。因为邻近陕西神木、府谷等产煤地区，是重要的煤炭运输通道，全县围绕运煤形成了一个庞大的产业，产业的核心是"养车"，即花几十万元买一台大型运输车运煤，可以在短期内致富。最多的时候，一个村有接近十分之一的农户买了大车，花费30万至40万元，收益最好的时候一年就可以收入20万元，大车司机工资一年就有接近10万元。全县有大车司机3000多人。正是这些大车将神木、府谷的煤源源不断地运往全国。买大车的养车户因此成为当地第一批富人，他们开始到县城买房，全家转入城市，变成了城市人。

养车大户的进城在村庄产生了示范效应，村庄里家庭经济条件比较好的农户开始攒钱到县城买房，婚嫁中的女方也提出男方在县城购房的要求。在县城有房家庭的子女自然在县城上学，而没有在县城买房的农户家庭，父母仍然从事农业生产，丈夫在当地务工，年轻妇女基本上既不参加农业生产，也不外

　　　　　　　　　　　大均衡

出务工，而是在家带小孩上学，为上学子女做饭。其中一部分条件比较好，又没有在县城买房的农户家庭干脆在县城租房，由年轻媳妇带子女在县城上学，接受优质教育。这样就出现了第一批未在县城买房的专职陪读母亲。

有了第一户就有第二户，短短五六年时间，陪读就成了当地家庭的基本选择，不仅年轻媳妇会要求到县城租房陪读，而且学龄儿童也都互相攀比，要到县城读书。留在乡中心小学读书（幼儿班以及小学）的学龄儿童和家长，一般都是缺少进城陪读条件的贫弱农户，是十分没有面子的。以至于到我们调研的2017年，全乡四分之三以上的学龄儿童本来可以在乡中心小学上学，却都到县城上学去了，其中有大约一半农户已经在县城买房，还有一半农户是租房陪读。

一般情况下都是年轻母亲在县城租房陪读，她们的主要工作是接送子女，为子女做饭，其他时间都闲着。县城很小，几乎没有多余的就业机会，进城陪读的年轻母亲也不会试图在闲时工作赚钱，大量闲暇时间主要是与其他的陪读母亲一起聊天、打麻将和跳广场舞。年轻农村妇女从子女上幼儿园开始陪读，至少要陪读到孩子初中毕业，长达10年。她们在城市生活、消费，却没有工作和收入，这种不工作只陪读的生活让她们变成了脱离生产、脱离村庄、甚至脱离家庭生活的特殊群体。县城陪读妇女还可能相互比较，甚至因为闲时太多而出现作风问题等等。

支撑子女在县城上学以及陪读妇女城市生活的费用只能来自家庭收入。按当地的惯例，子女婚后会与父母分家，各自负责各自的生活。现在的问题是，媳妇陪孙子在县城读书，开支比较大，年轻的儿子就必须想方设法挣钱养家，以及尽可能在县城务工以方便与媳妇、孙子共同生活，这样，家庭的农业生产就全部留给了父母，父母农业生产所获的收入主要用于支撑儿子媳妇孙子在县城的生活。

农村男多女少，男子找媳妇很不容易，不可能让娶回来的媳妇到地里干活。因此，生了孩子后，年轻媳妇的任务就是带孩子，极少劳动。农村生活条件差且生活单调，借陪读到县城过城市人的生活顺理成章。长期脱离农村家庭的城市陪读会极大地改变陪读妇女与其所在家庭的关系。为了支持城市陪读的高消费生活，留守农村务农的父母就得尽可能开源节流，年轻丈夫就得尽可能通过务工来赚取更多收入，那些家庭经济支持力度不够的陪读妇女就可能会在比较中失落。农村家庭因此变得不稳定起来。

当地农民家庭收入大致来自三个方面。第一是农业收入，主要靠中老年父母，收入不高但还算稳定，一个农民家庭每年有一两万元农业收入是最少的，若养羊，搞些副业，收入两三万元的情况很普遍。第二是务工收入，主要是在本地务工。当地农民极少出省务工，全乡7100人，出省务工的只有几十人，出县务工的也不超过500人。本地务工主要是工地上的临时工作，收入很不稳定。第三是以养车为代表的运煤利益链上的收益。这部分收入只属于少数人。也就是说，一般农户家庭的收入主要是中老年父母务农加上年轻子女在当地工地务工的收入，这两者加起来并不高，在县城陪读的消费却是不少的。

　　　　　　　　　　　　　　　大均衡

结果就是，进城陪读的农户家庭离不开父母从农业收入中给予的支持，而即使有这个支持，这样的农户家庭也往往是收不抵支。

问题在于，在已经形成全国统一劳动力市场的条件下，年轻夫妇带一个子女到沿海地区务工，或夫妇二人将子女留给父母带，然后到沿海或大中城市务工，一年获得5万至10万元收入是不难的。即使按最低的5万元收入计算，三五年下来就有20万元收入，可以在当地县城买一套房子了。

江浙农村存在着大量第二、三产业的就业机会，凡是具有劳动能力的中老年人都会通过劳动来获取收入。江浙一个中老年农民一年可以轻松获得三五万元收入，这与晋西北农民通常只有三五个月从事农业生产、一年绝大多数时间在休闲的状态是完全不同的。一般来讲，中老年农民离开村庄外出务工是不大可能的，因此，晋西北中老年农民与沿海地区农村中老年农民就有完全不同的就业机会与获利机会，从而有完全不一样的收入。

晋西北中老年农民无法离开村庄，年轻人却是有机会的，他们可以轻松地进城务工经商。全国有大量农民工在沿海或其他大中城市获利。不过，从晋西北农村来看，当地年轻妇女很乐意在县城陪读，她们的丈夫因而也选择在附近务工，以家庭为中心的决策，极大地影响了他们从全国劳动力市场上赚取收入的能力。他们收入不高，劳动量也很少，劳动力却正处青壮年时期。

发达地区以及当地农民的致富主要都是靠劳动者的劳动。

尤其是在已经有了充分发达且完善的全国统一的劳动力市场条件下更是如此。晋西北农民放弃外出务工机会，年轻妇女借陪读过上了不用劳动的闲散日子，结果就是当地农村仍然难有改善贫困的机会。

小寨所在县恰恰仍然是国家级贫困县，正在全县推进的精准扶贫将接近三分之一的农户纳入贫困户中，通过国家力量进行帮扶。然而现在的问题是，若农民自己没有通过合理配置家庭劳动力来致富的强烈冲动，国家帮扶的作用能长远吗？

二、一个打工妹的故事

在浙江上虞经济技术开发区调研期间，我访谈了国邦药业的打工妹郑小花。郑小花的经历可以较好说明当前沿海发达地区农民工的一般情况。

上虞经济技术开发区以重化工业为主，2013年被列为国家级经济技术开发区。2014年该开发区总产值超过1000亿元。开发区有大小企业240家，外来就业人员3.5万左右，其中上虞本地人约占20%，其余80%都是外来务工人员，郑小花就是其中一员。

郑小花2003年中专毕业后即到国邦打工，一直在质检部工作。国邦是一家规模较大的制造企业，有职工1300人。郑小花所在的质检部是很重要的部门，有70多人。郑小花是质检员，又是质检部工会小组长。国邦是民营企业，一直有党组织，2015年成立了党委，下辖7个支部，郑小花所在质检部有8个党员，两个党员发展对象，有党支部，郑为支部书记。

国邦是园区产值排名前五的企业，2016年有17亿，缴税超过1亿元。因为企业效益好，总的来讲招工比较容易，留住员工却很难，入职超过两年的员工大约只有60%，超过三年的大概占一半。且越是高层次人才流动性越高。公司每年都会招收几十名大学生，绝大多数工作不到一年就纷纷离职。一般在公司工作超过三年的员工就会相对稳定下来。公司也十分重视长期稳定的熟练工。

郑小花是安徽马鞍山人，"80后"。在国邦打工期间，由国邦出资，她参加了电大学习，已获专科文凭。郑小花丈夫也在国邦打工，现在是工程师。二人生一子，刚上小学。国邦2013年建有400间员工宿舍，可以住700人，其中有大约100套夫妻房，40平方米。郑小花与丈夫结婚后就一直住在40平方米的夫妻房，儿子也在这里长大。因为国邦在缴税上的贡献，上虞区给国邦奖励了几十套经济适用房，郑小花和当工程师的丈夫在公司资历比较老，获得购房权，花60万元买下一套100平方米的经济适用房，2016年底搬到市区去住了。从这个意义上讲，郑小花和她一家人在上虞算是落地生根了。

2003年郑小花刚来国邦，一年的工资加奖金大约有1.8万元，很难真正能存下钱来。现在她每个月工资、奖金和加班费加起来有4500元左右，一年下来总收入五六万元。而新员工每月工资只有3000元至3500元。

国邦的工厂上班时间安排是三班二倒，平均下来每天工作8小时，每周工作6天。

最近几年，企业不好招工，不仅大学生流动快，操作工流动也很快。国邦过去招工，要求工人年龄不超过35周岁，现在已改为不超过45周岁。目前公司员工平均年龄是32岁。

目前企业员工都有了"五险一金"，住房公积金是2016年开始缴纳的。一般企业中层以上都愿意缴纳住房公积金，最低为每月160元，公司与个人缴纳比例为1:1。社会养老保险是所有企业员工都要缴纳的，个人每月缴纳225元，企业每月上缴800元，缴满年限退休以后每月可以享受大约1500元的退休金。

因为劳动力短缺，企业招工难，所以企业都会想方设法留住员工，国邦也不例外。其中最重要的就是提供丰富的节日福利，比如：全勤奖720元；住宿补贴每月700元；早、午餐免费；零存整取，每月存500元，年终发7000元；过年大礼包，约值200元；春节慰问金，800；春节返乡路费补贴；春游秋游各100元；中秋300元；劳保用品；员工子弟上大学每月补贴500元；企业赞助当地学校以方便企业员工子弟就学；为员工提供免费成人教育；员工生育可以请保胎假两年，不发工资但企业继续缴养老保险；员工生育，家属是中层以上管理人员的可以申请每月1160元的津贴，时间为三年；为员工提供宿舍，为已婚员工提供夫妻房等等。

以国邦为例，开发区大多数企业都喜欢招收已婚者，已婚夫妻都在一个企业上班的情况却不是太多。夫妻两个都在开发区打工，若企业有夫妻公寓，像郑小花夫妻这样带小孩生活在这里是最好的，不过，很多企业都没有夫妻公寓，夫妻带小孩就不得不在当地农户家租房住，但也很便宜，一间每月两三百

大均衡

元。如果孩子太小，可以在当地上全托的私人幼儿园，这些幼儿园的教育质量比来上虞打工大部分农民工家乡学校的教育质量都要高，且幼儿园可以全托，不影响夫妻上班。当地小学和初中也向外来务工的新居民子女开放。

依据我们的调研，在当地打工，一对夫妻带一个孩子，每年打工收入中，用妻子的收入作为全部开支绰绰有余，丈夫打工的收入可以积累下来，一年有5万元纯收入是完全没有问题的。

郑小花与质检部的同事有人情往来，同事结婚，参加人情一般为200元至300元，最好的朋友，人情也可能会送1000元。同事之间会有各种热门话题的交流，尤其是有孩子的同事会经常交流子女教育问题，比如交流送孩子上培训班的问题：小学英语培训班，一周一次课，一学期1500元学费。

上虞经济技术开发区240多家企业，员工基本上可以分为六层：

第一层是高管，年收入30万元左右；

第二层是中层管理人员，车间主任、办公室主任、研究所长等等，工资加奖金收入8万至15万元；

第三层次是一本大学生、技术员，三年后进入管理层，工资加奖金可以达到10万元；

第四层次是段长、班长、组长，一般三班两倒，工资加奖金收入7万至8万元；

第五层次是熟练操作工，工资加奖金5万至6万元；

第六层次是新招收的操作工，工资加资金4万至5万元。

郑小花的年收入为五六万元，丈夫是年收入为七八万元，收入基本上处在第四、第五层次。

开发区企业1996年开始缴纳社会养老保险，不过当时农民工都不愿意交。2008至2009年企业强制缴纳。有企业为了吸引人，所有"五险"都由企业缴纳。有大约80%的农民工参加了"五险"，发生过有企业未缴纳"五险"，被农民工告入法院，企业败诉的案例。所以企业强烈要求所有员工都参加"五险"。

郑小花的儿子在开发区出生，也在开发区长大、上学，她们一家在上虞购买了经济适用房，看来要在上虞落地生根了。

三、留守人员问题不应一概而论

毕节4名留守儿童自杀的悲剧再次引发了社会对农村留守人员问题的高度关注。中国在计划经济时期形成了体制性的城乡二元结构，改革开放以后，城市出现了越来越多务工经商的获利机会，农村男性青壮年劳动力进城务工经商，而老人、妇女和儿童留守农村，形成了具有中国特色的农村"三留守"问题。

因为人多地少的国情，劳动力的大量剩余导致农业内卷化，农业收入有限，农民温饱问题难以解决。改革开放以后，农村青壮年劳动力有机会进城务工经商，从城市获得收入，留守的中老年父母耕种承包地，由此获得农业收入。这样，农民家庭就可以在保留农业收入的基础上，增加一份进城务工经商的收入。正是由于农村青壮年劳动力进城务工经商，农民家庭收入持续增加，农民生活水平持续改善。也就是说，农村青壮年劳动力进城务工经商虽然造成了农村"三留守"的问题，导致了农民家庭的分离，却增加了农民家庭的收入，改善了农民的生活条件。

留守会产生各种问题，缓解并解决留守人员问题应成为"三农"政策的重要目标。不过，特定历史社会条件下面形成的留守人员问题，解决起来也要考虑历史社会条件。当前留守人员问题的成因源自农村青壮年劳动力进城寻找获利机会，这些青壮年劳动力无力携全家老少到城市居住，有两个原因：一是城市生活成本远高于农村，二是中老年父母进城，家庭会丧失农业收入。全家进城，农民家庭收入减少，支出大幅度增加，生活会更加贫困。这是当前中国绝大多数农民家庭没有全家进城，而是青壮年劳动力进城、中老年父母和年幼儿童留村的原因。留守是农民家庭应对城市有限收入机会的主动选择。城市收入有限的原因又是由中国当前仍然属于发展中国家的现实所决定的。与中国同处发展中国家的大国，举家进城的农民家庭很少可以在城市体面安居，结果很快就落入到城市贫民窟中。中国农民进城而不愿落入贫民窟，他们因而保留了在农村获得农业收入及农村生活的机会。农民是在落入城市贫民窟与留守农村之间做出选择，相对来说，留守是次优选择。或者说，留守以及从农业中获取收入是农民的权利。

有人认为农民之所以无法全家进城从而出现留守人员问题，主要是体制问题，甚至认为只要国家免费为农民在城市提供住房，农民就可以全家体面而有尊严地进城，这种认识忽视了当前中国仍然属于发展中国家、正努力走出"中等收入陷阱"的国情。即使国家有能力为农民家庭免费提供城市住房，农民全家进城，务工经商的收入也不可能因此增加，农业收入没有了，生活成本却大大提高，进城农民的经济更加拮据，生活更加困难。一个农民家庭，三代人进城，住在局促的城市住房空间里，每年甚至每天都入不敷出，代际关系必然紧张。在这样的代际关系紧张的家庭中，无法在城市获取收入的年迈父母认为自己是子女的负担和拖累，度日如年。

相反，若年老父母仍然在农村有房住、有田种，他们就可以从事力所能及的劳动，种田不仅有收入，而且是证明自我价值的最好手段。养鸡养猪，自给自足，自得其乐，他们不仅不要子女赡养，还可以将自己种的有机农产品源源不断地送给在城里打拼的子女。父母与子女相对分离不仅换来了家庭收入的增加，而且为本人留下了一片自在且自由的空间。其实，即使子女与父母都在农村生活，年老父母一般也不愿与子女同吃同住，而愿意分开单过，因为分开单过，老年父母虽然可能住得差点，吃得差点，却不用看子女脸色，受子女约束。也就是说，农村老年父母为了自由是可以牺牲吃住条件的。

中国当前发展阶段决定了留守人员问题不是一朝一夕可以解决的，从某种意义上讲，留守其实也是农民的选择与权利。若农民进城失败，或中老年父母不愿与年轻子女住在局促的城市空间，他们还可以退回农村，留守成为了弱势农民的基本保障与社会保险，是他们可以获得的底线救济。

2017年8月25日

大均衡

农民为什么愿意回村居住

一

在河南济源调查时，我遇到长期在郑州工作却在退休后立即返乡居住的老聂。问他为什么会返回农村住而不是在郑州住时，他说，人活着每天干点事才有意思。在农村种点菜，每天往菜地跑，看着蔬菜长大，邻居相互送菜，就有人情味。城市里，各开各的车，各回各的家，人与人之间没有联系，哪里会有农村邻里之间礼尚往来好玩。农村还有广阔空间，没什么事情到山上转一天，既锻炼了身体，又接触了自然，还打发了时间，比在城里等死有趣多了。

老聂1970年参军，1980年进入郑州煤建公司工作，2006年从煤建公司退休后即回到老家济源村庄生活。老聂妻子的户口本来已于1983年迁到郑州，2008年老聂又托关系将妻子户口迁回到村里，在村里原来宅基地上盖了一栋二层楼房，又弄了几分菜地，回到村里生活。老聂现在每月有3000多元退休金，在郑州还有两套房子，一套是1983年分的61平方米老房，一套是2015年单位集资建的104平方米新房。郑州的房子留给在郑州做生意的儿子住，夫妻则回到村里生活。老聂说，城市生活节奏快，年轻人不喜欢与老年人一起住，都是分开住的，他们退休后也几乎没有回郑州住过。

老聂进煤建公司时是工人，退休时也是工人。1980年省煤建公司从全省招聘了上百名农村退伍转业军人，这批招聘人员大部分退休后都回老家生活了，只有少数人因为农村老家条件太差，回不去。

即使老聂在郑州工作了26年，他退休后仍然首选回到农村老家，不止他如此选择，与他同期应聘进厂工作的大部分人也都在退休后回到了农村生活。这就说明，在农村的退养生活确实有比城市更好的地方，其中最重要的有三点。第一，农村与自然亲近，生活可以与土地结合起来，劳动不仅可以获得收入，而且可以获得意义。农业（包括种蔬菜）的季节性和农村生活的节奏，让生活本身有了起伏。第二，年轻人喜欢热闹，退休的老年人则喜欢宁静。而农村的生活不喧嚣，农村就是自然的组成部分，春风拂面，月明星稀，这样的日子就是好日子。第三，农村是熟人社会，一帮人天天见面聊天，一起抽抽烟、打打扑克，说说家长里短，讨论国际大事，这样的日子自由、闲适。虽然与儿子不住在一起多少有点遗憾，不过现在交通、通信都很方便，不在一起相互牵挂，天天在一起反而容易生气闹矛盾。

二

老聂在城市有房子，还有退休工资，却仍然不愿住在城里，宁可回到乡下居住，他更不愿与儿子媳妇住在一起，因为

大均衡

容易闹矛盾且十分不自由。

一般中老年农民，他们子女在城市买了房，除非子女需要他们去帮忙带孙子，否则他们也不愿进城。即使在子女家居住，农村老年人也有寄人篱下之感。何况进城的年轻人在城市打拼很艰难，与子女住在一起的父母就必然感到度日如年。

反过来，住在村庄，也就是住在自己的房子里，可以与土地结合起来，在耕地里种粮食，在庭院里种菜，农业收入足以自给。农业生产本身证明自己是有用的，不必寄人篱下靠自己就可以养活自己，当然不用看人脸色，更不用看子女脸色。因此，除非不得已，农村老年人一般不会随子女进城，而更愿意留守农村。

当前中国农村普遍形成"以代际分工为基础的半工半耕家计模式"，最大的一个弊病就是造成了农民家庭的分离，农民家庭的年轻人进城去了，老年父母留守农村。留守老年人因此成为一个时期普遍认为的社会问题，甚至有人将留守老年人的问题归结到体制上来。不过，反过来也许可以说，正因为有农村这个退路，农村老年人就不必与子女一起挤在城市狭窄的空间，他们就可以与土地结合起来，在春种秋收中找到自己的时间节奏，在与村庄熟人社会无心防的碎语中找到生活的意义。因此，在很多时间，留守是农村老年人的自愿选择。我们应当保留农村老年人这个选择的权利。千万不要以节约土地为名，将农民宅基地复垦种粮食，导致农村老年人无处可去。

三

第一代进城农民已经或正在返乡，第二代进城农民正试图在城市安居下来，他们现在才40岁左右，还年轻，还要继续留在城市为家庭打拼，再过十年二十年，当他们年老时，若是有一个可以退得回去居住的村庄，他们中的大多数人都可能选择退回村庄居住。现在这部分进城农民虽一门心思要在城市安居，但对自己能否在城市体面安居心中无底，他们因此愿意保留进城万一失败的农村退路。问题是，即使他们进城成功了，他们年老之后仍然可能愿意选择返乡养老。与自然结合起来，与土地结合起来，生活在熟人社会中，落叶归根，这对于已经从城市生产中退出的老年人是具有吸引力的。四季分明、宁静恬然，自由自在，与城市四季不分、喧嚣、不自由构成了鲜明对比。年轻时进城了尿都不朝家乡方向撒，年老了只有家乡是自己永恒的牵挂。

四

人是从自然中孕育出来的，天生喜欢自然，天生喜欢土地。年轻时在城市快节奏工作，老年时在乡村慢节奏生活。等到2050年中国实现了乡村振兴，"强富美"的农村理应为现在正在城市打拼的农民保留位置。当前阶段农民正在进城，他们之所以不放弃农村是希望有农村作为他们托底的退路。未来时期，就算农民已经在城市体面安居，他们也可以有属于自己看星星看月亮的农村的家，他们也可以在年老时回到家乡自己家中养老。

　　村庄是中国人的乡愁，是中国人的宗教、归宿，当然，也是中国农民的基本保障与最后退路。

2020年8月18日

熟人社会的养老

一

到武汉郊县汪集镇调研时，很多人会不约而同讲到冯铺村老年人互助照料中心。

冯铺老年人互助照料中心是2012年通过"以奖代补"资金建设的，投资46万元，其中区财政奖补23万元。养老中心建筑面积有300平方米，可以同时为22个老年人提供常住养老。

本来，区财政奖补建立的老年人互助照料中心只是日间照料，主要是通过为村庄里的老年人提供娱乐等活动场所，吸引老年人日间来照料中心活动，同时为生活不便的老年人提供低价午餐等生活服务，鼓励村庄里身体好的低龄老年人为生活不能自理的高龄老年人服务，互助照料。实际上，绝大多数老年人互助照料中心都缺少实际的照料，变成了老年人娱乐聊天的场所。这样的娱乐聊天场所为老年人提供了交往空间，老年人之间的互动提高了他们的闲暇质量，让他们不再孤单，精神状况大为改善。老年人互助照料中心变成老年人活动中心，也是十足的好事。

冯铺村支书希望将照料中心的功能在此基础上拓展一下。

他说，当前农村中青年劳动力都外出务工经商了，农村留守老年人普遍比较孤单，尤其是一些高龄失能老年人单独留守在家，生活不能自理，状况十分堪忧，子女外出务工也不安心。村支书因此尝试在日间老年人互助照料的基础上，让农村留守高龄失能老年人来常住。几年下来，常住照料中心的留守老年人最多时有19人，最少时也有9人。留守老年人常住，"衣来伸手，饭来张口"，极大地改善了他们的生活质量，也为进城子女安心务工创造了条件，因此受到村民一致好评。

冯铺村老年人互助照料中心聘请了两个工作人员，都是本村妇女，一名40多岁的妇女负责日常管理，一名60多岁的妇女负责做饭。两人月工资均为2600元。此外，照料中心每年还需要水电费1.6万元（包括冬天烤火夏天降温），生活费四五万元，日常用品如餐具等1万元，活动经费若干。加起来，一年支出在15万元左右。收入方面，区财政每年补贴6万元，来照料中心常住的老年人要按每月800元至1200元的标准缴纳养老费，10个老年人大约要10万元。因此，算上财政补贴，冯铺村老年人互助照料中心基本上可以做到自负盈亏。这样来看，冯铺村将老年人互助照料中心的功能由日间互助照料变为常住，是十分成功的，是农村家庭养老的一个重要补充。

不过，冯铺村的老年人互助养老中心也有隐忧，最主要的是如何防范风险。来照料中心常住的一般都是高龄失能老年人，这些人生活自理能力差，行动不便，容易出事故。照料中心曾有一个老年人在夜间起来摔倒受伤，所幸没有造成大事故，子女也就没有上门追究。万一有子女上门，起了纠纷就不好办了。还有一次，一个老年人半夜抽烟，烧着了被子，幸亏工作人员起来方便，闻到糊味，及时发现才没有酿成大事故。照料中心让老年人常住不是为了营利，而是为了方便村民和老年人。但一旦发生安全事故，谁来承担责任？冯铺村支书说，实际上，高龄老年人在家单独住，出事故的可能性更大，也正是因此他才让老年人到照料中心常住。老年人在家出事，责任都是农户的，在照料中心出事，村级组织就脱不了干系。因此，冯铺村支书十分犹豫还要不要将老年人在照料中心常住的举措坚持下去。

二

中国农村实行"五保"制度，现在改为特困救助制度，即凡是没有子女的孤寡老年人，国家都给予生活困难补贴。汪集镇老年人的特困补助由过去每月500元增加到现在的每月985元。为了解决孤寡老年人的照料问题，全国乡镇一级都建有福利院，孤寡老年人可以入住。汪集镇是由两个乡镇合并而来，现有两个老年人福利院。不过，现在福利院居住的老年人只有60人，最多时也只有240人，而全镇共有孤寡老年人365人。

老年人不愿住福利院有三个原因：一是脱离过去的村庄熟人社会，到福利院生活没有意思，变成"等死队"了；二是福利院工作人员往往缺少对老年人的感情；三是为了防范出现事故，福利院制定了比较严格的管理制度，比如不允许老年人随便外出，因此有老年人说到了福利院，感觉就是坐牢。话又说

大均衡

回来，一旦老年人外出发生了事故，福利院是要承担责任的。有一位老年人外出后溺水身亡，其亲友到福利院大闹追责，让福利院赔偿几十万元，福利院吸取了教训，通过限制老年人外出来防止出事故。

国家提高了孤寡老年人的特困救助标准，老年人经济能力得到增强，就愿意投亲靠友，或仍然在村庄居住，不到万不得已是不愿到福利院的。

冯铺村老年人常住的互助照料中心，一方面设在村庄熟人社会中，工作人员不可能虐待入住老年人，且有人情味，这个很重要。另一方面，住在村庄熟人社会中，每天都能见到熟人，仍有社会生活，完全不同于福利院的"等死"，这样的生活质量也就比较高。这个意义上，冯铺村村庄养老是一项创新，是介于家庭养老与乡镇福利院养老的一个中间层次。这个层次的最大好处，是让老年人仍然生活在他们一直生活的村庄熟人社会中，没有脱离生活意义之网，仍然有尊严和体面。

三

且不说高龄失能老年人，低龄老年人更不愿意脱离村庄熟人社会。在汪集调研时，一个在城市为子女带了几年孙子的老年人回村后，觉得非常幸福，说终于解放了，终于自由了。他们将在城市和子女一起生活看作是坐牢，因为处处受到限制。自己没有收入，又要消费，就要看子女脸色。短期内与子女一起生活，确实亲热亲密，但时间长了，生活习惯不同，导致十分受拘束，日子过得提心吊胆，不如在农村自由舒服。老年人总结，与子女距离远一点是亲人，天天在一起就成仇人了。住在乡下，自己种田种菜、喂猪养鸡、捞鱼摸虾，不仅可以获得收入，而且劳动具有意义。有了自己生产的农产品，每月到城里子女家住几天，老年人的独立、自由、体面、尊严就可以保持住。

正是在这个意义上，村庄对农民很重要。他们年轻时进城，年龄大了，在城市缺少就业机会，回农村就很重要，土地就很重要，农村的宅基地与住房就很重要。

身体健康、生活能够自理的低龄老年人，在村庄有房有地，季节性地开展劳作，大量闲暇时间可以用于各种文化娱乐生活。低龄老年人还可以照料高龄老年人，从而积累时间银行积分，在自己高龄时换取其他低龄老年人的照料。这样，在村庄熟人社会中可以有真正的老年人互助照料，就有了远好于脱离熟人社会的福利院养老体系，也可以作为家庭养老的重要补充。

村庄熟人社会互助照料基础上的养老模式值得尝试，值得重视。

2018年4月27日

大均衡

互助养老值得重视

中国正处于史无前例的快速城市化进程中，之前相对封闭和静止的村庄变得开放而流动，大量年轻人不仅进城务工经商而且开始在城市安家立足。农村老年人缺少城市就业机会，他们不愿与子女在城市一起生活，大多选择与土地结合起来，留村务农养老。一直以来以家庭为主的农村养老遭遇困境。

在无法家庭养老的情况下，机构养老成为主要替代模式。中华人民共和国对无子女赡养的孤寡老人实行"五保"制度，"五保"分为散养与集中供养两种，集中供养就是将孤寡老人集中到乡镇敬老院供养。不过，除非不得已，"五保"老人一般不愿接受敬老院集中供养，原因有三：不体面，不自由，没意思。不体面是说在敬老院感觉自己是一个废人，等着别人供养，散养则多少可以种点地，搞点生产；不自由是说敬老院有很多规定，尤其不允许随意外出；没意思是说进到敬老院往往就斩断了与村庄社会的联系，个人成为孤岛。敬老院是由政府举办的，不收取费用，只针对特困人群，一般农户家庭老年人无法进入敬老院养老，要进入机构养老往往只能进民办养老院、托老所。这些民办养老院、托老所除存在与敬老院同样的问题以外，还要收取比较高的托老费，比如每月2000元。相对农户家庭收入，这个托老收费并不便宜。也是因此，虽然国家鼓励发展民办养老，民办养老发展却并不顺利。

于是，以河北肥乡为代表的农村互助养老浮出水面，互助幸福院模式在全国推广。

互助养老的基本理念是由低龄老年人照顾高龄老年人，由身体好的老年人照顾身体弱的老年人，通过代际接力的方式完成互助养老。在当前中国绝大多数农村，缺少城市就业机会的老年人大多留守农村，这些留守农村老年人绝大多数身体健康，具有生产能力，他们有住房，有耕地，用有限时间完成农业生产，经营房前屋后庭院经济，捞鱼摸虾，既有农业收入，又有劳动乐趣，还能实现自我价值。他们有大量闲暇时间，闲暇时间与其他人共度才能创造出意义。因此，文化活动和社会交往是农村老年人刚需。还有一部分老年人虽然不再从事生产劳动，却仍然具有生活自理能力。只有很少一部分老年人生活不能自理，是失能半失能老年人。

在当前农村，只要生活能够自理，老年人状况就是很好的，甚至很多农村老年人将60岁以后的生活称作人生第二春。他们一生从来没有现在这么轻松舒服过。父母已去世，子女已成家，劳动收入足以保证较高生活质量，大量闲暇时间完全自由支配。四季分明的春种秋收构成了人生节奏，宁静舒缓的生活符合老年人心理生理特点。很多家庭负担不重的低龄老年人乐于关心邻里，帮助弱者。他们有很强的组织村庄社会文化活动的积极性，是组织老年人活动的积极分子。他们希望通过无偿服务来发挥余热，做一个有用的、受人尊敬的人。

大均衡

农村真正困难的是丧失生活自理能力的高龄老年人。这样的老年人不是很多，不过他们的状况却可能很不好。家庭养老中不说子女是否在身边，即使与子女生活在一起，也存在"久病床前无孝子"的问题。进入机构养老，除价格昂贵以外，还切断了与村庄社会的联系，这样的养老质量就太低了。也是因此，当前全国农村普遍出现了比较严重的养老问题，悲惨的老年生活成为所有人巨大的心理阴影。

河北肥乡通过国家奖补，集体投入，在村民集中居住的地方建互助幸福院，由村庄低龄老年人帮助高龄老年人，身体好的老年人照顾身体弱的老年人。村庄低龄老年人远多于高龄老年人，由多数人帮助照顾少数人，就可以在村庄熟人社会形成以互惠为主的互助养老。最重要的是，高龄老年人受到低龄老年人照料，度过幸福晚年生活，照顾高龄老年人的低龄老年人也可以预期将来获得同等的照料，这样就形成了老年人互助的代际接力。

一般来讲，完成互助养老代际接力的互助技术有三种模式，即志愿服务、低偿服务、时间银行。这三种模式都介于家庭养老和市场化的机构养老之间，主要是村庄低龄老年人利用闲暇时间照顾村庄高龄老年人，从而换取将来高龄时的被照顾。甚至低龄老年人利用闲暇照顾高龄老年人，因此觉得自己是有用的，帮助老大哥老大姐，做了有意义的事情，这样的志愿服务不求回报。

简单地说，如果志愿服务、低偿服务、时间银行三种模式能运转起来，村庄互助养老就将极大地解决农村养老问题，中国就将有一个低成本高幸福指数的应对老龄化的方案。

不过，中国互助养老实践却没有那么乐观。以肥乡互助幸福院模式的推广为例，全国大部分地区推广效果都不好，主要是难以坚持。脱离村庄，互助养老的时间银行就更难持久。

全国推广农村互助养老成效不彰、难以坚持，关键是过于注重互助养老技术，忽视了互助养老的核心是村民相互熟悉、信任。任何一项互助养老技术的运转都是有成本的，或者说都是有摩擦力的，只有当村庄具有强烈的自己人意识，有高度的相互信任，或者有足够社会资本，互助养老技术的运转才有润滑剂，互助养老才容易持久从而健康运行。村庄社会资本大幅度降低了互助养老的组织成本、交易成本，才可以在村庄实现低龄老年人照料高龄老年人的代际接力。

也是因此，村庄互助养老的核心不是要借用各种互助养老技术（志愿服务、低偿服务、时间银行），而是要进行村庄社会建设、文化建设。老年人是生活在村庄舞台上的，他们在这舞台上实现自己的人生价值，获得社会意义，因此他们不仅在生理上活着，更是在社会上和文化上活着。在村庄追求生活的体面与尊严，高龄老年人仍然能生活在村庄社会中，这是理想的养老，并且是可以实现的。

当前农村养老政策实践和理论研究大都过于关注养老技术，不讨论降低养老组织成本的办法，不讨论村庄社会资本对互助养老技术运转的润滑作用，忽视养老技术运转的外部条件，村庄互助养老就找不到出路。当前中国村庄仍属熟人社会，有村社集体经济，每个农户都有自己的宅基地住房和承包地，村庄又是每个村民的乡愁与归宿，通过村庄建设，可以为农村互助养老提供强有力的支撑。

乡村振兴的一个重点是为农村互助养老提供基础条件，以使得各种互助养老技术可以在村庄良性运转。农村互助养老可以开辟低成本高质量，既不脱离自然又不脱离社会的中国式农村养老模式。这是一项伟大的事业。

2020年4月11日

从新冠疫情认识农民退路的重要性

新冠疫情不期而至，对中国乃至世界造成了难以估量的损失。通过新冠疫情再来认识中国国情，可能会比以往更加深刻。

从2019年底发现新冠疫情，2020年1月23日武汉封城，到2020年3月全国除湖北以外绝大部分省市自治区做到新增确诊病例为零，再到4月8日武汉解封，用了百天时间，中国取得抗疫战的初步胜利。新冠是严重的传染病，控制传染病，打赢抗疫战，重点不仅在于医疗救治，更在于防控，防止疫情传播。为了防控疫情，中国采取了按下社会运行暂停键的断然措施，终于以付出惨重经济社会损失为代价取得了抗疫初步胜利。

目前疫情正在世界上很多国家肆虐，全世界大多数国家都不得不按下社会运行暂停键来应对疫情。与中国有所不同，世界上大多数国家在按下社会暂停键时显得犹豫，更显得无奈。除体制差异以外，不同国情决定按下社会运行暂停键的代价是不同的。

中国国情与其他国家的不同表现在很多方面，比如中国家庭一般都会有较高的储蓄率，不会因为几个月不工作就没有钱买食品而挨饿，再比如中国基层社会组织比较健全，封控期间可以提供比较完善的社区服务，等等。下面重点讨论农村作为中国现代化稳定器的作用。

新冠疫情正好处于春节期间，大量农民工返乡过春节。为了防控疫情，全国各地推迟了返岗上班时间。春节后，随着疫情防控取得决定性胜利，除湖北以外的各省市自治区复工复产，沿海出口企业更是在订单压力下强烈要求农民工返岗。有趣的是，农民工对复工返岗却并不积极，原因当然是复工返岗仍然有被病毒感染的风险和交通通行的不便，更重要的则是农民工在农村生活无忧，他们并不急着进城挣钱。迟返岗几个月，收入固然少了，却也不用支付昂贵的城市生活成本。在农村生活，他们几乎没有生活消费支出，日子过得不错，甚至已经很多年没有全家团聚这么长时间了，就还在家待一段时间吧。也是因此，刚开始复工返岗时，全国复工率始终不高，其中一个原因就是农民工不愿意冒险复工。进入三月下旬，农民工开始返岗又遇上欧美国家按下经济社会运行暂停键，取消订单，中国出口导向型企业没有订单，无法全员满负荷开工生产，进城农民工难以找到合适工作岗位。其中一部分外出务工农民工再次返乡，还有部分未外出农民工继续滞留农村。

农民工滞留农村，没有务工收入，农户家庭收入就受到影响。不过，滞留家乡的农民工有农业收入，住在自己的房子里，生活成本很低，又没有必须要还的债务，留在家里帮年老父母做点农活，过一段亲近大自然的风花雪月的日子，也还不错。

换句话说，农民工失去在城市工作的机会，虽然不是愉快的事情，却也不是什么过不去的事情。不在城市务工一个月两个月，半年一年，甚至两年三年，日子就是艰苦一点，也可以过得去。

正是如此，使得中国具备强大的应对新冠疫情的能力。也正是在这个意义上，农村再次成为中国现代化的稳定器与蓄水池。

2001年我提出"农村是中国现代化的稳定器与蓄水池"的观点，认为应当重视农村建设。我一直反对激进的城市化方案，认为应当一方面消除所有限制农民进城的体制机制障碍，一方面要限制"资本下乡"。中国应当在很长一个时期内采取"保护型城乡二元结构"，即允许农民进城，同时保护农民返乡权。

我还认为，乡村建设乃至乡村振兴的核心并不是要将农村建设得比城市更好，而是建设一个不差的农村，为缺少进城机会的农民提供基本生产、生活秩序。农村是农民的基本保障和最后退路，基本保障是不应当市场化及不能够讲求效率优先的。

2008年发生金融危机，当年有2100万以上农民工失业，媒体上一片悲观氛围，担心2100万农民工失业会对社会秩序造成冲击。西方媒体更是想当然地认为，一个农民工失业，就有一个农民工家庭挨饿，上亿人挨饿还可能维持得住社会秩序？但实际上，几乎所有农民工都有属于自己的农村家乡，而在家乡，有房有地。失去城市工作，他们回到家乡生活，不过是家里"吃饭时多摆一双筷子"的事。虽然回到家乡生活，工资收入确实有所减少，但消费也大幅度降低，闲暇时正好多陪陪父母，打几场麻将。

金融危机造成中国2100万农民工失业，不过是让农民工将返乡平均年龄由之前50岁提前到49岁或最多48岁。农村有家、有土地、有退路、有基本保障，失去城市就业机会就不是一个事。所以，2008年金融危机期间并未出现因为农民工失业造成的社会混乱。

2008年金融危机期间，农村成为了中国现代化的稳定器，2020年新冠疫情期间，农村再次成为了中国现代化的稳定器。

中国现代化之路从来不会太平，经济周期不可避免，只要有农村这个稳定器，中国就有退路，有回旋余地，有办法。无论这个世界上有多么巨大的风浪，中国总可以借助农村这个稳定器率先平息风波，克服困难，在每一次危机之后获得更好更快的发展。对于中国来说，危乃是机也。

保留进城农民的退路，警惕激进的城市化。农民有了退路，中国现代化就总会有办法。这是中国现代化之所以顺利的基本经验，也是中国战无不胜的法宝。

2020年4月11日

二

农村区域差异

代际责任与自由恋爱

在湖北黄冈市凡家楼村调研时，凡家楼村村支书对我们说："我们这里父母为子女在城市买房只付首付，银行贷款由子女自己还。父母是不可能还贷款的，因为父母还要挣钱养老。将来老了没有肉吃，不可能指望子女。"凡家楼村妇女主任也讲："我们这里父母对儿子结婚的支持相对灵活，有钱当然会支持儿子在城市买房，没有钱也没有办法。一般父母只是给儿子在城市买房付首付，贷款由儿子媳妇自己去还。"

也就是说，黄冈农村父母只承担儿子娶回媳妇的部分责任，这与华北农村的情况是相当不同的。

在华北农村，父母有责任为儿子娶回媳妇准备全部基础条件，即使借钱也要为儿子在城市买房，且父母不仅要为儿子付首付，一般还要承担还房贷的责任。

一

以黄冈为代表的湖北农村，父母只对子女承担有限的责任，即使有钱也不一定都要拿出来给子女在城市买房。华北农村的父母为了让儿子娶上媳妇，不仅要借钱付房子的首付，而且还要还银行房贷。子女结婚了，父母欠下大笔外债，不得不赶紧外出务工赚钱还债。

与买房相类似，黄冈娶媳妇现在也要彩礼了，彩礼一般几万元，是给到女方父母的，不过女方父母几乎肯定会让女儿带走彩礼作为新婚小家庭的积蓄，且一般都会有多少价值不等的陪嫁，等于是双方父母为新立的小家庭提供支持。华北彩礼数额往往比较高，高的达到20万元甚至更多，女方父母一般只付很少的陪嫁。

之所以会有以上差异，一个重要原因是在以黄冈为代表的湖北农村和华北农村，父母对子女结婚，尤其是儿子娶媳妇的责任定义是不同的。在湖北农村，儿子娶媳妇首先是儿子自己的事情，年轻人必须要靠自己努力，父母只可能起辅助作用。年轻人自己不努力，父母干着急也没有用。在以河南为典型的华北农村则不同，儿子能否娶上媳妇责任不在儿子而在父母，娶媳妇是父母的责任，儿子刚刚成年，他们哪里有能力自己积蓄结婚的条件，哪里有能力娶回媳妇呢？

二

在河南农村，儿子娶媳妇是父母的责任，父母有责任为儿子娶媳妇满足各种条件，包括在城市买房、出彩礼等等。为了儿子娶上媳妇，父母即使欠债也理所当然，他们用自己仍有的劳动能力来还债。父母承担更多的责任以及超出现有能力的支持提高了子代在婚姻市场上的竞争力。在农村普遍存在性别比失衡且偏好本地婚姻的情况下，河南农村婚姻竞争更加激烈，这种激烈的婚姻竞争进一步提高了女方在婚姻中的谈判地位，进一步提高了女方的婚姻要价，比如要求更高的彩礼，以及买更好的房子。

在湖北农村，因为父母只为子女承担有限的责任，家庭条件相对较差且个人条件也不太好的青年男子很难在本地婚姻市场上有竞争力，他们可能很早就退出了本地婚姻市场，而那些家庭条件较好、个人条件也不错的青年男子也并不担心娶不上媳妇，有比较从容的时间谈一场真正的恋爱，再到谈婚论嫁。结果体现为湖北农村青年男子初婚年龄相对较高，且婚姻稳定性也可能较高。

简单地说，以河南为代表的华北农村，儿子娶媳妇，父母负有更大责任，父母为了儿子能娶上媳妇，不得不提前积蓄，甚至背负债务，从而为儿子娶媳妇创造物质条件，结果几乎所有当地健康男青年都具备了进入当地婚姻市场的初始条件，由此又加剧了本地婚姻市场的竞争。

三

相对于湖北农村的父母为子女承担有限婚嫁责任来讲，四川农村的父母为子女承担的婚嫁责任更少，子代为了结婚就不得不更加努力地工作，以获得结婚所需的基本条件，由此造成婚龄的延迟。湖北与四川农村大都属于我们所说的原子化农村地区，有差异，但差异不是太大。

与华北、湖北等地差异比较大的是华南的宗族型农村，这些农村有着较强的传统力量，这种力量倾向保护老年人。一方面，在华南农村，农民强烈希望儿子早日娶回媳妇以生孙子，完成人生任务，好向祖先交代；另一方面，父母几乎不可能为儿子娶媳妇承担无限责任。相对来讲，华南地方婚姻市场的竞争远不如华北激烈。

四

之所以华北的父代要为子女承担几乎无限的婚姻责任，一个重要原因是，华北农村是我们所说的小亲族地区，村庄存在众多分裂的农民认同与行动单位（血缘共同体），这些分裂的血缘共同体的激烈竞争使得村庄舆论极其强大，这种村庄舆论是决定农民行动的最为重要的力量，而儿子能否娶上媳妇则是当地衡量一对夫妻是否成功的最为重要的条件。如果儿子没能成家，这无疑公开表明做父母的人生的失败，这样的脸是丢不起的，因此让儿子娶上媳妇是大于天的事情。父母宁愿以自己的剩余劳动力担保来借贷，也要为儿子娶回媳妇创造条件。

湖北、四川的农村是我们所说的原子化农村，村庄缺少行动能力强而有力的血缘共同体，每个人都有相对自由的自主选择空间。父母有能力当然会帮儿子创造娶妻成家的条件，如果没有能力，能否谈恋爱娶媳妇就要凭儿子自己的本事，打光棍也不能怪父母。

在华南宗族型农村，村庄存在着笼罩性的认同，农户之间竞争远不如华北农村激烈。同时，村庄舆论比较强大，这种舆论一般都是维护村庄老年人利益的，因此，在华南农村几乎不可能指望父母将自己的剩余劳动力抵押，借钱来为子女在城市买房，以让儿子具备成家条件。其结果就是，华南农村婚姻的经济门槛相对较低，并非一定要在城市买房了才可以谈婚论嫁。当然，在当前农村普遍男多女少的情况下，华南农村婚姻市场的竞争仍然是激烈的。

五

在湖北、四川等地的农村，父母只对子女的婚姻承担有限的责任，所以，儿子结婚生子以后，父母倾向趁年轻还有劳动能力，自己积累自己的养老钱。相对来讲，在以河南为代表的华北农村，子女成家以后，父母可能不得不努力挣钱偿还为儿子娶媳妇所欠的债务。

在湖北农村，父母年龄大了就靠自己的积蓄养老，自己有钱，想吃什么就买什么吃。在河南农村，父母年龄大了大都几乎没有积蓄，只能靠子女养老，如果子女不孝顺，父母也毫无办法。

华南农村因为村庄有着很强的维护老年人利益的舆论，所以子女成家后，父母可能早早退出生产领域，继而早早进入依靠子女养老的阶段。他们不用自己挣钱养老，在他们看来，子女就是他们的摇钱树，只要子女有饭吃，怎么会饿着父母呢？

六

在华北农村，父母几乎对子女和家庭有无限责任，老年人只要能劳动，都要劳动，基本上没有闲着的。

在中部农村，父母只对子女承担有限的责任，他们在子女成家后就开始为自己养老积蓄，因此可以相对自由地安排自己的时间。有一些子女经济条件好的老年人，因为有子女的经济支持，得以从经济压力中解脱出来，成为农村"负担不重的人"。

在华南农村，有利于老年人的村庄舆论，早早将老年人从经济压力中解放出来，他们成为村庄中喜欢管闲事的"闲人"，这些"闲人"又进一步强化了对老年人有利的舆论力量。

2018年10月2日

大均衡

性别失衡与代际关系

我在甘肃调研时，听D村村主任说"现在农村没有婆媳矛盾，只有夫妻矛盾"，因为婆婆根本就不敢与媳妇闹矛盾，也害怕儿子与媳妇闹矛盾。儿子与媳妇闹矛盾，媳妇一旦跑了，儿子就只能打光棍，父母这辈子就完不成人生任务，日子就没法过了。类似D村村主任的这些话，我们在全国农村调查中经常听到。这些言论所体现出来的，是当前农村性别失衡对代际关系的影响。

概括地说，在当前中国农村城市化进程中，传统通婚圈被打破了，越来越多的妇女到传统通婚圈以外结婚，在性别资源失衡的情况下，妇女流动加剧了传统农村地区性别资源的失衡，从而加剧了婚姻市场的竞争性，这种竞争压力最终通过代际关系落到父母身上，极大地改变了农村中老年父母的行为模式。本文即讨论性别失衡与代际关系之间的若干联系。

一

一般认为，当前中国性别比失衡，适婚年龄人群中男性多出女性3000万人，有人因此无法在婚配中找到对象。在当前中国快速城市化的时期，大量农村劳动力外出务工经商，相对稳定的传统通婚圈被打破，跨省婚姻越来越普遍，偏远山区的妇女嫁到平原，平原的妇女嫁到城市，从而加剧了相对偏远地区性别资源的失衡。在传统时期，因为通婚圈相对固定，性别失衡的结果是通婚圈内家庭条件差、身体有残疾的年轻男子打光棍，某种意义上，这些男子打光棍几乎是被提前敲定的，是当地人的共识，他们也较少心存幻想。现在的情况则有很大的不同，即随着女性大量流出，相对偏远的农村可能将会出现远超之前数量的光棍，从而将相当一部分家庭条件还可以、身体也很健康的青年也卷入找不到媳妇的危机中。农村社会正在出现的经济分化，进一步加剧了这种危机感。

从婚姻方面来看，这种危机产生的一个后果，就是结婚年龄趋向低龄化。既然越来越难找到媳妇，人们就越来越趋向提前找媳妇，提前结婚。儿子结婚生育之后就形成了相对稳定的家庭，父母也就完成了人生任务。在普遍早婚的情况下，男子一旦超过某个年龄就成为当地众所周知的光棍，比如云南一些山区，20岁还未结婚的男子就很难再找到媳妇了，因为一般女孩早在20岁之前嫁人。

很年轻且身体不错甚至还十分勤劳的光棍并非没有结婚的机会：他们外出务工可以与外地女孩恋爱结婚；他们很努力地积攒条件，就可能与离婚妇女或者那些因为种种原因丧偶的寡妇结婚。20多岁仍然未婚的男子摆脱打光棍命运的方式就是找离婚妇女，而这些离婚妇女甚至会如初婚一样向男方索要高额彩礼。

大均衡

既然离婚的中年妇女可以轻松找到更年轻、条件也不错甚至未结过婚的男子作为再婚对象，还可以向男方家庭索要高额彩礼，当妇女与婆家关系不好时，无论是因为丈夫有恶习（比如懒惰、酗酒、好打人），还是婆婆霸道，或是婆家遭遇了天灾人祸，妇女都可以通过离婚来寻找新的婚配机会，甚至不离婚直接跑掉。尤其是跨省婚姻，女方跑掉的可能性十分之大，她们离开时大多将所生子女留在婆家。

　　如此一来，在婚配中女方就占据了绝对优势。女方不仅在结婚时具有足够的挑选和要价权，而且在婚后还有足够的"反悔权"。这样就不只是对婚龄男子而且对男方家庭造成了十分重大的影响。

　　具体来说，在谈婚论嫁阶段，男方就要满足女方的若干条件：首先是男方年轻健康，其次是物质基础条件不错，再次是家庭负担不重。物质条件可能包括高额彩礼、在城市里买房或在农村建新房、买车、三金等等。家庭负担不重即不承担父母的养老，以及不承担因为婚姻欠下的债务等等。结婚以后，男方必须能挣钱，性格比较好，恶习比较少，且男方父母还会为新家庭提供各种力所能及的支持，保持婚姻稳定，避免出现离婚或女方跑掉的情况。

　　在农村初婚年龄普遍比较小的情况下，为娶媳妇而提供的物质条件只可能依靠父母，父母要提前积蓄以为儿子娶媳妇准备条件。而且父母要将未来剩余劳动力提前预支（通过借贷），保证儿子家庭的稳定。到了老年，父母要自食其力以免增加子女家庭负担。就此，农村性别比的失衡转化成为农村代

际关系的失衡，且农村性别失衡越严重，农村代际关系的失衡
越是倍增。

二

以上讨论的是一般逻辑。中国是一个巨型国家，地域广
阔，人口众多，不同地区的经济与文化的发展都是不平衡的，
因此，性别失衡对代际关系的影响在全国不同地区有所差异。
传统通婚圈的打破，全国婚姻市场的形成，会进一步改变这种
区域差异。这一节，我们重点讨论女性流入地区与流出地区的
差异，而在下一节，我们将讨论村庄内部竞争相对激烈的北方
农村，与村庄内部竞争相对和缓的中部地区尤其是云贵川地区
的差异。

与云南、河南的早婚不同，我们在北京远郊农村调研时
发现，农村的大龄青年很多，男性30岁仍然没有结婚的情况十
分普遍，且父母对子女婚姻的干涉很少。北京郊区农村绝大多
数农民主要是务农和务工，其家计模式乃至家庭收入都与全国
农村无异，何以未婚大龄男青年很多父母却不着急呢？这是因
为，在北京农村找媳妇不是难事。虽然郊区是农村，但这郊区
的农村依然属于北京，即使找不到本地媳妇，要找一个外地媳
妇也很容易。既然找外地媳妇很容易，在本地谈婚论嫁就一定
要挑挑选选，不能将就，因此年龄比较大了还未结婚的情况会
较为普遍。

也就是说，对于北京郊区农村这样的女性流入地区，青

年男性找媳妇并不困难，他们想在年轻时做比结婚更重要的事情，那就是要想方设法在市场上打拼赚钱，争取趁年轻时就赚到人生的第一桶金，从而找到一个更好的媳妇。父母也不会为了急于找媳妇而为子女提供过分的物质支持。女性同样希望有机会找到更好的丈夫。一旦结婚生子，北京郊区农村的家庭一般是父母带孙子，年轻夫妻外出务工经商打拼赚钱，原因是年轻人更有赚钱的能力。

珠三角、浙江、苏南农村都属于沿海发达地区农村，都是性别资源流入的地区，从我们的调研情况来看，这些地区的农村普遍存在婚龄推迟的现象，与中西部农村青年婚龄普遍提前的状况相反。父母基本上不为子女结婚承担太多的压力，仅为子女提供初步结婚的条件。

因为经济或区位的相对优势，沿海发达地区农村的年轻男子很容易找到适龄女性进行婚配。外来的优秀年轻女性加入到沿海发达地区通婚圈，为当地男青年提供了更多婚姻选择，造成当地适龄女青年找不到合适的当地男青年，而她们又不愿嫁到外地，沿海发达地区农村因此出现了相当普遍的大龄女青年甚至"剩女"问题。

无论是沿海发达地区还是中西部农村，普遍存在着优先娶本地媳妇，而对外来媳妇存在偏见的情况。较早时，传统通婚圈尚未被打破，一个地方的光棍往往是家里条件比较差、个人素质比较低（尤其是身体缺陷）的男青年。全国性劳动力市场形成前，来自偏远山区的外地媳妇（被拐卖或介绍来的）解决了部分区位具有相对优势的农村地区的光棍问题。外地媳妇因此普遍与男方个人和家庭条件差找不到媳妇的偏见联系在一起。现在农民工全国流动，跨省婚姻十分普遍，为何几乎所有地区对外地媳妇抱有偏见而优先娶本地媳妇的情况仍然存在？除了本地人往往有本地人优越感（发达地区尤其如此），还有两个重要原因：一是本来婚姻就是合两姓之好，娶本地媳妇在本地就多了一个强有力的亲友团，增加了社会资本；二是外地媳妇缺少本地根基，一言不和就可能跑掉。中西部地区跨省婚姻往往极不稳定即是这个原因。

与性别资源流入地区相反，性别资源流出的中西部农村，随着传统通婚圈的解体，农村男性青年婚姻压力剧增，以致几乎所有家庭策略都围绕到儿子娶媳妇一事上。河南汝南县有一句话叫作"生两个儿子哭一场"，为什么要哭一场而不是欢喜呢？因为从生儿子时起就要操心他们今后娶媳妇的事。儿子娶媳妇是父母的事情，娶一个媳妇，包括彩礼、建房，少说要几十万元，为两个儿子娶媳妇，就要从儿子出生起开始积攒，到了儿子结婚的年龄也不一定能积攒够两个儿子结婚所需的花费。

中西部地区因为性别失衡，总有人娶不上媳妇，年轻女性在婚配中占据绝对优势，其中最典型的表现是彩礼价格的快速提升。彩礼有两种类型，一种是由男方父母支付给女方父母，以作为女方父母养育女儿的回报。这种由男方父母主动给女方父母的彩礼越来越少见了，更多是由女方父母或女孩直接向男方父母索要高额彩礼，这个彩礼不是给女方父母，而是留给女孩自己的。甚至出现了女孩与未婚夫共同向男方父母索要彩礼的情况。

在性别资源流出地区，女方会长期保持婚姻中的优势，因为女方离婚了可以轻松再婚，而男方离婚后几乎注定一辈子光棍。父母为了保持子女婚姻的稳定性，不能不改变自己的家庭策略。过去农村普遍存在强势婆婆的现象，即婆婆利用家庭中的有利地位（儿子是自己的）与媳妇争夺家庭主导权，强势婆婆会对媳妇造成巨大压力，并可能引发严重的婆媳矛盾。现在情况发生了逆转，即农村婆婆普遍都"学会做婆婆"了，学会与媳妇和谐相处了。无论媳妇强势与否，现在农村很少再有强势婆婆，因为只要有一例强势婆婆搞不好与媳妇的关系从而造成儿子离婚打光棍的情况，就足以震慑所有婆婆。也是因此，在中西部地区尤其北方农村，最近十几年婆婆普遍学会做一个能与媳妇和谐相处的婆婆，与过去是一个极大不同。

我在晋西北农村调研时还发现一个很有趣的问题，就是村庄年轻媳妇几乎都在生孩子后即带孩子到县城陪读，虽然本地乡村就有很好的幼儿园与小学。之所以要去陪读，可以说是为了脱离劳动，无论是务农还是务工。这些到县城陪读的年轻媳妇在县城租房，送孩子到幼儿园再到小学初中，除接送孩子和为孩子洗衣烧饭以外，就是跳广场舞、打麻将，十几年来都无所事事。年轻媳妇带孩子在县城陪读，丈夫负责养家，外出打工，甚至要到煤矿做重体力活。这样一来，干脏活、累活、苦活的丈夫与在县城陪读的妻子之间就会有越来越大的差异。其中一个问题是，丈夫收入可能不足以支撑妻子和孩子在县城陪读之需。本来晋西北农村儿子成家后会与父母分家，现在媳妇在县城陪读，儿子在外面打工，儿子媳妇一家收不抵支，家庭危机若隐若现，已经分家的父母只可能用家庭农业的收入支持儿子媳妇，之前形式上的分家被父母的无限责任所消弭，两家因此又合为一家。

三

同样为中西部地区，华北、西北地区与西南、华中地区又有很大差异。西南、华中地区以长江流域为典型，我们称之为原子化村庄地区，在这些地区，村庄较少有强有力的血缘共同体，村庄内的竞争不激烈。其中原因是农村人地关系不如华北、西北等北方农村紧张。

再者，北方农村父母被子女婚姻所绑架的程度远远高于中部地区。北方农村子女结婚，彩礼的标配是高额礼金和在城里买房，中部地区彩礼普遍较少甚至没有，买房的事情也非必备。

河南农民说，不管将来儿子对我们好不好，都是自己的亲儿子，因此，所有的个人努力都是为了儿子。辛辛苦苦一辈子，都是为了完成人生任务，让儿子娶媳妇生孙子。至于将来儿子媳妇是否会给自己养老，那是将来的事情。没有人会从儿子不养老的个例中吸取教训。甘肃农民说，农村人，老人的心都在儿子身上，儿子的心在媳妇身上，媳妇的心在石头上。为了自己的儿子，吃亏也愿意。山西一个村支书讲，父母为儿子娶媳妇出彩礼买房，儿子媳妇仍然不孝。他们自己会后悔，但

大均衡

也只后悔一会，还不让别人说。因为是自己的儿子，"亲"得不行。他们是快乐地"后悔"。显然，决定父母支持子女的理由不是个人利害的理性决策，而是超越个人的地方文化，或集体无意识，即一个人只有帮儿子娶上媳妇，生了孙子，他才有完美人生的观念。一旦不能为儿子娶上媳妇，抱孙子，这样的人生就白过了，村庄其他人就要笑话（或同情），在村庄竞争中就彻彻底底地输了。没有为儿子娶上媳妇抱上孙子的人生是不值得过的人生。

相对来讲，中部地区尤其是西南云贵川地区，村庄内的结构性紧张关系较少，每个人的个性都较为自由舒张。一个人过好自己的日子最重要，因为"子孙自有子孙福"。我在晋西北调研中遇到一个开砖窑厂的老板（也是当地村支书），他对在他砖窑厂打工的贵州人很不满，因为这些贵州人一发工资就大吃大喝，缺少对家庭的责任感，到了年底几乎拿不出积蓄回家去。正是因此，中部地区虽然也存在性别资源的失衡现象，却没有产生北方农村那样巨大的代际关系压力。

四

在性别资源失衡严重的北方农村，村庄内相互竞争的婚姻市场对父母造成了巨大挤压，父母为了让儿子结成婚，不仅会提前积蓄，而且愿将未来剩余的劳动力抵押借贷以应儿子娶媳妇时的不足之需，然而当父母年老失能，子女却都不愿赡养。当前农村低保中最麻烦的就在于这些子女不愿赡养的老年人是否应该纳入低保之中。

我们调研的晋西北一个乡镇，将60岁以上的老年人都纳入了低保。甘肃也是一样。之所以将所有老年人都纳入低保，有两个原因。一是公平，既然所有人都会老，按最客观的年龄标准进低保。二是农村中确实有老年人虽有子女，子女却不赡养老年父母，老年人处境很糟糕的情况。然而，一旦将子女不愿赡养的老年人纳入低保，必然鼓励那些有子女赡养的老年人也为了减轻子女负担而与子女分家，不要子女赡养，以被纳入低保。实际上，全国农村低保实践中已经普遍出现了老年人为了减轻子女赡养负担来争低保，以及子女鼓励父母去争低保而不愿赡养父母的情况。这也是为什么全国都出现了低保变成"老人保"的原因。

山东、江苏一些地方为了解决这个问题，推出赡养系数，即每个子女应当每年为父母提供多少赡养费，从而计算老年父母收入是否达到当地最低收入标准。这种办法的好处是比较公平，坏处是计算难度很大，且完全误会了一个家庭中存在的无限责任。低保是最低生活保障，是特困救助，不应当与养老混淆在一起。

现在农村人群中相当一部分是子女不愿赡养的老年父母，而之前正是他们为子女结婚花费了几乎所有的积蓄，甚至因此负债。

低保政策与养老政策及农村代际关系之间，还有值得进一步讨论的内容。

大均衡

五

在全国人口大流动的背景下，婚姻市场中，除山区女性向平原、平原女性向城郊、城郊女性向城市以及中西部女性向沿海流动以外，中西部地区内部也会发生微妙的变动。在全国几乎所有地区都存在本地媳妇偏好的情况下，父代对子代有着强烈责任感与义务感的北方农村，年轻妇女在本地有更大选择权，从而更倾向留在本地。即使她们在城市工厂与其他地区的男青年恋爱结婚了，因为缺少男青年的家庭支持，她们也更可能离婚。相反，云贵川等长江流域的年轻妇女在城市与北方年轻男子谈恋爱结婚，因为有父母强大支持，而更可能保持稳定。也就是说，同为中西部地区，云贵川女孩嫁到北方可能比北方农村女孩嫁到云贵川要稍多，从而造成另外一种与经济发展水平有所差异的、缘于代际支持差异的性别资源流动不平衡。

传统通婚圈的打破对于性别资源流出农村显然不是好事，却也不完全是坏事。在性别失衡的情况下，中国注定会有3000万男性青年打光棍。不过，这些年轻的光棍并不是没有机会，他们可以通过进城务工经商获得收入，提高自己的能力，从而在超出传统通婚圈的地方找到伴侣。当前农村男性，云南可能20岁、河南可能25岁就已被标记为光棍，而实际上他们的人生才刚刚开始，他们完全可以通过进城来彻底改变自己的命运。而且，即使无法找到年轻的未婚女性，也还可以找再婚女性。

开放社会为所有适龄男子提供了结婚的可能。前提当然是他们得自己继续努力，不自暴自弃，就总还有机会。

虽然无论个人如何努力都不可能改变当前中国人口结构中失衡的性别比，但只要每个人都把握机会，都努力，就会随着年龄的成长而心理上成熟起来，就能自强自立。当前农村光棍存在的最大问题是，他们在很年轻的时候就丧失了结婚的希望，变得绝望，自暴自弃，好吃懒做，不愿劳动，更无奋斗。他们因此很快就在认知和精神上出现障碍，然后身体也出现问题，才40多岁就等着进"五保"，到养老院。现在传统通婚圈打破了，通过个人努力而可能获得成功的各种市场机会唾手可得，这就让所有人都不绝望，都努力。虽然最终可能仍然没有娶到媳妇，他们却在自己的人生奋斗中保持了健全的精神与身体，获得了生活本身。

2017年9月1日

大均衡

老年人储蓄的区域差异

农村老年人普遍是否存钱？存的话能存多少？关于这些问题，中国不同地区农村存在巨大差异。

一

我们在苏州农村调研，发现当地老年人十分勤劳，普遍参加劳动，在年节、婚庆时作为长辈给晚辈红包和茶钱（礼），他们还普遍存钱，存款从几万到十几万甚至几十万元不等。在苏州农村，老年人只要能劳动都会劳动，中年人也会劳动，加上年轻人，一家可能有三代人劳动，这个家庭的收入就相当可观。

苏州老年人劳动存钱，在年节和婚庆时给晚辈红包和茶钱，这叫作"恩往下流"。在当前苏州农村的语境中，如果老年人没有存款，不能向晚辈"流恩"，这样的老年人在村庄和家庭中就没有面子和地位。正是因为有了老年人的劳动，苏州年轻人才可以有更多资源接受更好教育，积累更多人力资本，以更好地适应劳动力市场的需求。

与苏州农村形成鲜明对照的是南方宗族型地区的农村，一般来讲，在宗族型地区，农村老年人到了一定年龄，就要将当家权交给子女，成为由子女赡养的老人，不用劳动，当然不可能存钱，也不用存钱。在宗族型地区，父母与子女不分家，或父母至少要与一个儿子一起生活，父母就是儿子家庭的辅助劳动力，父母要花钱自然也由儿子来出。如果老年父母藏有私房钱，就显得有私心，对子女不够信任。正常的老年父母应该吃子女的，喝子女的，用子女的。在存在宗族等结构性力量的情况下，南方农村很少会出现子女有意不赡养父母的情况。

相对于南方宗族型地区老年人基本上不用存钱，中部原子化程度比较高的村庄，老年人一般都要存钱，以防万一。有句俗话叫作"久病床前无孝子"，用在中部原子化农村尤其适合。因为村庄缺少超越农户家庭的结构性力量，农户家庭中子女对父母不孝，很少会有强有力的干预力量，也因此，中部原子化农村屡屡出现老年人在丧失劳动力后陷入悲惨处境。每一个悲惨处境的例子都会教育全体当地人：子女是靠不住的，靠得住的还是存款。中部地区甚至有老年人为自己准备葬礼所需花费，以在死后办一场过得去的葬礼。

为了存钱，中部原子化地区老年人可能会提前与子女分家单过，自己挣钱自己花，最终存下钱来。分家越早就越可能存下钱。当然，即使分家了，父母也仍然要为子女照看孙子甚至帮子女种田。

与南方宗族型地区的老年人在子女成家后大都自动退休，很少再做重体力农活不同，在中部原子化地区农村，老年人只要能动，都会种田和就近务工，哪里有挣钱的机会，哪里就会有他们的身影。

华北小亲族地区，村庄中有着众多相互竞争的小亲族，从而有着超越农户家庭的结构性力量。与南方宗族型地区的团结村庄不同，华北村庄是分裂的，不同小亲族之间相互竞争，父母因此有着为子女建房娶媳妇的巨大压力，年老之后当然也会有很强的由子女赡养的期待。如果自身年老、子女不孝，年老父母就可能采取激烈手段反击子女，这种反击与其说是为了让子女赡养自己，改善自己的养老处境，不如说是为了做给村庄其他人看，否则，这对老年父母就会被村民评价为"窝囊废"，抬不起头来。正是由于村庄中出现因为子女不孝而爆发的剧烈代际冲突，使得绝大多数子女都会对父母进行最低限度的赡养。有的老年父母为了以防万一，也倾向在有能力存钱时多存一点钱。

二

农村老年人是否存钱取决于两个方面，首先是意愿，其次是条件。

决定意愿的关键在于老年父母对子女的信任程度，在于安全感。华南宗族型地区，村庄是团结型村庄，有着强烈的子女必须孝敬父母、必须赡养和善待父母的共识，这种共识渗入村民的骨髓，成为理所当然。不孝是最大的恶。因此，在宗族型地区，农村老年父母根本没有必要私自存钱，即使有钱也倾向于马上用掉，真正当家的是子女，吃喝都得子女负责，有子女吃的不可能没有父母吃的。因此，华南宗族型地区，农村老年人对养老有足够安全感，他们根本不用劳神费力地去挣钱存钱，即使参加劳动也不是为了存钱养老，而是为了帮衬子女，或是锻炼身体。

相对来讲，无论是中部原子化农村还是华北小亲族农村，村庄中缺少笼罩性的孝敬父母的氛围，子女不养父母的个案屡屡发生，老年父母的安全感远不如华南宗族农村。为防万一，提前存钱就是理性选择。中部原子化地区与华北小亲族地区的差异是，华北小亲族地区的村庄存在小亲族结构，村庄中的老年父母就可能凭借这一结构性力量来指控子女，子女为了避免父母的指控，可能在形式上、表面上对父母赡养到位，实质上却缺少情感的内涵。中部原子化地区，村庄缺少结构性力量的支撑，子女是否孝敬父母要看父母与子女个人互动的情况，互动不畅，子女不孝的情况便屡屡发生，老年人认为子女靠不住而提前挣钱存钱就在情理之中。当然，中部地区父母与子女互动良好感情和谐的家庭还是要占到多数。

老年人能存钱有两个条件，一是在财务上与子女家庭独立，二是有挣钱的来源。

在传统农业型地区，农民家庭收入来自务农，即每天投入，到了收获（收割）的季节一次性收入，这个收入是公开的，在一个农户家庭只可能有一本账，一个当家的，其他人都是家庭劳动力。当前农村普遍出现了年轻人外出务工，年老父母留村务农的家庭分工。年轻人的务工收入自己挣自己花，年老父母的务农收入也可以自己挣自己花，一个农民家庭出现了两个财务单位，这就为老年人存钱提供了极大便利。中部地区老年人还试图通过提前与子女分家来获得更多的挣钱存钱的时间，华北农村也存在父母提前与子女分家的策略。

另外一个增加老年人存钱机会的是各种副业、手工业和养殖、捕捞收入。老年人一年喂三头猪，一头牛，鸡鸭若干，到年底将它们卖掉就是一笔不小的收入。南方稻作区，老年人捞鱼摸虾，一年几千元的收入也不难。这些收入都可以存作自己的零用钱，不用交给子女。

此外，当前农村父母在子女成家以后仍然年轻，他们可以外出务工。中年父母外出务工，一年可以挣不少钱，若干年存下来就是一笔不菲的养老金。

苏州农村这类已经工业化的村庄到处都是务工获利的机会，农村老年人不会放过这些机会，因此，我们在苏州调查时，听当地农民讲有很多老年人同时打三份工，挣的钱比年轻人还多，也不太奇怪了。

按我们的类型划分，苏州属于中部长江流域的原子化村庄，老年人倾向存钱防老，又有便利的获利机会，所以当地老年人普遍勤劳，存钱不少，且他们都很早就与子女分家，即使因为拆迁搬到安置小区，也宁愿住在车库而不愿与子女住在一起。

珠三角农村是另外一个工业化程度高的地区，也有各种务工机会。与苏州农村中老年人普遍做门卫、保安、清洁工不同，珠三角农村普遍是相对年轻的人当门卫、保安和清洁工，老年人则较少挣钱，更愿意到茶楼喝茶聊天。其中原因，一是珠三角地区属于我们所划分的宗族型地区，老年人没有子女不赡养的不安全感，二是珠三角有土地分红，一部分老年人收入不低，衣食无忧。

农村老年人存不存钱在全国不同类型的农村的表现大相径庭。

2017年6月8日

大均衡

北方农村兄弟关系更容易紧张

一

农村彩礼越来越高已成一大公害，北方农村尤其是黄淮海地区，彩礼普遍超过10万元，而且，不仅需要彩礼，还需要在城市买房买车，才有谈婚论嫁的资格。父母为儿子娶上媳妇，没有五六十万元的花费是不可能的。要是只有一个儿子，父母连积蓄带借贷，在身强力壮时拼命干活，也许还可以完成为儿子娶上媳妇这一人生任务。若有两个儿子呢？2007年娶媳妇还没有现在艰难，当时在河南汝南县调研，发现当地就有"生两个儿子哭一场"的说法，哭一场后立即开始积蓄，也许还有为两个儿子娶上媳妇的可能。到了现在，父母再为两个儿子娶上媳妇，变得更加艰难。也是因此，农民第一胎生女儿都欢天喜地，因为一般农户都想生两胎，最好是一男一女，实在不行，生两个女儿也可以，最糟糕的是生两个儿子。头胎生女儿，第二胎生儿子最好，再生一个女儿也可以。要是头胎生儿子，第二胎万一再生一个儿子，今后就没有好日子过了，因此不敢再生。

北方农村不仅彩礼越来越高，而且有两个儿子的家庭彩礼往往更高。按说父母要操心两个儿子的婚事，经济负担重，彩礼应该比较低一些才对。不过，在婚姻市场上，女方嫁人，嫁给只有一个儿子的家庭，就可以获得这个家庭的全部积蓄，嫁给两个儿子的家庭只能获得这个家庭二分之一的积蓄，就吃亏了，要求更高彩礼补偿未来的损失自然合情合理。为了完成人生任务，有两个儿子的家庭，也就只好咬牙满足女方高额彩礼的要求，先让一个儿子娶上媳妇再说。

生育了两个儿子的父母收入有限，很难按当地一般要求，完成为两个儿子都娶回媳妇的人生任务，只能竭尽全力先为一个儿子娶上媳妇再说。一般是大儿子先娶媳妇，女方索要高额彩礼，另外一个儿子在一旁观察，也在一旁着急，因为父母积蓄有限，竭尽全力娶上一个媳妇就很可能无力再帮自己娶媳妇，自己要么打光棍，要么入赘当上门女婿。自己兄弟娶媳妇，女方索要超出当地平均水平的彩礼尤其让自己心生愤怒，兄弟关系会随之受到冲击，自然变得紧张起来。

二

北方农村兄弟关系容易紧张，是因为北方农村兄弟之间很容易变成竞争关系，尤其在结婚娶媳妇这样的人生大事上，其竞争性就在于要争夺父母积蓄的资源。北方农村的人们一般结婚都比较早。结婚早，自己没有积蓄，在男多女少的大背景下面，女方婚姻要价会越来越高，父母积蓄有限，对于两个儿子，只能优先保证其中一个，两个儿子自然就变成竞争性关

大均衡

系了。

父母为什么要无条件帮儿子娶媳妇，甚至被"勒索"高额彩礼时仍然一如既往？归根究底，人生任务使然。在北方农村，父母最大的人生任务就是无条件帮儿子娶上媳妇，若不能帮儿子娶上媳妇，在村庄中就没有地位，会被村民认为人生失败，不好意思见人，也觉得对不起儿子，儿子也觉得自己没有娶上媳妇是父母没本事，并因此责怪父母。总之，一个北方农村的农民，若不能为儿子娶上媳妇，这个问题大了，他们的人生是完全失败的，是无脸见人的。北方农村村庄居住密集，一旦无脸见人简直无路可走。所以，无论如何都要想办法为儿子娶上媳妇。正是因为父母要无条件为儿子娶媳妇，在性别资源稀缺的情况下，女方会提高婚姻要价，导致彩礼越来越高。家中若是生了两个儿子，赶紧哭一场，然后提前为两个儿子将来娶媳妇准备条件。条件有限，只能为一个儿子娶上媳妇，也好歹比两个儿子打光棍强。两个儿子之间的关系则几乎一定是竞争性的。父母当然也很不好做人，因为没有娶上媳妇的儿子不仅会责怪兄弟，还会责怪父母没本事。

北方农村，父母最重要的人生任务是为儿子娶上媳妇。相对来讲，南方宗族农村，父母最重要的人生任务则是为祖宗延续香火，延续香火不仅要生儿子，要为儿子娶上媳妇，而且儿子还要生孙子。只有孙子出生了，南方农民的人生任务才算完成，他们才觉得有脸去面对地下的祖宗。

南方农村讲求延续香火表面上看与北方农村差异不大，实际上差异是很大的，其中最主要的是，南方父母最大的关切是要孙子，若有三个儿子，只要有一个儿子娶上媳妇，生了孙子，他们的人生任务就算完成，因为香火已经续上了，至于其他两个儿子能不能娶上媳妇，就不是那么重要。当地文化中也没有规定父母有必须为所有儿子娶上媳妇的任务（责任），儿子若娶不上媳妇是自己没本事，因此，也不会责怪父母。

反过来，在南方农村，既然农民最大的人生任务是延续香火，就要集中力量让至少一个儿子娶上媳妇生孙子。南方农村家庭中，兄弟三人会合力让其中一个娶上媳妇，这个娶了媳妇的兄弟最好再生三个儿子，然后每个兄弟各过继一个，这样不仅父母完成了延续香火的人生任务，而且三个兄弟也都有后人来延续香火了。也是因此，在南方农村，兄弟之间往往不是竞争的关系，而是合作的关系。

三

在我们的分类中，南方农村普遍是聚族而居的宗族型村庄，北方（华北、西北）农村则多为分裂型的小亲族村庄。分裂型的小亲族村庄中，村民往往以五服关系为限，组成相互竞争的若干小亲族集团。在相互竞争的北方农村，村庄弥漫着强烈的社会性评价，形成了社会性价值为主导的规范。南方宗族村庄，都是同姓自己人，都有很强的宗族认同，村庄中弥漫的是超越性价值，这样一种超越性价值抑制了村庄的社会性竞争，塑造了村民的终极追求。因此，虽然几乎所有中国农民的人生任务都是传宗接代，但不同地区还是略有差异。北方农村

　　　　　　　　　　　　　　　　　大均衡

的农民更在意传宗接代中为儿子娶上媳妇这一责任，至于儿子能不能生孙子则要看儿子自己。南方农村的农民更在意传宗接代中的生孙子，延续香火。在北方农村，父母有责任为每个儿子娶上媳妇，兄弟之间的关系就容易变成竞争性关系。在南方农村，父母只要能为一个儿子娶上媳妇，然后抱上孙子，他们就完成了人生任务。南方农村兄弟之间合力为其中一个娶上媳妇，兄弟之间的关系是合作性的。

2020年8月17日

农村老年人瘫痪了还能活很多年

一

2020年暑假，我到河南济源市农村调研，一个身体健康的老年人说，他们村老年人瘫痪在床了还能活蛮多年。他的邻居有三兄弟，父母80多岁且都已瘫痪，由三兄弟轮流照顾，已经五六年了。多个兄弟分家后，父母生活不能自理时，一般采取轮养，绝大多数轮养质量都比较高。村民很在乎别人的评价，其中最让人难以接受的评价之一是不孝。全村有10多位瘫痪老年人，到傍晚，子女将瘫痪父母用轮椅推出去转一转，让老年人散心，老年人会很高兴地与邻居打招呼，年轻人也觉得自己对老年人有孝心。老年人虽然瘫痪多年，仍然养得好，能推出来转，是很光荣的事情。也是因此，我们调研的济源村庄，没有一位老年人自杀的案例，瘫痪在床生活不能自理的老年人普遍能活七八年甚至10多年。

二

只要得到良好照料，瘫痪老年人就能活蛮多年，这在医学上当然不是问题，因为老年人失能，往往只是个别器官丧失功能而已。不过，从全国情况来看，老年人一旦生活不能自理，生活品质就会大降，身体上得不到充分照料，心理上更是备受煎熬。为了不拖累子女，也为了自己少受罪，一些地方农村的老年人就可能选择自杀。

河南济源农村，村庄熟人社会中显然有着很强的敬老养老传统，村庄主流舆论仍然将孝敬父母作为最优先价值。老年人也觉得子女孝敬自己是应该的，因此，他们卧床多年，子女一直照顾，他们甚至认为理所当然。也因此，在天气好的时候，子女用轮椅将瘫痪父母推到外面散心时，这些父母会很高兴，觉得自己有面子，子女当然也会获得好评。村庄是一个熟人社会，谁家子女对父母如何村民都是知道的。如果有瘫痪老年人因为子女照料不周而自杀，这户人家的子女就会被村庄舆论所谴责，被村民的眼神所射杀。瘫痪老年人即使因为病痛想自杀，他们也必须要考虑自杀会给子女声誉带来什么破坏，不到万不得已，不会选择自杀。

济源调研村不仅有良好的民风和敬老习俗，而且济源市工业比较发达，绝大多数农民都在本市范围务工，外出农民很少，调研村也因此一直保持了相当稳定的人口，农民家庭完整，所以，子女也有照料父母的条件。

三

从全国情况来看，绝大多数中西部地区农村青壮年劳动力都外出务工去了，并且他们一般都是到就业机会多、收入比较高的沿海发达地区务工。村庄出现了空心化，农民家庭出现了年轻子女进城务工经商、年老父母留村务农的分离。

年老父母，只要他们身体好，留村务农的日子都可以说是好日子。问题是，一旦他们生活不能自理，不仅无法从事农业生产，而且难以维持生存。子女外出务工去了，即使回来照料，生活不能自理的老年父母也会觉得拖累了子女在外挣钱。子女在家照看生活不能自理的父母时间一长，久病床前无孝子，生活上照料不及时，语言上也多有轻慢；生活不能自理的父母不仅身体受到影响，而且精神更加煎熬，自杀就成为这些老年人的选择。因此，在农村调研，常听老年人讲一句话，就是希望自己死的时候一次就死，不要瘫痪了半死不死。死得痛快果断没有煎熬，成为一些地区老年农民的强烈愿望。他们坚决反对自己生病时送到医院抢救，因为抢救过来了却瘫痪在床，还不如一死了之。

四

当然，农村老年人自杀从来不仅仅因年轻人外出务工所致。农民是生活在村庄中的，村庄结构不同会产生相当不同的主导意识形态。济源农村属于我们所讲的北方小亲族型村庄，这些村庄中存在诸多相互竞争的小亲族集团，村庄相互竞争就造成村庄中的舆论和话语权。孝道是最重要的话题和形成话语权的武器，一旦有老年人自杀，村庄舆论就会产生出强大能量来持续攻击自杀老年人的子女。子女对父母的孝敬，所有人都看得见。对父母孝敬很重要，即使不完全发自内心，也要遵照当地规则，做好表面功夫。有些北方农村表面功夫做得太多，形成了刘燕舞所说的"伪孝"，但济源农村，子女对父母的孝敬是"真孝"。也因此，即使老年父母生活不能自理，仍然心情舒畅，寿命得以延长。

两湖平原是我们所说的原子化地区。在原子化地区中，村庄缺少强有力的结构来支撑村庄强有力的规范，舆论力量比较薄弱，且往往站在强势群体的一边。因此，这些地区的瘫痪老年人就觉得自己不仅不能为子女创造财富，而且还拖累子女，使致这些地区的老年人一旦瘫痪，活的时间都不会太长。

2020年8月19日

负担不重的家庭

一

2019年暑假我到广州郊区和石村调研发现，虽然和石村就在白云机场旁边，但因为限制建设，几乎没有产业。全村共有4600多口人，2000多亩耕地，17个经济社。因为每个经济社都经历过一到三次征地，都有数百万至上千万元的征地款，村民以经济社为单位，可以享受利息分红，年分红不等，每人每年1000多元到5000多元。村庄未被征收的耕地由经济社统一管理，基本以2000元一亩的价格出租给外地农民种菜，地租与征地存款利息一起在年终用于经济社分红。

和石村没有产业，但附近有一个工业园，多家工厂入驻其中，自然就有很多外地农民来此务工。虽然工业园离和石村并不远，却极少有工业园的务工人员来和石村租房，据统计，我们调研时到和石村租房的流动人口只有500人左右，仅占全村人口的10%。若没有外地人租房，和石村村民无法获得房租，由流动人口带动的餐饮等第三产业的发展也变得不可能。

因为地处广州郊区，和石村村民就业机会很多，最大的就业机会就是村边的工业园。不过，虽然生产线上工资比较高，和石村的村民却极少到工业园生产线上班（连加班费，每月工资可以达到6000元），而多选择灵活就业，其好处是时间相对自由，工作没有生产线上辛苦，不足是收入通常不高。

事情的有趣之处恰恰在于，和石村村民家庭收入似乎都不高，村庄里几乎没有老板，和石村八社有300多人，上百户，村民说家庭存款超过100万元的据说不超过5户，存款超过50万元的也不会超过20户，存款低于10万元的至少占到三分之一。这样的积蓄水平不要说在发达地区，即使在中西部地区也十分一般。

和石村有5个村干部，年薪大约6万元，每个社有社长副社长和妇女委员，一年只有2000元的补贴，另外有11名治安队员，每人每月2200元工资。

从和石村农户家庭的收入来看，无论是集体分红收入还是农户出租房屋租金收入都十分有限。村庄中很少有办企业的老板，农户家庭主要收入来自灵活就业。我们测算了一下，和石村农户一家两个劳动力，月收入一般在5000元左右。这样的收入水平显然不高，这一点也可以从和石村农户的消费水平上看得出来：和石村除农户建房普遍比较宽大以外（现在早已规定不得新建或改建住房了），其他消费比如婚嫁酒席只在每桌800元的水平，朋友之间送人情也就100元一次，农民抽烟也多为10元左右一包的普通香烟，村中购买轿车的农户只占全部农户的四分之一左右，且多是普通轿车。

和石村位于广州郊区，就在白云机场边上，就业机会多，消费机会理应也多。这样的市场中心地带，机会涌流而且物欲横流，和石村村民却似乎生活在另外一个世界：一方面没有从市场上抓住机会提高收入，另一方面也没有被卷入到市场中去。这两者当然是相关的，正因为能抵挡住市场诱惑，和石村村民不需要想方设法去提高家庭收入，或者因为家庭收入有限，所以市场诱惑再大也无法被卷入。

二

举一个更具体的例子。

和石村二社村民张元，51岁，兄弟三人，早已分家，上有年老父母，下有一个今年刚从职校毕业仍未就业的22岁儿子。张元是和石村保安队队长，每月2200元工资，妻子在村幼儿园帮厨，每月工资1900元。张元父母均已80多岁，身体不好，生活尚能自理。

1995年张元借钱盖了一栋三层楼房，当时花费30多万元，经过很多年才陆续还清债务。张元所在的二社，每年每人大约有2000元分红，除了分红以外，张元家的全部收入仅为夫妻工资，每月4100元，全年收入因此在5.5万元左右。

考虑到张元儿子刚从职业学校毕业，上学必然要学费和生活费，一年下来总得有几万元支出，因此，张元全年可以积蓄的收入十分有限，他本人说自己所有的积蓄加起来大概只有10万元。

张元1969年出生，1986年参军，在空降部队；1991年退伍后到广州某酒店当点心师，每月300元至400元工资，这在当

大均衡

时是相当高的，不过工作有点辛苦；张元很快辞职回到本镇一家工厂当保安，其间承包过鱼塘；2001年回村当治安队队长至今。回村当治安队长的一个原因是照顾家庭方便，因为治安队事情很少，可以随时照顾家庭，主要是接送儿子上下学。

有趣的是，虽然张元的工资很低，但他从33岁开始当治安队长，19年间，几乎没有去找更高工资的工作的打算。他似乎也对现状很满意：每天去看望不住在一处的父母，每月与同村小学同学聚会一次，每年到全国战友那里走一走。同学也好，战友也好，无关贫富，消费都是AA制。张元每天在村庄里巡逻，对每家情况都很了解，无论对方贫富，只要见到抽烟的熟人，他就会递上自己抽的廉价烟，没觉得不妥。家里办酒席，有钱就多请朋友，没钱就少请朋友。送人情礼金也就100元，还可以更少。春节包红包，最大的不过是两张100元，一般都是5元一个的红包。

总之，张元有机会挣比现在更多的收入，却没有出去挣钱。虽然家庭收入十分有限，张元却似乎对这种有点寒碜的生活感到很满意，甚至很享受。像张元这样的村民，在和石村并不特殊，反而在整个珠三角地区都相当具有代表性。

三

和石村地处广州郊区，白云机场旁边，身边的繁华会产生强烈的消费示范，按说赚更多，消费更多，过品质更好的生活，应当是当地居民的基本行为方向。我们将视野放大来看，为什么在市场中心地带，珠三角地区的农民依然可以保持淡定、安贫乐道，还能守住生活的常规、秩序、惯性、传统、意义、底线、伦理、趣味、协调与和谐，而没有被市场经济所激起的消费力量所吞噬？

大体可以找到以下几个原因。

第一，和石村属于比较典型的南方宗族型村庄，全村以张、沈两姓为主。宗族村庄目前仍然具有相当强的传统规范及传统文化，为全体村民的村庄生活提供了价值认同的底色。村庄生活的条件不是别的，首先是"我们属于同一个宗族，都是一家人"，这种"一家人认同"减少了经济收入对于评价家庭的作用。

第二，和石村仍然具有相对完整的村庄结构。因为几乎没有村民真正离开村庄外出就业，和石村仍然是一个完整的熟人社会，熟人社会的内部评价机制仍然强大。在这样的熟人社会中，即使少数人暴富，村庄也有抑制机制，使暴富者不敢赤裸裸地露富、炫耀。

第三，正因为宗族底色和完整的熟人社会有所保持，和石村仍然有能力主导自身的人情消费。最近10年，和石村春节红包和人情礼金都几乎没有变化，维持在很低的水平。几乎没有出现通过办豪华酒席和送高额人情来竞争的情况。

第四，本地人的优越感。相比来珠三角务工的外地人，本地人的优越感一方面让他们能找到收入不高时的心理平衡，另一方面则让他们不屑于与外地人一起进工厂务工。因此，就算工厂生产线上的收入高于当保安，他们也不愿进工厂而情愿当保安。

第五，和石村虽然分红很少，但有限的分红也是分红，食利收入对于当地农民心理上的作用很重要。

第六，和石村各个经济社都已经历一到三次征地，农民在被征地后会获得失地农民保险，即60岁后每个月可领取500元至1000元的保险金，为当地农民消除了养老之虑。

第七，和石村村民都有宅基地，都建有自己的住房，自住不用付房租，在本村的生活成本也得以降低。

第八，珠三角地区村庄很少产生企业家，产生真正的富人，村庄缺少社会分化。

第九，珠三角地区是性别资源流入地，和石村村民不担心成年男子娶不到媳妇，也不必为娶媳妇准备高额彩礼，到城市买房、买车，等等。父辈几乎不会专门为子女成家长年积蓄。

第十，对拆迁可能性的想象。几乎每个珠三角地区农民都有一个拆迁梦。相对于每月几千元的工资，只有拆迁才可以真正实现暴富。既然拆迁可以暴富，再通过辛勤加班获得较高收入就显得不够理性。虽然还没有拆迁，但可能性一直是有的，对拆迁的预期极大地影响了珠三角农民的行为模式。

就以张元为例，张元在1995年在自家宅基地上建了一栋三层楼房，若拆迁，可以获得大概300平方米的还建房补偿。张元妻子的弟弟住在邻村，共有四块宅基地，建了四栋楼房，其中一栋已经拆迁，补了三套共325平方米的还建房，另外三块宅基地上的住房若要拆迁也必然会有补偿。即使按最低市场价，拆迁补偿价值也有数百万元。相对于拆迁补偿，治安队长每月

2200元的收入真是九牛一毛。即使进入附近工厂生产线加班，每月收入6000元，一年下来收入也只有不到10万元。累死累活一年赚不到10万元，当然不如轻松等拆迁。拆迁未至，心向往之。

从这个意义上讲，珠三角农村农民对征地拆迁的后向预期是决定他们行为模式的关键。正是征地拆迁及地租和房租的收入，决定了全域城市化的珠三角地区的原住民的心理模式和行为底色。

四

决定人们行为模式的关键，在于社会评价所产生的意义系统。

珠三角地区农民后向预期的征地拆迁收入，以及现实获得的地租、房租、分红收入，使得个人努力变得不重要了。决定收入多少的仅在于是否是珠三角地区原住民，在村里有几块宅基地，在宅基地上建了多大面积的房子，以及珠三角全域城市化中村庄碰巧所在的位置。相对于土地收入（征地拆迁、地租房租），个人努力显得微不足道。因此，虽然工厂生产线的收入远高于当治安队员的收入，珠三角地区的农民却无法忍受工厂生产线上长时间压抑的工作。又因为决定子女将来生活条件好坏的主要因素是土地收入，当地村民认为，在子女教育的问题上，非得自小学就开始培优以让子女考上名牌大学，显得预期过于长远。和石村村民认为，当公务员也好，开小店也好，

　　　　　　　　　　　　大均衡

打工也好，月薪5000元就算很高的了。在当前大学扩招、几乎所有高中生都有大学可以上的情况下，让子女顺其自然考上大学，大学毕业出来当一个白领（包括"伪白领"）就很好了，完全没有必要从小学就开始进行培优。

与珠三角不同，苏南农村虽然也已全域城市化了，苏南农民却很少可以从土地上获得巨大的土地利益，即使征地拆迁也不过是获得一套还建房。村庄集体收入很多，却几乎不用于分红，而都用于公共事业建设。苏南农户家庭的收入主要来自劳动工资。一家三代劳动，虽然每个人的工资都不高，累积起来却是一笔很高的收入。对于苏南农户家庭来讲，子女考上好大学就可以获得好工作，就可以有高工资。因此，在苏南农村，改变家庭命运的关键是子女教育。子女从小学即开始培优，家庭甚至为子女教育而购买高价学区房，成为苏南农村的普遍情况，农户家庭之间的竞争重点是子女教育。珠三角地区农户家庭之间几乎不在子女教育上有竞争。

浙江是中国民营经济发展最好的省，几乎每个村庄都有由很小的作坊起家的民营企业，企业老板是村庄产生出来的富人，这些企业不仅雇佣外地农民工，而且为当地农民提供了大量跑市场业务、进行中层管理以及财务等白领业务的机会，富人企业家与一般当地农民之间有着越来越大的经济分化，这种经济分化往往会通过婚宴酒席、人情大小、消费等级（抽烟档次、购车等级、消费场所等等），在村庄产生社会分层。

作为性别资源流出的中西部农村地区，最为困难也最为重要的一件事情就是为儿子娶上媳妇，如果儿子打光棍，就成为家庭的不能承受之痛，家庭在村庄抬不起头，做不起人。娶媳妇的必备条件是高额彩礼、城市买房和买车等等，因此，这些性别资源流出地区的父母就必须在子女仍然年幼时进入工厂生产线劳动，以积累未来子女成婚所必需的资源。他们不得不卷入到这个无论自己喜欢与否都必须进入的市场经济中来。尤其是黄淮海地区的农民家庭，虽然离市场中心要比珠三角的远得多，却比珠三角农户更深刻地卷入到市场中。

2019年8月14日

大均衡

半市场中心地带

2019年暑假我到浙江丽水市遂昌县调研，沿途有两个发现：一是遂昌县甚至整个丽水市是真正的山区，全县九山半水半分田，山多地少；二是当地农民所建住房相当有品味，样式时髦，外观讲究大气，看起来几乎都是相当好的别墅式住房。仅从住房来看，丽水农户经济条件是相当不错的，而上档次的住房与山多地少的自然条件产生了很大的反差：丽水农户究竟是从何处获得了看似丰厚的收入呢？

一

丽水农户的富裕看起来不是假的。我们到遂昌县应村乡调研发现，小小应村，没有工业，只有不到1万人口，但是，仅信用社就有1.3亿农户存款。几乎每户都建有别墅式的住房。在乡政府旁边有数百户高山移民户，均由地方政府低价提供宅基地，由高山移民户自建住宅，结果户户都修建了相当高标准的两到三层别墅式住房，平均花费至少要30万元。溪水河流、自建别墅、葱葱绿林，掩隐于远山，构成了一幅风景画。

应村乡同样是九山半水半分田，其中半分田往往还是梯田，在梯田上搞农业生产只能靠人力扛背，很不方便。近几年越来越少农民种植主粮而多种蔬菜。丽水山上长有很多毛竹，这在过去是当地农民主要收入来源，现在因为需求很小，毛竹越发退为当地的景观而不再能为农民挣钱。也就是说，丽水农民的主要收入不可能来自农业。

丽水农户的收入主要来自三个部分。第一部分是青壮年劳动力外出务工经商，这与一般中部农村没有太大的差异。第二部分来自中老年农民留村务农收入，这与一般中部地区也没有太大的差异。不过，因为丽水市属于浙江这样的沿海发达地区，即距离市场中心或经济中心不太远的地区，丽水青壮年农民可以更容易、更便捷地进入市场中，也就可能获得更多的市场机会。从事农业生产的留村中老年农民也更容易以市场为目的进行生产，而专业化生产高山蔬菜就比种植主粮有更大收益。

正因为丽水市距离市场中心比一般中西部地区要近，市场中心的各种机会就容易延伸进入丽水。在应村乡随处可见"来料加工"的作坊，规模比较小也不正规，就业不稳定却十分灵活。这样的"来料加工"作坊将丽水地区这样半市场中心地区的农民在保证其不离乡的情况下纳入市场体系中，从而增加了农民的收入。"来料加工"构成了丽水农户收入的第三部分。

丽水地区是山区，工业不发达，经济不发展，却因紧靠长三角经济中心，而成为半市场中心区域。这样一个区域可以借助半市场中心，为外出务工经商劳动力、留村务农人员以及各种留村闲散劳动力提供远比远离市场中心的中西部农村地区更多的机会，农户家庭中几乎所有劳动力都有机会通过劳动全年获利。如此一来，丽水地区的农户自然不会太穷，甚至还有些富裕了。

二

从市场活跃程度来看，我们可以划分出一个具有显著市场活跃程度的沿海经济发展带，其中最具有活力的两个市场中心或经济重心就是长三角地区和珠三角地区。长三角和珠三角的区域面积不大，经济产值占比却很大，既是主要的外贸出口生产地，也是劳动力主要净流入地。将长三角和珠三角等沿海发达地区称作"市场中心地带"是没有疑义的。

紧邻市场中心的地区，自然就容易受到市场中心的辐射，这些地区可以叫作"半市场中心地带"。

一般中西部农村距市场中心比较远，受市场辐射比较弱，这些地区可以称作"非市场中心地带"。

市场中心、半市场中心和非市场中心对区域内农户经济行为有着各自不同的影响，体现为市场为农户家庭劳动力提供机会可能性的差异。

市场中心地带的农户家庭，其几乎所有劳动力都可以在不离乡的情况下轻松获得最适合自己的就业获利机会，因此最容易通过劳动致富。在苏南农村，农户家庭一家三代共同投入市场，通过劳动投入来获得家庭收入，可以获取可观的家庭财富。

半市场中心地带的农民家庭，其大量缺少条件离开家乡的劳动力和半劳动力可以通过诸如"来料加工"的工作获得市场机会，增加收入。

非市场中心地带的农民家庭，其同样缺少条件离开家乡的劳动力和半劳动力只能依靠季节性农业生产获利，缺少其他市场机会，收入因而也被限制。

也就是说，农民家庭所在地与市场中心的距离，通过影响家庭中劳动力获取市场机会的多少与难易来影响农民家庭的收入。越是靠近市场中心，农民家庭越能轻松获得市场机会，从而有越高的家庭收入。离市场中心越远，农民家庭就越难获得市场机会，其收入就越少。

这里有一点要注意，就是当前中国农村，农民家庭已经普遍形成了"以代际分工为基础的半工半耕家计模式"。农民家庭中，青壮年子女进城务工经商，中老年父母留村务农，农民家庭并非全家进城或从非市场中心地带搬到市场中心地带去。对于非市场中心地带的农民家庭，在这样一种代际分工中，农村劳动力在外出务工经商还是留村务农的选择上面有着很大的弹性空间，兼顾务农的农村劳动力往往会失去从市场中心获利的机会。

三

有两个需要特别说明的地区，其农民收入状况与以上分析有所差异。

一个是珠三角地区。珠三角独特的"招商引资""三来一补"的工业化模式，造就了珠三角十分特殊的地租经济：珠三角地区农村普遍以村社集体为单位将土地租给外来工厂办厂，村社集体收取地租，农户则通过在宅基地上建高层建筑租房获得房租，这造成了珠三角农民家庭浓厚的食利思想：与其在劳动力市场上通过辛勤劳动来增加收入，不如等到政府拆迁之日一夜变成亿万富翁。

另外一个是云南少数民族地区，当地农民家庭的目标并非收入最大化，而是闲暇最大化，其行为逻辑是反市场的。很多农村年轻人不愿为了获得更高收入而进入身体受约束的工厂工作，即使进入市场，也往往进入那些不是很正规的短期市场。所以，在这些少数民族地区，农民家庭收入普遍较低，不是因为没有市场机会，而是他们对这些市场机会不感兴趣，或他们无法接受工厂工作对自己身体的约束。

2019年8月17日

晋西北农村性质

一

2017年我到晋北调研，发现晋西北农村与晋西南差异很大。

2005年曾去到晋西南的夏县调研，发现夏县是我们所说的小亲族地区的典型。我清楚记得，当时调研的一个村办红白事，竟然在村庄街道上摆了150多桌的酒席，全村街坊都会参加人情循环。当然，酒席比较简单，送的人情也很小。我们调研的晋西北W县农村办红白事则主要是亲戚朋友参加，街坊邻居基本上不参与，婚嫁大事，本族三服以外的族亲也不参加，丧事也只有五服以内的族亲参加。如果说地缘关系在晋西南十分重要，在晋西北却似乎不重要。在地缘关系重要的晋西南，地缘内的以五服为基础的血缘关系，成为地缘关系的基础，这种血缘关系因而相当有特点，构成村庄社会结构的最基本单元，即小亲族结构。而在晋西北农村，因为地缘关系不重要，地缘内的血缘关系也就变得不重要了，村庄内所有农户呈现出高度原子化的特征。我们可以认为，与晋西南农村普遍存在活跃而且强有力的小亲族结构的情况相反，晋西北农村属于原子化农村。

晋西北农村的原子化还表现在村庄不存在明显紧张的结

构，人与人之间关系相对自由松散，人心比较简单，城府不深，敢说直话，敢做真人。我们调研时遇到的小寨乡最大行政村的村支书，虽是独姓，仍然能有效进行村级治理。

二

为什么晋西北农村会是原子化的农村呢？

从调研地区的地理位置看，W县邻近内蒙古和陕北，气候比较寒冷，无霜期只有120天，农业一般只能生产一季。W县年降雨量只有500毫米，属于半干旱地区，农业主要靠天收成，基本上没有径流灌溉。W县县域面积有1399平方公里，其中耕地有60多万亩，只有大约12万人口，人均耕地有5亩多，可谓地广人稀，资源丰富。地理特征表现在居住上，就是村民可以相对自由地选择居住地，居住自由而分散。这种人地关系的相对宽松，就给村庄中人与人之间的关系提供了相对宽松的环境，从而使晋西北农村表现出原子化的特征。

与晋西北不同，晋西南农村所处地势多为平原，土地生产力较高，人多地少，人口居住十分密集。为争夺有限的土地资源，地缘范围内部以血缘为基础的小亲族关系就变得重要。以五服内关系为基础的血缘共同体（小亲族）之间的激烈竞争，会进一步强化村庄多生育男孩的偏好，以增加下一代血缘共同体在村庄竞争的优势。多生偏好进一步造成人地关系的紧张和村庄内资源竞争的激化，最典型的就是宅基地分配，以及村庄有限耕地资源的分配。比如当前某些地区，村庄具有极其强大的调整土地资源的动力，这个动力来自村庄强有力的平均主义伦理与规范。

也就是说，从人地关系、居住状况出发讨论晋西北与晋西南村庄内的血缘关系差异，是一个很重要的角度。以宅基地分配为例，在人少地多的晋西北，村民要建新房，可以相对自由地选择一块土地作为宅基地，不必受到各种约束。在人多地少的晋西南，因为人口密集，很少有可以建新房的新宅基地，有限的宅基地如何分配，村庄必须制定出严格细致的规则。这些规则往往是村庄集结起来的各个不同的五服内血缘共同体（小亲族）博弈的结果，因此，规则并非只有情理法，而且受到共同体力量的巨大影响。人多势众的强势小亲族在村庄资源分配中有优先权，这会进一步刺激其他小亲族通过生育来强化下一代在村庄竞争中的优势。

不同血缘共同体之间的竞争既是地缘关系紧张的结果，又是地缘关系的重要条件。地缘范围内的资源紧张及为资源分配而产生的激烈竞争强化了村庄内的血缘共同体，不同小亲族之间的竞争所形成的均衡状态就是村庄强有力的规范与规则。村庄所有人都必须遵守这些规范与规则，都要在这些规范与规则指导下行动，都会将个人言行包装成为符合地方规范与规则的言行。谨言慎行是其中的一个重要特征。

任何一个社会都会形成对有限资源分配的竞争。为了维护秩序底线，社会就会形成针对竞争的规则与规范。资源越稀缺，竞争就会越激烈，就越是需要强有力的规则来对竞争进行约束（比如村规民约），为了维持规则社会也要支付更高的成本。反过来，资源越充分，竞争就越少，就越没有必要形成强有力的规则，以及社会为维持规则所要支付的成本就越少。规则越少的社会，人的个性越容易得到张扬，其行为越是理性，血缘基础上的生物性关系就不会被赋予强烈的社会性色彩。

正是相当宽松的人地关系和充分的资源条件，使晋西北地区的个体有更大的选择空间，他们更不愿为遵守规则而付出牺牲本能本性的代价。晋西南地区人地关系的紧张则会造成村庄结构的紧张，人与人关系的紧张，以及人与自己内心欲望关系的紧张，每个人都不得不生活在强有力规范的约束之下，言不由衷，甚至为了争取更多的有限资源，不得不强化血缘共同体内的成员关系。

南方宗族型地区，村民往往是聚族而居，形成了强有力的宗族认同与宗族行动能力，从而有能力调节村庄内的资源分配。问题在于处理不同宗族之间发生的纠纷。如果地方没有清晰的处理纠纷的规则，具有行动能力的不同宗族之间就可能引发大规模械斗，这显然代价太大。因此，宗族地区一般倾向对可能引发纠纷的各种事端形成基于情理法的规范。与华北小亲族地区规范主要用于解决村庄内冲突不同，南方宗族型地区的地方性规范主要用于解决不同宗族之间的冲突。

三

无论是村庄内的还是村庄之间的规范，其维系都需要成本，这个成本最终要平摊到社区成员身上。正由于规范的存在，农村资源分配具有规则，代价最小化利益最大化，农村社会维持了基本的秩序。

资源很丰富的地区，因为缺少对资源的激烈争取，就缺少产生规范以及支付维持规范成本的动力。比如，在宅基地资源很丰富的晋西北农村，如果村庄内宅基地有限，在村庄内建房会引发矛盾，农民完全可以另外找一块土地作为宅基地建房。正是可以自由选择，极大地降低了选择宅基地时竞争的激烈程度，也就没有产生约束人们行为的关于宅基地分配的村规民约。

从这个意义上讲，人地关系状况对村庄结构具有基础的影响。

2017年9月13日

大均衡

村庄秩序的条件

在我的老家湖北荆门的农村，改革开放以后有一个有趣的现象，就是存在很多荒地，谁先开荒谁就有土地使用权。很快村庄中的荒地都被开垦了。稍后，作为大水利配套工程的诸多塘堰，因为大水利解体而无水可蓄被废弃，有农户就在废弃的塘堰围上一角，由此获得这一角塘堰的使用权。很快，村庄废弃塘堰也被农户瓜分一空。荆门农村集体的土地和塘堰近乎无主财产，谁占谁得，也真是让人困惑。

2017年暑假我到北京郊区T村调查，T村正在进行环境整治，其中一项是有农户将自家的台阶建到街道上，多出了50厘米，村里非得将这多出的50厘米拆掉。有几户厨房烟筒伸出房子，将烟排到街上，对村庄环境有一定影响，村干部也借机要求其务必拆除。村民也都认为，将台阶延伸占道或将油烟排到外面，影响公共环境，应该清理拆除。

在荆门农村，集体资源之所以先占先得、谁占谁得，是因为"分田到户"以后，荒地、废弃的塘堰虽然是集体所有，这个集体却因为村组等行政性的公共力量被削弱，不足以阻制农户个体私人力量的侵占。反过来，在T村农村，即使私人力量侵占了公共空间（占据街面和抽排油烟），集体仍然有能力让私人退出这种侵占。这其中涉及的原理与村庄社会结构有关。

荆门农村是我们所说的原子化地区的典型，村庄内缺少超越农民家庭的结构性力量，一旦村社的集体力量退出，就会出现先占先得的社会现象。T村属于我们所说的华北小亲族结构强有力存在的地区，村庄有大量以五服内血缘关系为基础的小亲族集团，这些小亲族集团既斗争又联合，任何一个农户、任何一个小亲族都不可能独占村社集体的资源。村社集体资源如何分配，需要由不同小亲族集团通过博弈形成的均衡状态来达成，这个均衡状态就是一种很强烈的公共规范，任何个人都必须遵守，村庄规范也有能力纠正违反规范的任何行为。因此，在这样的小亲族地区，不仅很少会出现公共资源谁先占就先得的事情，而且所有对公共资源的占有都可能得到清算清理。

在原子化地区，作为国家力量代表的村社集体力量一旦撤出，就可能造成村社失序，比如上面讲到的对公共资源的先占先得。如果出现了"钉子户"，村庄也很少有力量来"拔钉子"，村庄可能只有较低水平的秩序。若国家力量很强，比如村干部代表国家收取税费、计划生育，且国家允许村干部从中获取提成，村干部的行为可能会相当极端，以至于层层加重农民负担到不合理的地步，造成严重的干群矛盾。

华北小亲族地区，因为村庄有着小亲族这一结构性力量，不同小亲族之间的博弈达成秩序的均衡，其典型是形成具有约束力的村规民约，所有人的行为都受到村规民约的规范。若小亲族集团之间在博弈时达不成均衡，就难以获得秩序。

在华南宗族型农村，村民聚族而居，村庄与宗族同构，村

　　　　　　　　　　　　　　　　　大均衡

庄具有按整体利益最大化来形成规范的能力。因此，当国家力量从村庄中淡出，村庄有能力生成秩序。

也就是说，村庄治理状况与三个因素有关：一是国家力量，二是村庄结构及与之相关的村庄内生秩序能力，三是"钉子户"。

改革开放以后，尤其是取消农业税以后，国家力量从村庄淡出，对中国南、中、北部的农村具有相当不同的意义。对于中部原子化地区农村来讲，国家力量的撤出往往伴随"钉子户"现象的突出，不再有力量能够压制"钉子户"，村庄因此出现了普遍的失序。北方小亲族村庄有两种命运，一种是村庄不同小亲族通过博弈达到力量均衡，从而形成共同遵守的村规民约，保持村庄的有序。另外一种是村庄不同小亲族之间合纵连横，迟迟无法产生均衡的秩序，村庄因此变成乱村。与中部的原子化村庄不同，北方村庄的混乱是基于有组织力量对抗产生的，这种对抗所产生的能量要远高于原子化地区。南方宗族型地区对国家力量的撤出不很敏感，因为过去大多数时候国家也只是在宗族村庄中选择宗族代表作为自己的代理人。

当前国家在村庄中极为重要的制度安排是土地集体所有，每一个集体成员都有平均的使用权和收益权，农民具有土地承包经营权。与这个共同的权利相关联的就是村庄基本公共品的供给，比如道路修建、环境整治、塘堰清淤。如何分配村社集体土地权益，以及如何分摊村庄公共品供给成本，成为决定村庄秩序的关键。

中部原子化地区，村庄缺乏对"钉子户"的约束能力，无论是分配利益还是分摊成本，在既得利益面前，"钉子户"都不会让步，因此村庄内生秩序的可能性很小。自"分田到户"以后，大部分中部原子化地区几乎没有调整过土地。

北方小亲族地区，为了分摊公共品成本，村庄中的小亲族力量可能在斗争中形成共识，通过调整土地来对利益分配或成本分摊"算平衡账"，这就成为村庄治理中的一个好办法。华北地区村庄一直有机动地，尤其是很多地区农村土地仍然在"三年一小调，五年一大调"，这正是小亲族地区内生秩序能力的表达。调整土地的能力本身就是治理能力，或治理能力通过调整土地表达出来、被激发出来。

南方宗族型地区，强有力的规范使村庄为达到秩序而进行更大手笔的改造，其典型是广东清远农村借农村综合改革推进土地整合，一些村庄甚至将所有分给农户的土地收回，重建了基于宗族的村社力量。

当前农村土地制度强调土地确权，稳定承包期30年不变。农村土地承包权被定义为用益物权。也就是说，集体土地一旦承包到户就不允许再调整了，不仅不能调整面积，而且不能调整地块。中央的土地制度在中部原子化地区得到了最全面的贯彻，因为村庄中没有力量足以或意欲来为公共秩序与"钉子户"作斗争，而土地承包法又是保护不愿调整土地的"钉子户"的。在华北农村，虽然土地政策禁止，村社集体却仍然普遍在调整土地，这有利于村庄公平和秩序的建设。南方宗族型地区受到土地制度的干扰就更小了。

不过，现在农村的情况又有了不同，即国家对农户每一块

　　　　　　　　　　　　　　　　　大均衡

土地进行确权，从而进一步为每一个农户提供了国家保护的凭借，村庄因此更加缺少通过调整土地的政治来分摊公共品供给成本以及达到善治的可能，国家就更不得不介入到村庄内生秩序的生产中来。

2017年9月18日

云贵川与鲁豫皖

在我们的研究视野中，云贵川属于长江流域的中部农村，村庄原子化程度很高，农村社会结构以及农民行为模式有高度相似性。鲁豫皖地处黄淮海流域，是我们所称北方农村的典型区域，其村庄结构为分裂的小亲族结构。2017年我们在浙江上虞调查，访问到了两个在当地担任和谐促进员的外来农民工，他们是重庆万州人崔海和山东枣庄人赵军，这两个人分别代表了云贵川与鲁豫皖农民的典型特征，以下介绍并讨论之。

一、重庆人崔海

2009年上虞区成立和谐促进会，聘请了4个外地农民工当和谐促进员，负责对外来农民工的信息采集登记、调解纠纷和维权。崔海就是上虞区新居民事务局聘请的和谐促进员之一。

崔海是重庆万州人，今年55岁，现在在安乐公司务工，任生产班长，每月工资加奖金有6000元左右，同时利用空闲时间做和谐促进员，每月另有2000多元收入。崔海的妻子今年53岁，在崔海来上虞后也前来打工，初到上虞时进厂，现在在宾馆当服务员，每月2000元收入。崔海儿子职业高中毕业，毕业后来上虞开了一个小餐馆，三年时间亏得坚持不下去了，与媳妇一起到武汉当厨师，一年后，年轻夫妻感情不和，离了婚，儿子再回上虞，进润土集团务工，每月工资4000元。崔海正委托家乡的朋友为儿子再介绍一个媳妇。朋友问要找的媳妇将来是留在万州还是要来浙江，崔海说："当然要来浙江的，留在万州喝西北风啊。"2013年，为儿子结婚，崔海花了50万元在开发区买了一套100平方米的商品房。崔海说："还是有自己买的房子好，夏天有空调，天天可以洗澡。自己有房与租房住，日子简直没法比。现在才叫作生活。"

崔海父亲早已过世，母亲80多岁，生活在重庆老家。崔海有三个姐姐、三个弟弟、一个妹妹。二姐留在老家照看母亲，大姐随姐夫到了沈阳，其他姐妹都陆续来上虞务工。与崔海不同，与他同来上虞务工的五个姐弟妹都在重庆老家买了房。

不仅崔海兄弟姐妹都来上虞务工，而且光在崔海当和谐促进员的村租住的同乡就有500多人。这些人在上虞复制了重庆的生活，甚至春节也有大约一半来上虞务工的人不回重庆老家过春节。崔海也已多年未回老家过春节。

崔海高中毕业，1980到1991年一直是妇产科医生，1991年为求政治进步，托关系调到乡镇国土资源管理所当聘用制的国土员。2002年国土所裁员，崔海被迫自谋出路，通过熟人关系，到上虞经济技术开发区润土集团做投料工，每月工资有900元，比过去在重庆国土所上班的500元工资要高。

崔海在润土集团做了17个月的投料工。当时开发区工厂不多，来务工的人还是比较多的，找工作还要托点关系，且企业招聘公告上明确写有本地人优先。为了搞好与本地人的关系，崔海利用休息时间义务为在润土集团当保安的一个本地人盖楼房，抬了两天水泥预制板。崔海认为与保安是好朋友了，没有想到，过了几天，崔海上班抽烟被这个保安看到，保安报告公司，崔海被扣5分。扣分是大事，累积扣20分就要被开除。化工厂制度比较严格，尤其不允许抽烟，这点崔海当然是明白的，只是他抽烟是被保安一个人看到，而自己前几天刚帮保安家盖房，保安竟然一点人情也不给，直接上报扣了他的分。他十分愤怒，找保安打了一架，主动离职。然后崔海找到安乐公司工作至今。

2008年上虞企业员工普遍纳入"五险"范围。开发区80%的员工缴纳了"五险"费用。2017年4月，安乐公司为班长以上的员工缴公积金，公司和个人每月各出200元，崔海向公司提出应当为所有人都交公积金，2017年7月，安乐公司将所有员工都纳入住房公积金范围。崔海说，按现在他所缴的社会养老保险，60岁退休后每个月可以拿1500元退休金。正是有了"五险"，他才考虑在上虞买房子，也才考虑退休之后就在当地落地生根，不再回老家去。

崔海利用在安乐公司工作的闲暇时间当和谐促进员。除极少数情况，当和谐促进员不会影响崔海在公司的工作。极少数情况主要指地方政府召集开会。企业当然知道崔海的兼职，也很支持，因为地方政府很重视。和谐促进员的主要工作就是对租住村大约1000名外来农民工进行登记管理，并协助当地政府处理本地人与外地人的矛盾。这1000个外地人中有500人是崔海的同乡，都是熟人：老乡之间不仅是亲连亲、邻带邻，来上虞务工后集中住在一起，生活上相互照料，还有老乡开麻将馆、小餐馆，提供了交流场所，大家都很熟悉。绝大部分来务工的外地人都在本地长期居住，崔海管理起来很轻松。

从崔海老家乡镇到开发区务工的500多人基本上都是拖家带口的，老乡之间普遍有人情往来。相反，虽然这些外地人租住在本地人的房子中，有的甚至租住10多年了，与本地人之间却仍无人情往来。崔海的情况比较特殊，他儿子2013年结婚办了29桌酒席，其中22桌为老乡，7桌为他在地方政府、派出所和社会上的朋友。外地人办酒席送人情，档次与上虞本地人也有很大差别，上虞本地农民送人情出手一般最少七八百元，酒席一般一桌三四千元。外地农民工办酒席送人情出手200元就算大的了，酒席五六百元一桌就可以。要特别注意的是，崔海几乎不会参加家乡的人情往来。有趣的是，本地农民与外地农民工一样，收入主要也靠务工。

崔海在开发区买了房子，因为有养老保险，打算将来老了就在上虞生活。将来即使回到重庆老家，也可以将上虞的房子租出去赚钱。关键是买了房子，打工生活就比较舒服。相对来讲，崔海的两个弟弟都在家乡买了房，平时锁着，春节回去住几天，崔海认为这纯属浪费。以崔海二弟为例：二弟一家六口人，即二弟、弟媳、二弟儿子、媳妇，两个孙子；大孙子上小学，在上虞这边由外婆带，小孙子回到重庆老家，由奶奶（即崔海弟媳）带。小孙子之所以回老家，是因为二弟家在老家已经买了房子，不住人可惜，就让奶奶带小孙子回去住，顺便上小学。

崔海二弟家，二弟、儿子、媳妇三个人务工，弟媳在老家带孙子，一家分为两边。崔海说，二弟一家的收入都用在路上了，生活也困难得多。如果不是在老家买房子而是在开发区买房子，不仅住得舒服，一家人也不必分居两处，把钱都花到路上。崔海认为二弟他们的思想还没有解放。当然，他不会干涉二弟的选择，因为每个人都只能对自己负责。弟媳的事情他只能帮忙，而不能去干涉。儿子的事情都管不了何况弟媳。因此，就算租房子都租在同一个地方，他们也有意隔开一点距离，因为住得太近容易有矛盾，一个月见一次面最亲热。

崔海说："过去的人观念有问题。举例来说，老年人一年到头养鸡养猪，到过年了宰杀做好后等子女回来大吃大喝一顿，子女都不帮着收拾就走了，父母还很高兴。如果子女没有回来吃，（老人）心里难过，还气病了。这岂不是自己犯贱？这是老一辈的想法，过时了。人生一世就要过好当下。没有几个人真正是由儿子养老送终的，就是有一百个儿子，你怎么死的他们也不知道，知道的是医院的医生，连养老钱也是国家出的。有儿子只是思想上的荣誉。"正是因此，崔海认为自己买了房子每天可以洗热水澡，自己享受生活，过得舒服，是最重要的。

崔海的母亲仍然健在，他每三年回去一次，一般会避开春节，因为春节不仅太挤，而且路上花费也多。每次回去也就停留一个星期，不用向企业请假，自己攒一点假期就足够了。相对于绝大多数农民工将打工服务于在老家建房，崔海已经改变心态，让打工服务自己过好当下日子。这是一个重大转变。最重要的是，这是重庆人才容易有的转变。云贵川人比鲁豫皖人更想得开。2017年在晋西北调研，一个砖窑厂老板对在厂里打工的贵州人十分不满：这些贵州人只要拿了工资，就一定会去大吃大喝，到了年底怎么有存钱拿回家去？在全国几乎所有地方，云贵川农民工都会被评价为好吃，舍得花钱，而北方农民不舍得吃，不愿花钱。这与我们在云贵川和北方农村的调研结论也是相符合的。可见在农民工输出地和输入地，云贵川和鲁豫皖的农民都具有同样显著的差异。

二、山东人赵军

赵军是退伍军人，来上虞务工以来一直在农胜公司做保安，2008年被上虞新居民管理局聘为兼职和谐促进员至今。

赵军今年45岁，是山东枣庄人，从部队复员后回枣庄一家企业上班，后来企业倒闭，经朋友介绍，2003年到上虞务工。赵军1999年结婚，生有两个女儿一个儿子。大女儿去年从上虞技校毕业，回山东老家待了一段时间又来上虞务工，二女儿在上虞上初中，小儿子在上虞读小学六年级。赵军是2006年将自己妻子孩子接到上虞来的。妻子一直在盘龙电器上班，做操作员，每天上班8小时，每周工作6天，现在工资为每月4000元。

农胜公司有9个保安，实行三班两倒制，即每班3个人，每次连上16个小时班，休息一天，再上8小时夜班，再休息一天，因此有大量的空闲时间。因为赵军是退伍军人、党员，上虞社会事务管理局于2008年聘请他为和谐促进员，每月有2000元报酬。赵军现在当保安，每个月工资有5000元，其中包括他作为资深保安每月增加100元的工龄工资（每月1000元封顶）。如果一年没有发生安全事故，公司年底还会发1万元奖金。

作为和谐促进员，赵军的工作主要也是对外来农民工进行登记，以及调解纠纷、维权等等。工作量不大，却大大增加了赵军与外面的联系。赵军有兄弟四个，其中两个兄弟经赵军介绍也拖家带口到上虞务工。虽然兄弟都在上虞务工，赵军却认为兄弟还是住远一点好，天天在一起容易闹矛盾，不住在一起，半个月聚一次，对大家都好。

赵军认为，虽然现在务工状况不错，老了终究要回山东老家。家乡人情都是要走的，因此就算自己不回家也要让弟弟代送人情。每年春节回家也要送礼，仅每年送岳父岳母三个节庆的礼就要花费6000元（端午、中秋、春节各2000元）。一年花在老家的人情和礼金大概要2万元，这也是赵军最大的支出了。

赵军在上虞的开支十分节俭，大致有以下诸项：

1. 子女上学；

2. 房租，每月350元；

3. 水电，每月100元；

4. 买菜，每月1000元；

5. 衣服（劳保服）；

6. 其他。

除人情以外，这些支出加起来一年不超过2万元。

　　　　　　　　　　　　大均衡

赵军一年能挣9.4万元，妻子除了一年工资4.8万，自2006年以来，还利用工作之余，每日做手工（主要是做雨伞零部件），每月可多赚约500元。

按赵军的说法，每月靠他们夫妇兼职收入就足以支撑全家在上虞的各项开销，包括三个子女上学的支出，两个人的工资都可以存下来，有11.8万元。扣除每年家庭走人情和孝敬岳父岳母的2万元后还可以剩下9.8万元。赵军到上虞打工以来已有14年时间，他们十分节俭，存下了不少钱。

2015年赵军花30万元在老家县城买了一套房子，2016年借了30万元给弟弟做生意，2017年妻子妹妹又向他们借10万元买房，他们也答应年底借钱给妻妹。

也就是说，2003年以来，在有三个孩子上学的情况下，赵军和他妻子勤恳劳动，节俭持家，竟然存了70万元用于自己买房、借给弟弟做生意和给妻妹买房。

赵军说，在开发区务工的外地人中，云贵川（含重庆）人在当地买房的相对较多，且云贵川人喜欢打麻将也更爱热闹，基本上都租住在离街道比较近的农户家中，很少有人下班了还做手工。鲁豫皖的农民工则大都租住在离街道比较远的农户家中，下班时间做手工的相当多，打麻将的很少，生活上更是能省则省。也因此，鲁豫皖的农民工比较能够存钱，云贵川农民工存不下钱来。有钱的云贵川农民工更倾向在开发区买房落地生根，有钱的鲁豫皖农民工则更倾向回到老家县城买房。

三、崔海与赵军的比较

我们通过比较崔海与赵军的两个具代表性的个案，试概括得出云贵川和鲁豫皖农民工的特点。

表3 云贵川农民工与鲁豫皖农民工的特点比较

	云贵川农民工	鲁豫皖农民工
职业选择	自由、工地	工厂、苦脏累活
消费倾向	舍得花钱吃喝	节俭
娱乐	好打麻将	娱乐较少
闲暇	娱乐	加班
婚姻稳定性	较差	较强
是否参加家乡人情	较少	较多
老家购房倾向	低	高
积累倾向	低	高
春节返乡	较少	较多
融入情况	落地生根	落叶归根
生活态度	轻松	严肃
打工租房	老乡扎堆	各住各

除表中所列之外，关于两大地域农民工各自的特点还可举出许多。但这似乎过于武断，我们将进一步延伸讨论。

四、云贵川与鲁豫皖农民工行为模式的差异及思考

云贵川（含重庆）即中国的中部地区，地处长江流域，村民居住往往比较分散，人地关系不是很紧张，村庄内缺少超越家庭的强有力血缘共同体。在这样的村庄中，农户原子化程度比较高，我们称之为"原子化村庄"。

在原子化村庄，农户与农户之间的关系竞争性较少，代际关系也不紧张，人的个性相对张扬，行为较为理性，物质利益显得重要，个人短期利益与长远利益相对平衡。因此，闲暇、娱乐、吃喝就变得重要，长远目标显得有点虚妄迂腐。过好当下每一天比追求难以琢磨的虚面子要重要得多，实在得多。因此，云贵川农村，农民更多是个体的、当下的、实在的、世俗的、生活的以及理性的。

与云贵川等原子化程度很高的农村不同，鲁豫皖等华北农村大多地处平原，人口密集，居住拥挤，村庄充斥着高度紧张的竞争性关系。村庄中存在着有很强行动能力的小型血缘共同体，一般以五服内血缘关系为基础，对内团结，对外竞争。村庄内的高度竞争关系使得村庄所有人都为了在竞争中胜出而节制当下消费，积累最终实力。村庄中，为了增加自己所在小亲族的人力，往往会鼓励兄弟、堂兄弟多生儿子，以在村庄下一轮竞争中胜出。对于个人来说，就要生儿子，要让儿子娶上媳妇。因为，如果没有生儿子，不仅村庄其他人瞧不起你，兄弟、堂兄弟也会瞧不起你，自己也觉得自己没有本事。如果儿子娶不上媳妇，打了光棍，儿子会责怪你，自己也会觉得没有

完成人生任务，一辈子白活了。为了让儿子娶上媳妇，就要拼命挣钱，到处打工，为儿子建房出彩礼，儿子娶回媳妇才算完成人生任务。

在多山、人地关系比较宽松、居住相对分散的云贵川，村庄缺少具有强行动力的血缘共同体，村民原子化程度很高。在多平原、人地关系比较紧张、集中居住的鲁豫皖，村庄存在众多以五服为范围的、强有力的、相互激烈竞争的血缘共同体。云贵川村庄的结构决定了云贵川农民相对自由散漫，重视当下的个人生活，不追求长远目标；鲁豫皖村庄的高度竞争结构则使村庄内居民的关系相对紧张，生活在这种高度竞争结构中的村民就必须要更会盘算，有更多长远考虑，更多隐忍与城府。

高度竞争的鲁豫皖与自由散漫的云贵川各自孕育出来的农民，在进城务工时就会表现出相当不同的行为模式，其核心是，鲁豫皖农民工进城务工的目的很明确，就是要赚钱，以回村庄建楼房（或买楼房）、买车、娶媳妇等等撑面子。因此，他们进城务工，很节俭，尽可能在挣钱多的行业务工，挣钱不是为了让自己过上好日子，而是为让儿子过好日子，为在村庄中挣到面子。吃得再好，别人看不见，如锦衣夜行，得不偿失；只有建了房子，娶了媳妇，完成人生任务了，在村庄中才说得起话、做得起人，人生才有价值。

云贵川农民工进城的目的当然也是为了挣钱。他们一边挣钱，一边花钱，能挣会花，吃了玩了，人舒服了，比什么都重要。打工当然是要的，但工作不应太辛苦，尤其不能长时间待在生产线上，那样太单调无趣。他们宁可在工地做重体力活，

　　　　　　　　　　　　大均衡

拿比较高的工资，同时又有比较自由的时间安排，想休息就休息，想打麻将就打麻将。发了工资一般都会去吃香喝辣。如果挣钱多，春节时能带一点钱回去当然再好不过，如果没有挣到钱回去也不要紧，明年再出来挣。进城务工，节俭存钱为儿子买房子结婚，这样的事情太难了。儿孙自有儿孙福，他们应该自己去努力。邻居议论？有什么好议论的。自己应该过好自己的生活，东家长西家短的长舌妇不受欢迎。

　　云贵川与鲁豫皖的村庄社会结构的差异，造成了云贵川人与鲁豫皖人在外出务工时截然不同的行为模式。反过来，云贵川人与鲁豫皖人的进城务工行为模式的差异，也深刻地反映了云贵川农村与鲁豫皖农村的结构差异。

2017年8月26日

文化核心区与边缘区

中国是一个巨型国家，地域广大，人口众多，不同地区情况不同。因此，将中国划分为不同的区域进行研究，就成为理解中国的重要方法。划分区域的关键则是找到划分的内在依据，从而呈现出不同区域内在机制的差异，以增加对复杂中国的理解。

在之前的研究中，我从村庄社会结构的角度，将中国划分为南中北三大区域，又主要依据村庄经济社会分层状况，将中国划分为东中西三大区域。南方地区多聚族而居，村庄与宗族一体，这样的村庄是团结型的。华北村庄内往往有若干功能性的血缘联合体，不同血缘联合体相互竞争，村庄是分裂型的。以长江流域为代表的中部地区，村庄缺少超越家庭的集体行动者，村庄社会结构高度原子化。不同地区的村庄结构不仅会对村庄治理，以及村庄人民的行为模式和心理状态产生影响，而且会对自上而下、自外而内的政策、法律、制度落地产生巨大影响。东中西差异则与经济发展状况和村庄经济社会分层状况的差异有关。

在农村扶贫调研过程中，我又发现了一种区域差异，按以上两种分区都无法解释。具体来说，同样是深山大川地区，陕南地区与滇西南地区都物产丰富，交通不便，山多地少。但在陕南调研时我发现，虽然陕南诸县几乎都被评定为贫困地区，农民似乎并不贫困，他们都建有很好的住房，吃得也很好，甚至远比关中地区的农民好。陕南农民为什么不贫困？有两个原因，一是当地青壮年农民外出务工经商，加入全国劳动力市场获取收入，二是当地农民靠山吃山，通过采集中药、栽种板栗等获取收入。在交通不便的时候，农民进山出山不方便，劳动力出不去，农产品也运不出去。现在交通便利了，农民就可以赚钱了。我在滇西南调研则发现，当地农民确实很贫困，也有两个方面的原因：滇西南虽然物产丰富，且交通早就打通了，但没有人愿意出去务工经商，靠山吃山也不积极。我在滇西南调研时的明显感受是，当地农民缺少致富动力，收入不高，温饱不愁，闲暇时间不少，生活很愉快。

显然，陕南农村与滇西南农村扶贫效果不一样。陕南农民可以很快通过加入全国劳动力市场和农产品市场获利，滇西南农民却迟迟没有反应，一个重要原因是农民的追求的优先序存在差异：在同样的全国市场条件、交通条件和自然条件以及国家扶贫政策下，陕南农民将提高收入放在第一位，滇西南农民将闲暇最大化放在第一位。陕南农民主要家庭策略是增加家庭收入，老年父母靠山吃山，年轻子女进入全国市场获利。为了能有更好的获利能力，陕南农民看重子女学习。我们调研的一个县里的所有初中生毕业竟然都升学了，其中一半上了普高，另一半上了职高。孩子们上了职高再外出务工就有了技术优势。滇西南农民的家庭策略则是全家留守，共享温馨家庭生活，他们重视村庄内的人情关系，不注重子女学习，儿童辍学率高。

陕南农民将收入最大化放在第一位，是因为家庭收入决定了家庭在村庄的地位，以及儿子能否娶上媳妇。为了使家庭收入最大化，就要采取年轻子女进城务工经商、老年父母留村务农的家庭分离策略，就要让子女接受更高等的教育，以在未来劳动力市场上具有竞争力。也就是说，陕南农民更愿意为了未来收入最大化而克制短期利益实现，也愿意减少闲暇；滇西南农民则更愿意享受即时闲暇，不太愿意为遥远未来投入。

总而言之，陕南农民比滇西南农民更有计划性，更愿意为增加未来收益而放弃现时享受，因此借扶贫之机很快就脱贫致富了。滇西南农民则因为有了国家扶贫，可以满足基本物质需要，反倒更加不愿意通过个人努力来追求未来满足。相对于滇西南农民，陕南农民的行动不仅有个人当下利益享受的动机，而且有超越个人的家庭再生产的动机，有更多的文化动机和超越性的目标。陕南农民通过克制当下欲望来实现未来长远利益，通过克制个人利益最大化来实现家庭利益最大化。

那么，为什么陕南农民与滇西南农民行为模式会有如此的不同呢？很重要的一个原因就是，陕南农村虽然也位于深山大川，其文化却在中华文化核心地带的儒家文化圈的辐射范围内，陕南农民不仅往往是从中原地带迁入，而且一直保存着与中原地带的紧密联系。长期浸泡在深厚的中华文化里面，每个人都会形成超越动物本能的文化本能，个人的计划性、利益的整体性使个人行为由即时利益最大化变成了家庭传宗接代，社

128

会文化的意义超过了个人物质享乐的意义。相对来讲，滇西南长期在中华文化圈的边缘地带，滇西南农民就较少受到主流文化的浸泡，个人就较少受到超越性文化的压抑，个人闲暇最大化就是自然而然的选择。

这就是说，虽然每个人都在进行自己的理性选择，每个人的行动都是合理的，每个人所接受的文化本能却会限制每个人的想象力。有人为子女牺牲自己的生活，即使子女对自己不好也全力维护子女，因为他们将家庭目标放在首位，为家庭长远利益而勤扒苦做，省吃俭用。还有人则将即时享受放在第一位，今朝有酒今朝醉。这些个人行为的差异不是生物个体之间的差异，而是其所浸泡的文化之间的差异。主流文化核心区农民较文化边缘区农民更有计划性、超越性，更能利用外在条件脱贫致富，原因是文化的，而非个人生物性和自然环境条件方面的。

中国的现代化之所以成功，一个重要原因是源远流长的中华文化影响了绝大多数中国人民，中国人民比世界上绝大多数国家的人民更加勤劳、节俭，更愿积蓄和更愿意为未来超越性的目标而努力。

2020年3月21日

三

农业用地制度

中国的粮食安全有没有问题？

在新冠疫情下，一些国家暂停粮食出口，引发中国社会对粮食安全的担忧。加剧社会担忧的原因之一是近年农村普遍的耕地抛荒。耕地抛荒不仅有复种指数减少的季节性抛荒，比如以前种三季现在种两季，以前种两季现在只种一季，而且很多地区出现了常年抛荒。常年抛荒，耕地里长满杂草灌木，灌溉系统损毁，再复垦种粮就会比较困难。在这个意义上，担忧中国粮食安全并非杞人忧天。

因为中国正处在快速城市化时期，不仅是人口的城市化，还有土地的城市化。城市一般只能建立在水陆交通便利的平原地带，这些地带拥有最为肥沃、适于耕种的土地。城市化只能平面推进，快速城市化也就意味着城市会占用越来越多的肥沃耕地，很多人因此担忧这一点。不过，即使中国未来城市化占用的全部是耕地，中国完成城市化至多还需要3000万亩耕地，而农民进城后就可以腾退出来数亿亩宅基地。城市化必然要占用周边耕地，很难想象在城市中心地带仍然保留农田（哪怕是良田），规划良好的城市具有聚集效应，聚集效应节约出来的资源可以开垦更多的农田。

当前农民缺乏种粮积极性是造成耕地抛荒的直接原因。由于粮食市场饱和，国家粮库储粮足够，农民生产的粮食未被尽数收储，导致粮价低迷，与此同时，农业生产资源价格却持续上涨，种粮的投入产出比不高，农民故而缺少种粮积极性。中国土地集体所有，按户承包，绝大多数农民家庭的留守老年父母缺少在城市的就业机会，留在家里种田，不计劳动投入。种田不赚钱，只赚回劳动力成本，解决温饱问题就可以。因为机械的普及，不愿进城的农村青壮年劳动力愿意种田，仅种自家责任田不够，他们将进城农户承包地流转过来扩大耕种规模。虽然每亩赚钱不多，耕种面积大了还是可以有可观的收入。这些人就是当前农村自发产生出来的"中坚农民"。

"中坚农民"需要土地连片且具有灌溉条件，适合机械化作业。在平原地区尤其是在北方小麦种植地区，土地连片和机械化作业都比较容易实现，所以基本上不存在耕地抛荒的情况。在南方平原水稻种植区，主要依靠老人农业，也不会抛荒。在丘陵地带，因为地权分散和地块分散，加之农业基础设施不配套，最容易出现抛荒。耕地是种植还是抛荒，取决于耕地能否带来收益。粮价上涨了，抛荒的耕地也会种起来，之前的一年种一季也会变成种两季。

值得注意的有两点：第一，无论粮价高低，留守农村老年人一定要种地，他们的机会成本为零，而种地有农业收入，春种秋收又构成了他们人生的节奏与意义；第二，当前农业生产已经高度机械化，机械代替人力，不仅将农业生产从繁重的体力劳动中解放出来，变成了管理的艺术，而且机械具有远远超过人力的生产力。借助机械，一个农村青壮年劳动力自己种200亩地完全没有问题。而且，机械还具有巨大的扩大生产的能力。湖北应城一个60多岁的农民带着两个儿子一个女婿到武汉远郊农村开荒，开荒800多亩，当年丰收。因为是开荒的土地，相当肥沃，甚至没有使用化肥。这位应城农民用大马力拖拉机大力开荒，短期内就生产出大量粮食。现在这个应城农民种3400多亩耕地，遗憾的是连年亏本，他将原因归咎于粮价太低，说如果粮价能提高0.2元，早就发财了。

社会关心粮食安全显然是因为人们担心挨饿。但其实中国粮食的生产能力和增产能力都是很强的。中国国土面积广大，可以种植的粮食作物众多，一旦有粮食安全风险，依靠大马力农机，可以在当季能生产粮食的地区暴增粮食产量，迅速填补可能的粮食短缺。在理解粮食安全时，我们一定要同时理解，当前农业已是石油农业时代，石油农业的生产能力是远远超过人力和畜力的。当然，如果中国石油出现危机，那就不只是粮食安全的问题了。

相比日本只有180万农户，中国目前仍然有2亿多农户，且几乎所有农民家庭都保留了农村宅基地和承包地，农民工年龄大了在城市失去就业获利机会，也都愿意回村种田养老。农村是农民进城失败的退路，也是应对经济周期的稳定器。新冠疫情期间，绝大多数进城务工经商的农民工都返回家乡，他们具有很强的承受经济周期的能力。因此，无论是从农民退路的角度还是从国家安全需要的角度看，农村对占中国一半人口的农民家庭都十分重要。

　　中国的农村问题和土地问题，关键还在于农民，而不是粮食。不是粮食不重要，而是在目前农业生产力的水平下，粮食不是问题。

2020年4月13日

武汉郊区的土地抛荒

一

武汉郊区农村出现了普遍的土地抛荒现象，抛荒原因不是无人种田，而是田无法种。

2015年底我们到武汉郊县黄陂调研，发现农村土地抛荒现象已相当严重。有的村庄甚至有一半多土地都常年抛荒，田地里长满杂草。田地一旦长草，耕种难度加大，再想耕种就更加困难，农民对此的应对办法是种树。

为什么黄陂农村会出现如此严重的抛荒呢？其中一个原因是黄陂离武汉太近，农民有大量进城务工的机会，一旦他们进城务工，又不愿将土地流转出去，土地就抛荒了。一个村庄若有30%的土地抛荒，就会影响仍然在耕种的土地的耕种，因为"插花式抛荒"会造成分布在抛荒地之间的耕地难以耕种：灌溉体系被破坏了，机耕道无法修建，机耕机收困难，过去依靠老年人耕种的土地因为难以机械化，加之老年人缺乏肩挑人扛的体力，只好放弃种地。全国中西部地区都是缺少外出务工机会的中老年人种地，黄陂农村也有大量缺少外出务工机会的中老年人，他们却无法种地，只能在村庄旁边种点菜。

在黄陂，我们倒也发现了一些种田大户。他们通过各种办法流转土地，多则300亩，少则100亩，土地连片，机械化耕作，其中很多机械是自备的，且可以对接上大型灌溉设施，这些种田大户因此有较好的农业生产条件，有较高的农业收入。我们访问的一个种200亩地的大户说，不计劳动力投入，每年种田可以赚20万元。对于这个收入他很满意。他还试图将耕种的土地扩大到500亩，但很难找到连片的耕地。不连片的抛荒地虽然很多，却无法种，因为难以灌溉及难以机械化耕作。

二

2018年4月，我们到同样为武汉郊县的新洲区调研发现，相对来讲，新洲农村抛荒情况没有黄陂严重。新洲汪集镇全镇范围内常年不种的耕地大约在5%，另外有5%的耕地种了树。少数村抛荒面积稍大，常年抛荒加种树的耕地面积接近20%。一旦抛荒和种树面积超过20%，就会影响其他耕地的耕种。常年抛荒，杂草丛生，虫害就会比较严重，杂草也会影响邻近庄稼。此外，种的树会影响旁边耕地的光照，树上的鸟也会对庄稼造成鸟害。更重要的是，种树和抛荒，耕地不再被耕种，就会破坏原有的灌溉体系、影响机耕道，机械供应商不愿来服务，社会化服务体系就会变得支离破碎。其他耕地也是分到一家一户，地权都是分散的，且绝大多数家庭都是中老年人种田，靠近抛荒和种树耕地边上的那些细碎土地就被抛荒了，未来也会有越来越多的土地被抛荒。新洲仓埠镇比汪集交通更便利，有更多农民到武汉打工，也就更早出现耕地抛荒。抛荒积累到一定程度，会造成所有耕地都难以耕种，因为耕地既无法灌溉，又难以获得包括机耕机收在内的社会化服务，村庄就会出现大面积抛荒。仓埠一些村庄耕地的抛荒程度与黄陂农村几无差异了。

仓埠解决土地抛荒的办法是推动农民土地流转，其中关键是让城市"资本下乡"搞建设。我们调研的一个村引入三家资本方搞休闲农业，各投入上千万元，结果资金链都要断了，休闲农业还没有眉目，情势十分紧急。汪集则在五六年前就大规模推动农村土地流转，形成了在湖北省颇有影响的"汪集模式"。遗憾的是，我们调研时，几乎所有下乡参与流转土地的资本经营都不好，本应给到农户每亩400元的租金，有资本方已有两三年没给，引发农民上访。有一个在外赚钱的村民回村投资，种蔬菜、葡萄1200亩，大棚投入中有一半是武汉市财政支持的，他自己投入了上千万，现在完全没有收益，每亩400元的地租已有两年未付。他现在进退两难：若继续坚持，已竭尽所有资本，借钱都借不来了，坚持不下去；若放弃，则之前所有投入都将打水漂。

三

新洲推动农村土地向大户和资本集中，是因为地方政府看到了迫在眉睫的土地抛荒，无人种地，地方政府因此期望通过招商引资来种地。遗憾的是，在资本流转农民土地租金大都只在每亩四五百元的低水平租金下，资本大都亏本跑路，留下了大量麻烦事，真是一地鸡毛。

为什么武汉近郊会无人种地，而我们调研的江汉平原其他地区的农民却争着种地？其实原因很简单，武汉近郊不是无人种地，而是无法种地。

新洲是武汉近郊，农民进城机会很多，不仅年轻人进城务工，而且低龄老年人也有各种非农的务工机会，有一些农民家庭因此不种地，但同时又不愿将土地长期流转出去，于是一些灌溉不方便的耕地就被抛荒或种上了树。在较少被抛荒或种树，其他耕种条件仍然具备的土地上，缺少外出务工机会的老年人就会种地。因为相对年轻的老年人也有较多非农就业机会，种地的老年人往往是生产能力较弱的老年人，他们只能挑那些好种的地来种，从而出现了更多被抛荒或种树的土地。越是离武汉市区近及越是非农业就业机会多的农村，越是容易出现土地被抛荒的现象，土地被抛荒到了一定面积就会破坏原有的灌溉体系和社会化服务体系，土地就很难再耕种，从而出现更大面积的抛荒。

不过，武汉近郊显然不是没有像前述黄陂农村的种100亩至300亩耕地的愿意种田的大户。种田大户需要将土地连片成块，这样才便于灌溉和机械化。现在的问题是，种田大户流转100亩至300亩土地很容易，要将土地集中连片却很难。因为现在农户土地产权十分细碎，每一户都有很多块承包地，一个种田大户流转入10户土地，可能100亩土地分散在50至60处，根本就无法耕种。相对于资本大规模流转土地，这些种田大户基本上只是家庭农场的规模，这个规模依靠夫妻劳动力就可以比较有效率地应对。新洲的资本大规模流转土地仅靠家庭劳动力无法满足生产需要而需要雇工，但雇工监督的成本过高，导致不少大户亏本跑路。

有两种人愿意种地：一种是缺少外出就业机会的老年人，他们虽然外出务工不受欢迎，却仍然健康，有农业生产的技能与身体条件。他们种田的前提是土地具备灌溉条件和机耕机收，可以实现机械化耕作。另外一种愿意种田的是由中年夫妻组成的种田大户，这些种田大户若能有200亩连片成块的土地耕种，就会置办一些小农机，收取服务费用。种田加上小农机服务收入每年可以有20万元，远高于进城务工的收入。

现在的问题是，虽然农村耕地很多，有的甚至被抛荒，希望通过流转土地形成适度经营规模的种田大户却几乎不可能通过普通的土地流转来形成连片耕地。一旦有大量土地被抛荒，就会对所有耕地的灌溉系统和机械化作业造成负面后果，结果就是想种田的老年人也无法种田了，因为他们不可能再肩挑人扛。也就是说，当前影响武汉郊区无人种田的，不是真的无人种田，而是土地细碎化。

当前农民承包的土地主要是依土地等级按公平原则进行人均分配，每一户耕地面积不大，田块数不少，我将此表述为"人均一亩三分、户均不过十亩，分散在七八上十处"。地块分散，种地劳神费力，进城务工收入远超种地收入，农户因此不愿意种自家承包地。但他们又不愿意将承包地长期流转出去，尤其不允许流入土地的农户对土地进行整治改造，而要求土地保持现状。这样一来，农村耕地一定是相互"插花"的。

即使一个种田大户流转进来200亩土地集中在一块，其中也一定会有若干的"插花田"，不能进行便利生产的改造，种地自然艰难。地无法种，故而无人种地，土地被抛荒。

四

与全国一样，新洲在2016年进行了农地确权。从我们调研汪集的情况来看，1998年第二轮土地延包时，农业税费任务比较重，农民不愿意种田。新洲离武汉市区近，就有大量农民弃田进城务工，不要承包地。新洲水面比较多，有较好的养鱼条件，当时地方政府也鼓励推挖鱼塘，很多农户便将进城务工不愿种田的农户的耕地集中起来挖了鱼塘。1998年土地延包主要确认了当时土地占有的现状。2016年土地确权又进一步确认了1998年农民的承包权。

问题是，1998年土地上是有很重税费负担的，土地权力与土地税费义务是等值的。2006年取消农业税后，农民承包土地的权利与义务出现了不平衡，由此可能造成严重矛盾。从汪集来看，在2016年土地确权中，全镇竟然有10%的农户没有一分承包地，而有相当一部分农户的承包地超过50亩。其中在人均只有一亩多地的H村竟然有接近一半的农户无地，而有40户的承包地超过50亩。2016年土地确权引发的冲突直到我们调查时仍然十分严重。我们调研访谈的一个总支书记讲，几乎每天都有农民找他调解土地确权纠纷。确权的重要目标是强化农户的土地承包经营权。

大均衡

在进一步强化农民现有土地承包情况下的承包经营权之后，主要收入来自城市务工收入，又不愿失去农地——农地是他们进城失败的退路——的农户宁愿让土地抛荒，也不愿意轻易流转出去。农户的土地承包经营权越大，形成连片适度经营规模的难度就越大，种田大户越无法获得适度规模的连片耕地，从而造成土地耕种上的困难。

2018年4月22日

北京郊区的蔬菜种植

我们在北京郊区T村进行了为期10天的调研，重点关注了T村的蔬菜种植。T村居民在1958年修水库时从山北移民到中村，中村两个生产队合并，腾出一个生产队的土地安置了T村的水库移民。现在中村有1000多人，1200亩耕地，T村有700多人，800多亩耕地。与全国一样，"分田到户"以后，T村耕地也承包到户了，农民承包土地要缴农业税和土地承包费，最高时每年每亩税费负担大约为40元，有农民不愿种地，也有农户种地却不愿交纳税费。1981—1998年，全村几乎每年都会调整土地，不愿种地者的地调到愿种地的农户的手下，不缴纳税费的农户不分土地。1988年上级要求调整产业结构，之前T村农民主要种玉米，连小麦也不会种，对种蔬菜有疑虑，村集体因此调出40亩耕地种蔬菜，不收承包费，却仍然没有农户愿意种。村干部动员了6户村民种菜。再不久，北京市强调"菜篮子工程"，支持蔬菜产业，T村将蔬菜园面积扩大到150亩，再到300亩，形成当前T村蔬菜产业的基础。

1998年第二轮土地延包，T村农田中用于种植蔬菜的有300亩，耕地520亩，耕地按每人0.8亩承包，蔬菜地是自愿承包。因为有农业税费负担，很多农户不要地，全村240户，有70多户放弃了第二轮承包，只有170户承包了土地。蔬菜种植区的土地则由承包土地的农户继续种，之前面积是多少就仍然为多少，全村有70户承包了蔬菜地，平均每户约4亩。

2001年农村税费改革试点以后不久即取消了农业税。为了防风沙，北京不再提倡种粮食而推动农民"退耕还林"和"平原造林"项目。很快，T村500多亩种玉米的大田开始还林造林，承包土地的农户获得退耕还林和造林补贴，承包大田的农户至今可以获得每亩1000元的国家补贴，T村所剩下的农田也就是300亩蔬菜种植面积，由全村70户蔬菜种植户承包。T村蔬菜种植的故事就发生在这300亩农田和70户农户之中。

一

在上级的动员下，T村从1988年开始试种蔬菜，最早动员了6户种40亩蔬菜，经由邻镇请来有经验的菜农传授种植技术，种露地菜。T村地处京北，无霜期短，露地只能种季节性蔬菜，批量上市，主要是走量而无法走价，种植辛苦，收入少，但还是比种玉米的收入要高多了，每亩毛收入可以达到300多元。

因为种蔬菜收入比种玉米高，到1990年全村种蔬菜的农户增加到30户，全村蔬菜地面积扩大到150亩。1990年有农户建第一代大棚种反季节蔬菜，走价不走量，收入大幅度提高，全村30户蔬菜种植户即合作共同建大棚，30户集体建棚，一天一个棚，一年下来每户都建了几个大棚。大棚收益远高于露天种菜，吸引了更多农户种菜。T村的蔬菜种植很快发展到300亩70

户的规模，到1998年第二轮土地承包，这70户蔬菜种植户所种的300亩蔬菜地自动延包至2027年，T村形成直至目前的蔬菜种植格局。

T村的蔬菜种植受到了政府的关注与支持。除基础设施上的专项投资外（比如水利投入），2002年政府鼓励农户建第二代大棚，为每个大棚补贴4000元，T村共建100多个二代棚，二代棚的收入明显上升。一对夫妻可以种两个二代棚，一年收入可以达到2万多元。不过，二代棚空间狭小，所有劳动都靠人力，仅仅白天将草帘拉开和晚上将草帘关上两个工序就分别要半个小时以上，是棚上棚下的重体力活。2012年政府支持建第三代大棚，为机械化的有自动卷帘机的大棚，一个大棚要20万元，国家补贴15万元。2014年政府进一步支持三四个现代化的四代大棚，每个棚投入30万，基本上是政府投入。目前全村共有120个大棚，基本上都是三代，70户蔬菜种植户平均一户两个棚，另外还有少数年龄比较大的农户种少量大田露天蔬菜。

2002年以前，T村菜农生产蔬菜都是自产自销。刚开始的几年（1990年—1992年），有菜贩来T村收菜，很快就出现了压价等问题。菜贩子与农户之间互不信任，T村的蔬菜的销售方式就变成运到县城蔬菜交易市场进行交易，主要批发给蔬菜经销户。如果未能批发出去，就变成市场零售。其流程如下：菜农凌晨3点起床摘菜，6点踩小三轮运走，6点半到菜市场零卖，一般11点返回。从农户角度来讲，蔬菜销售要占用一个劳力，成本很高。2002年，北京市农业局旗下A农业发展公司开始涉及蔬菜产销，主要是搞活产销。一方面，A公司在超市建立蔬菜销售渠道，另一方面建立蔬菜生产基地，其中最重要的是通过订单与农户合作生产。A公司经理与T村所在乡镇蔬菜站站长是同学，通过蔬菜站站长，A公司找到了T村的蔬菜生产大户、曾任村支书的朱祥，开启了A公司与T村菜农的订单农业之旅。

A公司与T村菜农的合作必须有一个中介，这个中介就是T村种菜大户朱祥。朱祥自发成立了一个T村蔬菜种植中心，A公司依据市场对蔬菜的需求提前向朱祥下达蔬菜生产订单，再由朱祥将订单生产任务分配给愿意参与订单农业的农户。刚开始，T村只有六七户农户愿意参加，很快，T村90%的菜农都参加到A公司的订单农业中来。不仅T村，T村附近还有6个村的数十户也加入了A公司以T村为基地的订单农业。A公司在T村所在地区共有三个蔬菜生产基地，在全北京共有8个蔬菜生产基地，此外还在河北、海南有蔬菜基地若干，这些基地基本上都以合作社形式存在。

二

A公司与T村的合作自2002年开始，一直保持到我们调研的2017年，合作良好。这种订单农业极大地改变了T村菜农的生产形态，其具体合作形式如下：

根据市场需求，A公司与T村蔬菜种植中心（T村基地）形成合作关系，主要是下达年度蔬菜生产大体计划以及大致日供蔬菜计划，且在每天下午下达所需蔬菜品种与数量，由朱祥将任务分解到各户。第二天早晨8点各户将所需品种和数量的蔬菜运送到指定地点装车，每户一箱菜，由朱祥所雇的专车司机运送到A公司。A公司对接收蔬菜进行农药检测和菜品等级评价，然后按月结算。

T村菜农都愿意加入基地，因为有两个好处：一是与A公司合作后，菜农只用管生产不用管销售，可以节约出一个劳力来。二是A公司对于合格蔬菜给予高出批发价10%—15%的优惠，就是说，之前农户自己运到批发市场交易，一斤蔬菜1元，A公司来收购，反而给一斤1.15元，农户因此当然愿意加入基地生产来。

A公司当然也对农户有要求，主要有三。一是农药绝对不能超标，凡是农药超标的菜农，轻则罚款，重则踢出基地。二是严禁以次充优，尤其是最近几年，A公司在T村发展了26亩有机蔬菜，蔬菜收购价比普通蔬菜高40%，有机蔬菜必须施有机肥、打低毒农药。被发现以次充优的，轻则一次罚款4000元，重则剥夺有机蔬菜种植户资格。三是菜品检测，对于品相不好的蔬菜，采取退回的办法。在蔬菜供不应求的季节，A公司对菜品要求比较低，蔬菜销售淡季则要求高。要求高时，一些边缘的农户就不生产供A公司的蔬菜，核心户因为种植技术高，仍然坚持生产。也就是说，A公司正是通过对菜品检测尺度宽严的把握，调整蔬菜销售的淡旺。

A公司对T村基地的影响远不止是销售。重要影响还有以下四个方面：第一，农户基本上做到了"一棚一品"，即一个大棚生产一个品种的蔬菜，从而一定程度上做到了专业化，现在T村70户共种植大约20个品种的蔬菜；第二，在农药使用上形成了严格自律；第三，T村蔬菜种植户形成了稳定的合作关系；第四，T村蔬菜基地引起地方政府高度重视，各项政府投资因此而来。

自2002年以来，T村以及附近6个村的菜农都是通过朱祥与A公司联系的，朱祥成了联结A公司与T村蔬菜种植户的纽带。A公司通过朱祥向T村蔬菜种植户下达订单，提出蔬菜质量要求，菜农按订单完成蔬菜生产任务，并按时将蔬菜送到收集地点，朱祥将收集的蔬菜及时运送到A公司，A公司再检测验收、过磅、入库、出库、包装、入库、分捡、运销、上架、售卖。

在某种意义上，朱祥是A公司在T村的代理人，因为朱祥运菜的货车就是由A公司配送的，当然，司机是朱祥雇请的，由朱祥支付工资。A公司支付朱祥按每天收购蔬菜总价的14%作为利润，同时规定菜农需要支付6%的卖菜收入作为朱祥的分成。也就是说，如果朱祥一年订单成交总金额有200万元的话，他就可以得到40万元的毛收入，扣除雇请司机工资10万元及其他开支成本，一年可以有差不多20万元纯收入。这笔收入远高于朱祥自己种菜的收入，足以调动朱祥代理A公司在T村收购蔬菜的积极性。

再来看T村的蔬菜种植户。T村的70户菜农中，90%都通过朱祥这个渠道向A公司送菜。另外有六七户自开网店，还有几户的菜品不行，A公司不收，菜农自己运到区蔬菜批发市场销售。

前面已述，菜农一般是凌晨4点起来摘菜，8点送到收菜点。A公司一般在前一天晚上派单给朱祥，朱祥将A公司派单所需品种、数量分发到各户，手机通知，第二天早晨8点菜农即按订单要求送来自己生产的蔬菜。

　　李云今年53岁，是全村最早种蔬菜的农户，儿子大专毕业后在外工作，丈夫以前是村干部，现在是村电工。2014年李云建了两个三代棚，有卷帘机，上下棚帘只要七八分钟且全自动化，十分方便。在装上第三代棚之前，对李云来讲，种菜最麻烦的是第二代棚上下草帘就各要半个小时，费时耗力。李云建两个三代棚，花费40万元，自己只出了七八万元，其余都是国家补贴。种蔬菜主要在两个时段干活：一是凌晨4点到上午10点，一是下午4点到晚上8点。早起干活，既是因为凉快，也是因为每天都要在凌晨4点摘菜送到交菜点。2002年前，李云种菜，她丈夫卖菜，要两个劳力，现在只要李云一个人劳动就够了。因为是大棚，可以四季种菜，李云两个棚分别种奶白菜和油菜，一棚一品。由于已经种这两个品种很多年了，她种菜的技术相当高，可以精确地按订单计划种植，是T村基地的核心种植户。李云两个大棚每天可以走菜100斤，毛收入200元。冬季菜长得慢，每天走菜少一点，菜价高，春季菜长得快，每天走菜多，菜价就低。最近三年，李云种两个大棚的年纯收入大约有5万元，这个收入要略略高于当地务工收入。李云丈夫是电工，儿子在外工作，她们家又花50万元买了一台挖掘机，租出去每年有一定收入，所以，李云一家年收入有接近20万元，家庭条件在村庄属中等偏上。她说，基地太好了，节约了一个劳动力，要是没有A公司在T村的基地，她既要产又要销，这个菜就不好种了。

　　朱祥在家中排行老三。老大今年68岁，有两个儿子，大儿子是村支书，后来考上公务员调到镇民政科当科长，二儿子开超市。由于老大的两个儿子收入都高，便不希望他继续种地，但老大种蔬菜几十年，上瘾了，非得种。之前老大种三个大棚，去年转了一个大棚给老五朱全，自己还种两个大棚，每年纯收入超过6万元。老大公开讲自己有50万元存款，请儿子帮忙理财。

除了运销以外，朱祥还种三个大棚。因为请了司机，他只花很少时间就可以派好单，所以有大量时间种蔬菜。2016年，朱祥的独生女和女婿辞掉外地工作，回村帮父亲打理基地，朱祥得以专心种菜。

朱全作为朱祥的五弟，也是最小的弟弟，种七个大棚，其中一个就是他大哥转给他的。朱全的七个大棚中有五个三代棚、两个四代棚。朱全的大棚主要不是用来种菜而是育苗，因为过去国家支持合作社为蔬菜种植户提供种苗，合作社总是亏损，因此在2014年改请朱全育苗。朱全不是个体，因为在名义上，他既是T村蔬菜合作社的法人代表，也是当地农资农药连锁店的法人代表。为了支持T村蔬菜种植，地方政府扶持T村成立了农机合作社和植保合作社，投入几百万元，法人代表也是朱全。

朱全的七个棚，三个育苗，两个制种，两个种菜。他种的菜既不是拿到市场上销售，也不送往A公司，而主要是为北京市民准备的春节箱菜，一箱16斤，最多春节可以销售3000箱，每箱150元。仅仅靠箱菜，朱全每年就可以纯赚10万元。

朱全雇了6个人，3个管农机服务合作社，2个管农资农药店，1个打扫卫生，都是45岁至50岁的当地人。大棚由朱全夫妻种，忙季让雇工帮助，有时还要雇短工。名义上农机合作社是合作制，农机都是政府帮买的，合作社办公室也是政府资金盖的，然而实际上，无论是朱全自己还是当地村民都认为农机合作社是朱全自家的。植保合作社与农机合作社性质相同，这些合作社的机器由朱全管理使用，雇工工资由朱全发放，为农户提供的农机服务收费与市场收费也没有差异。之所以农机合作社和植保合作社的要职都落到朱全身上，是因为朱全是T村蔬菜合作社的社长、法人代表，而T村蔬菜生产是当地的一面旗帜。当然，T村蔬菜种植虽与A公司在T村的基地及基地主持人、朱全的哥哥朱祥相关，却与朱全的合作社几乎无关。

朱全开有农资农药连锁店。2014年区农业中心又支持他为全区蔬菜种植户提供种苗，由政府统一采买然后免费分发农户种植。仅此一项，朱全每年育苗收入就有50万元，而农资连锁店每年也有10多万元收入。朱全每年从种菜、育苗、农资以及农机服务中净得七八十万元收入，是当地村庄收入最高的农户。

朱全雇6个人，现在不仅每月要付每人3000元工资，而且，都买了"五险"，雇工的工作时间则只能每天8小时，一周工作6天。即使这样，年轻人也不好找，只能找中年以上的人，因为年轻人都上北京务工去了。朱全说，雇工只能应急，大量的事情还是要靠他们夫妻两人，比如农资店，白天很早就会有人来买农资，很晚也会有人来买，但雇工不可能很早很晚都在这里，就只能靠夫妻两个兼着。做活时，雇工必须在朱全夫妇视线范围内，如果不盯着，谁也没有干活的积极性。这很重要：农业生产中的雇工需要被人盯着才有干活积极性，而盯的人必须有主体性、权威和明确的权责利体系的支持。如果是合作社雇人，即使是社长盯人，效果也一般；若社长盯的是合作社成员，盯人效果就更加一般；若合作社一般成员来盯人，这种盯人与不盯没有区别。这就是为什么朱全只是利用了合作社的名义，实质上却是家庭雇工。

正是T村成规模有特色且让菜农有就业、有收入的蔬菜种植，引起地方政府的重视，以支持合作社的名义给予了各种扶持。朱全得了蔬菜种植的好处，正好他开农资店，占有T村蔬菜合作社法人代表的名号，他就对接了自上而下的扶持资源，不仅包括农机与植保合作社的支持，而且育苗的巨大利益也是通过合作社名义才能获取的。朱全获得的好处太多，以至于T村蔬菜种植最大的功臣、他的三哥朱祥都有一点妒忌。

三

A公司的蔬菜主要走高端菜的路子，通过北京超市销售。高端菜，意味着必须严控蔬菜的质量，包括绝对不允许农药超标，多施有机肥保证蔬菜的品质、新鲜度等等。A公司通过订单的方式，以"公司+基地+农户"的模式，实现公司与农户的稳定对接与预期。从T村蔬菜生产基地情况来看，这种对接显然是成功的，不过，A公司对接基地中有两个地方政府重点扶持的合作社却失败了。

A公司有两个合作社基地，一是李庄合作社，一是甲山合作社，都是按合作社章程来建立和运转的，于2006年成立，地方政府给予了很大的支持，却只运转了两年就运转不下去。原因很简单，合作社设有经理、副经理等众多层级职位，理事的，不理事的，结构太复杂，管理必然混乱，而农业生产很难监管，组织成本高，利益分配难。因此，一旦离开政府支持合作社就难以运转。

三年前，区政府大力度支持一个村的芦笋合作社，支持力度之大，用T村农民的话来讲简直是不可思议，然而结果也是很快就垮了。

在高度市场经济的条件下，个体私营经济则通过明晰产权，极大地调动了个体劳动者的积极性，降低了组织管理监督成本，能有效地监督雇工，且降低了决策成本、扯皮成本，因此是高效的。

一些人从国外经验出发，认为集体经济不好，因为西方国家没有集体经济就将之视作是怪胎，他们不理解正是中国农村集体土地制度有效防止了反公地悲剧，正是集体经济为农民进行农业生产提供了公共服务条件。

2017年9月17日

大均衡

烟台市党支部领办合作社

烟台市在全市推动农村党支部领办合作社，一方面是为了解决集体经济空壳的问题，一方面是借此解决党支部软弱涣散问题。2019年暑假我们到招远市大户陈村进行调研，了解了党支部领办合作社的情况。

一

大户陈村情况比较特殊：自1984年开始，大户陈村一直有村办企业，至今仍然有5家成规模、未改制、集体所有的村办企业。其中龙头企业为村办农药厂，保持了良好的市场盈利能力，每年大概有1000万元纯利。村集体每年支付给村民的福利、分红以及其他各种集体开支大约500万元。

与全国一样，大户陈村在"分田到户"时即将集体土地承包给农户。2009年大户陈村决定将分给农户的土地收回来进行统一规划，再招标种植高效农产品，发展高精尖农业。很快，全村绝大多数耕地和山地都以每年略有差异的租金无期限地被村集体反租，租金最高为800元，最低为400元。村集体将所有反租回来的土地进行统一规划，建设了基础设施，包括水肥一体灌溉系统和全覆盖的物联网。在统一规划中，反租土地被分成面积不等、种植品种不同的各种特色庄园，由村园林队栽种最新优良品种，达到一定标准，村集体再将小型农场公开招标，出价高者得。2015年第一轮招标，20多亩苹果园以每亩每年2500元的租金招标出去。因担心租金太高会造成租户经营亏本，大户陈村后来规定原则上每亩每年租金不超过1500元。到我们调研为止，全村7000多亩统一规划土地已经招标出去近6000亩，有了近200家小租地农场主，其中大约一半为本村农户。

2009年至今，大户陈村向上级争取到了5000万元资金投入，同时投入集体资金一个亿，对反租过来的土地进行基础设施改造，每亩投入超过1.2万元。

因为苹果等品种从栽种到盛果期间隔时间比较长，大户陈村规定租地前三年免收租金。不过，由于所有租地小农场主所租的土地都进行统一水肥管理和技术服务，所有土地每年每亩大概要缴纳8000元水肥技术服务费，具体费用年终统一结算。

按大户陈村的设计，所有租地农场主不能施化肥，只能用有机肥，严格控制农药使用，以保证农产品的质量。大户陈村还想统一品种和市场，由集体统一规定农产品市场最低价，村集体（合作社）以保护价收购低于最低价的农产品，再由村集体统一销售。

显然，在大户陈村的设计中，无论是小型农场的规划、基础设施建设、水肥管理、技术服务，还是品牌管理乃至市场销售，村集体都全程介入。租地的农场主主要做两项工作：一是

大均衡

农场管理，即生产环节的管理工作，包括雇工管理；二是独立核算。

也就是说，村集体（在大户陈村，"村集体"的含义和"合作社"一样）有三"统"：第一个"统"是通过反租，将之前承包给农户的土地集中起来，再按生产和管理便利将土地规划分割成若干连片的小农场，此为产前服务；第二个"统"是为租地农场主提供统一的农业服务，尤其是水肥管理、技术服务和病虫害防治，此为产中服务；第三个"统"是统一品牌管理和市场销售，此为产后服务。

租地农场主则主要负责生产环节的管理，且是一个自主盈亏的独立核算单位，此为"分"。

至此，大户陈村所构造出来的经营模式就真正是"统""分"结合的，这样一种经营模式有可能克服当前农业经营中存在的各种弊病，为中国农业找到一条出路。

二

当前中国农业经营体制中存在着相当严重的弊病，其中要害是只有"分"而缺少"统"。具体来讲，中国农村实行土地集体所有制，虽然农地所有权是村社集体的，按土地承包法，集体土地必须按人均分，承包给农民，第二轮承包期为30年，刚刚完成的农地确权制度改革，确权土地30年承包期后似乎仍然继续承包。物权法规定承包权是用益物权。而"分田到户"时期进行土地承包时，为了做到公平，村社集体所有土地往往先分等分级，再按人均分，这造成了当前农村普遍的土地细碎化——一户有十几块土地，不便于耕种，尤其不便于机械化作业。更糟糕的是，随着城市化的加速，越来越多农户全家进城，不再种地，他们留在农村的承包地既不便耕种，也无法流转出去，即使流转出去也只可能获得很低的租金。在租金很低的情况下，进城农户不会允许作为土地流入方的农户对土地进行整合和基础设施建设。没有土地整合和基础设施建设，土地流入方就很难形成适度规模经营，结果就是土地抛荒。

大户陈村通过将承包给农户的土地反租回来进行土地整理和基础设施建设，按生产和管理需要将反租土地分割为一块块便于生产和管理的集中地块，再将这些集中地块租给租地农场主，使得租地农场主可以较为便利地在集中地块上进行生产和管理，从而降低了生产和管理成本，形成了适度规模经营。

大户陈村通过为租地农场主提供统一的病虫害防治和水肥管理等生产环节的技术服务，也可以降低租地农场主产中服务的成本，提高产中服务的保障。

大户陈村通过品牌控制和保底价收购，为租地农场主提供了产后服务的保障，保护了租地农场主的利益。

同时，更重要的是大户陈村的"统""分"结合经营模式设计中，有关于"分"的设计：租地农场主是独立核算单位，自负盈亏，生产管理诸环节都要求农场主劳神费力地提高农产品的品质与数量，从而获利。

一般来讲，农业生产环节中，因为农业劳动复杂且劳动过程与最终成果之间很难建立起标准化的联系，通过"分"来形成租地农场，调动农场家庭积极性，可以大大地减少生产环节中"统"的监管成本。

农业劳动复杂难以监管之一例：大户陈村书记讲，要生产一串好葡萄，仅仅对每串葡萄就得进行十多次疏果，生产出好葡萄的重要条件是细致的劳动投入。通过"分"来形成独立核算的租地家庭农场，可以很好地解决农业生产难以监管的问题。

当年人民公社存在的最主要问题，就是一直无法做到"统""分"结合，其中关键是"分"无法落地。

当前国有农场通过有限承包解决了"统""分"结合的问题，所以国有农场的农业经营体制远比当前农村的农业经营体制有活力。大户陈村实际上模拟了当前国有农场的经营体制。

三

大户陈村案例最大的特殊性，是可以将集体巨额积蓄用于农业基础设施投入，同时还争取到巨额国家惠农资金，10年时间总投入竟然达到1.5亿，超过一个正常村庄可以获得的资金投入。正是凭借巨额投入，村集体才有能力将几乎全村承包给农户的土地无期限反租回来，并按生产与管理方便进行了土地规划与地块重划，形成了一个个便于耕种和管理的连片地块，再通过招标形成一个个租地农场。因为村集体强大经济实力和巨大前期投入，大户陈村通过农产品质量管理和品牌控制，就很有可能获得超出一般农业的超额利润。正是这个超额利润，为大户陈村村集体（通过收入每年每亩1500元的租金）和地租农场主双双获利提供了可能。

从某种意义上讲，大户陈村的模式是无法复制的，因为其他村不可能有如此巨额的前期投入。从一般村的情况来看，当前农业存在的主要问题其实只有两个：一是农户地块细碎、地权分散，难以适应机械化生产的需要；二是基本农业服务尤其是灌溉困难。相应地，如果村集体能将承包给农户的土地反租，再将反租土地按便于生产与管理的方式重划为一块块连片的、适度规模的小农场，重新出租给租地农场主或本村愿意种地的农户耕种，同时为租地农场主提供一定程度的农业社会化服务，比如统一灌溉、机耕甚至病虫害防治，就可以极大程度地缓解当前农业经营困境，提高农业效率。

一般村庄中，村集体因为缺少资源，不大可能以高地租将农户承包的土地反租过来进行重划，当然就不可能获得后续农业效率的提高。如何解决集体反租的难题？其实，土地所有权本来就是集体的，如果有农户外出务工经商不再种地，或者种地农户的地块细碎而不便耕种，村社集体就应当有效收回所有承包地进行重划，以适应农户土地连片以及农业机械化的需要。实际上，农业税取消后，国有农场正是通过强化土地所有权来重新配置土地权利，来提高国有农场农业效率的。

国有农场凭借其特殊的体制，走出了之前学习农村"分田到户"曾陷入的经营困境，大户陈村则凭借雄厚的经济实力，以"反租倒包"的形式来应对当前农业经营只有"分"而无"统"的困境。从全国情况来看，解决当前农业经营困难的办

大均衡

法，就是要改变当前农业经营中只有"分"而没有"统"的制度缺陷。只有真正做到"统""分"结合，才能解决当前农业经营困境。

<h1 style="text-align:center">四</h1>

大户陈村"统""分"结合的经验被烟台市总结为党支部领办合作社，在当地语境中，村集体与合作社是合二为一的。党支部领办合作社，不仅成功应对了当前农业经营中存在的困境，而且为集体获得了收入，同时也激活了自己的引领作用。不过，在我看来，党支部领办合作社的主要任务，是为农业生产和农民生活提供一家一户办不好和不好办的公共服务，而不应当介入到具体的生产经营环节中，更加不应当试图通过提供服务来获得集体收入。面向市场的经营应当由独立的市场主体来承担，自负盈亏。党支部和村社集体不应卷入市场行为中，否则就可能产生严重的亏损和负债。当前全国仍然有相当一部分的行政村深受20世纪末形成的村级债务的困扰，而村级债务就是在当时"消灭空壳村"的运动中形成的。这个教训不能忘记。

2019年8月23日

农地三权分置问题

近日，中共中央办公厅、国务院办公厅印发《关于完善农村土地所有权承包权经营权分置办法的意见》（下文简称《意见》），提出"将土地承包经营权分为承包权和经营权，实行所有权、承包权、经营权分置"，从而"更好地维护农民集体、承包农户、经营主体的权益"。改革开放之初"分田到户"的主要内容就是将土地集体所有权与农户承包经营权"两权分置"，以实现"家庭承包经营为基础、统分结合的双层经营体制"。"分田到户"以后，农民获得了土地承包经营权，生产积极性被调动起来，农业生产力在较短时间得到很大的发展。

"两权分置"之初，掌握所有权的村社集体可以依据生产需要来提供"统"的服务，故"统"的能力较强。后来，为了防止村社集体侵害农民的土地承包经营权，中央一直强化农民土地承包经营权的权能，并最终在物权法中将土地承包经营权界定为用益物权，村社集体的土地所有权基本上不再有进行农业生产的"统"的功能。某种意义上，土地集体所有权被虚置了。

进入21世纪，大量农村劳动力外出务工经商，他们拥有农村土地承包经营权，却不再种地，而将土地流转出去，承包权与经营权发生了分离。到目前，全国已有大约三分之一的农民将自己承包的土地流转出去由其他经营权者耕种。于是承包土地的农民与土地经营者既已发生分离，如何让土地实际经营者（耕种者）更加方便且有保障地耕种土地就成为一个现实问题。中共中央办公厅、国务院办公厅印发《意见》的重点就是要解决在人地分离的情况下如何盘活土地经营权的问题。

一、不宜过分强调土地经营权

截至2015年年底，全国农村家庭承包经营的耕地流转面积达4.43亿亩，占比达33.3%，就是说，全国农村家庭承包土地已有三分之一发生流转，承包者与经营者分离，这种分离有两个十分重要且显著的特点。一是绝大多数获得土地的经营者都是与流出土地的承包者同村社的村民，甚至大部分是前者的兄弟姐妹或邻里朋友，而不是外来资本。真正流转到外来资本处的土地大约只占全部流转土地的十分之一。就是说，全国只有三四千万亩土地流转到村社以外的资本经营。第二个特征与前一个特征有关：农民大多不愿将土地经营权长期流转出去，故而多签订无固定期限的合同，以便将来万一进城失败返乡能随时要回土地耕种。合同无固定期限，土地流转租金一般也比较低，很多土地流转甚至在亲朋邻里间进行，农户不收租金。

大部分流转的土地之所以都无固定合同且租金低，原因是农民希望保留自己的选择权。进城本身具有很大的不确定性，进城成功当然好，万一不成功，退回农村种地也是一个备选方案。无固定期限合同，使得承包了土地又进城务工的农民可以随时要回土地耕种，是一种比较保险的方式。农业利润不高，就是长期固定合同租地给资本，土地租金也不可能太高。与其为了不高的土地租金而失去可以随时要回土地自种的权利，不如只收取较低租金，将土地租给本村社的亲朋邻里耕种。现在土地经营权要与承包权分离，经营权可以抵押，还可能成为用益物权，这样一来，担心进城风险、随时可能回来种地的农户就更加不会将土地经营权通过固定的长期合同流转给资本经营了。

进城农民采用无固定期限合同、收取低租金的土地流转，具有很大的合理性。第一，在中国当前发展阶段，相当一部分农民进城但很难在城市体面安居，年老时还是要返回农村的。回到农村，就要有田种，有房住，此时，农民的承包地和宅基地就成为他们基本的社会保障。第二，经济发展有周期，在繁荣期，有更多农民进城务工经商，到了衰退期，城市就业机会减少，进城农民一旦在城市就业困难，他们就可以返回农村种田。正是由于中国农民可以在城乡之间自由往返，使得中国具有极其强大的应对经济周期的能力，这也是中国现代化过程中可以保持稳定的一个重要原因。第三，进城农民将土地流转给本村社的亲朋邻里，这些亲朋邻里以较低租金扩大了经营规模，从而可以从土地中获得更多收入。这些没有进城、接手土地、扩大土地经营规模的农户，往往是因为家庭中父母太老或子女太小，又或是其他原因而不能进城的青壮年劳动力，他们通过接手进城农民的土地增加农业收入，获得甚至不低于外出务工工资水平的收入。这样一部分主要收入来自村庄、社会关系也在村庄、保持了家庭生活完整性、年富力强的青壮年农民，就成为当前中西部地区的"中坚农民"，成为当前传统农业地区最为重要的治理力量。这些接手土地的"中坚农民"也具有极强的农业生产能力。

有人认为，随着大量农民进城，农村土地变得没有人种了，因此要通过支持"资本下乡"种田以防止土地抛荒。这是一个误解。当前中国农村还有2亿多农户，6亿多农村人口，2亿多农业劳动力，且在当前农业生产力条件下，年龄超过60岁的老年人种田也可以种得很好。中国农村总共有20亿亩耕地，户均不到10亩，怎么可能无人种田？倒是反过来，户均不足10亩耕地，如果农民家庭只靠土地收入，肯定难以维持基本的生活条件。因此，在当前中国农村，大量青壮年劳动力进城务工经营，缺少城市就业机会的农村老年人留村务农。农村生活成本低，若可以同时获得务农和务工的收入，农民家庭的日子就比较好过。这正是当前中国农村最为普遍的家庭再生产模式。如果一个农户可以通过亲朋邻里接手几十亩土地耕种，通过耕种土地获得不低于外出务工工资的收入，就可能留村务农。也正是因此，当前中国农村，凡是适宜耕种的土地都被农民（老年农民和"中坚农民"）精心耕种着，不存在无人种田的问题。担心无人种田而要鼓励"资本下乡"推动土地流转的想法，是完全不符合农村实际情况的。

当前农村有无土地抛荒的情况呢？当然是有的。在高寒山区以及灌溉不便的地区，因为土地无法种，十年九不收，农民当然就不愿种地而将土地抛荒了。凡是农民抛荒无法种的土地，资本当然也是种不了的。这样的或不适宜耕种或缺少基本农业基础设施的耕地，就应当退耕还林，或者通过土地整治来改善耕种条件。当前农村不是无人种地，而是大量农民无地可种，以及地无法种，他们因此不得不更加依赖进城务工。

土地不仅是生产要素，而且是9亿中国农民（含2亿多农民工）的基本保障，是农民进城失败时的最后退路，是所有中国人的故乡所在，是农民将来落叶归根之所。当前中国仍然有数以亿计的农业劳动力，农民家庭仍然要依赖老人参与农业来获取收入，进城农民随时可能退返家乡种地。在此情况下，将土地的经营权保留在农民手中，让本村社有种田需求的农民来种田，可以较好保障农民权益，防范社会风险。当前农村出现了普遍的人地分离，一部分承包土地的农民进城务工经商，他们的土地流转给亲朋邻里耕种。如果通过村社集体充分发挥"统"的功能，将相对分散细碎的土地连片，就可以极大地降低耕种成本，减少作业投入，中国土地集体所有制就可能通过制度创新来解决当前人地分离所出现的问题。比如说，可以规定农户承包的村社集体土地，自己不种的，经营权由村社集体收回，发包给愿意种的农户，村社集体向进城农户统一支付租金。进城失败后返回农村要求种地的农户，则可以从村社集体要回自己的承包地自己耕种。越来越多的农户进城，留下了越来越多的耕地，这为少数仍然留村的"中坚农民"提供了从农业获取收入的机会，这部分本乡本土的"中坚农民"因此自然

大均衡

而然成为正面临人与财物不断流出困境的农村中的骨干力量，成为中国乡村治理的基石，也自然而然成为适度农业规模经营者和新型农民。

日韩等东亚国家或地区至今仍然没有解决好农地细碎化和农业无法规模化的问题。像中国台湾地区大力推动所谓"小地主、大佃农"的农业发展政策，政府出了很多钱却近乎无效，其中根本原因是土地私有化的制度限制。中国大陆农村土地集体所有制具有相对日韩等地无可比拟的优势，我们要充分利用土地集体所有制的优势，充分调动村社集体"统"的功能，解决他们一直未能解决的小农经济发展的困境，而不是强化农村土地经营权，甚至要将农地经营权物权化。

当前人地分离所带来的土地经营难题有两种解决思路：一种是在两权分置的基础上进一步强化土地经营权，搞三权分置；还有一种就是充分利用中国土地村社集体所有制的优势，强化土地集体所有权。日韩等东亚国家和地区的土地私有制不能解决土地细碎化的问题，因为土地不仅是生产要素，还具有很强的社会属性和价值属性，进城农民不会随便将自己的土地转让出去。三权分置不仅可能无法解决当前因人地分离造成的土地经营难题，还可能造成需要土地的农民失地的危险，毕竟中国目前仍处在中等收入阶段，要走出中等收入陷阱还需要农村这个稳定器。反过来，中国农村土地集体所有制不仅可以为中国走出中等收入陷阱提供农村这个稳定器，而且可以解决人地分离造成的土地经营难题。简单地说，现在的农地制度改革不应该向分离承包权与经营权的方向走，而应该向强化土地集体所有权的方向走。向前走还是向后走，这是问题的焦点。

农业是弱质产业，利润较少，风险很大。弱质的农业与复杂的权利设置形成了鲜明对比，后者意味着运行成本极高。

当前中国绝大多数进城农民仍然难以在城市体面安居，且有着强烈的故乡观念，他们宁愿以较低的租金流转土地经营权，来换取较大的土地支配权（随时可以收回土地自种）。如果资本希望用长期的固定合同来获得农地经营权，就必须要付出比当前农村土地租金高得多的租金。而农业收入有限，风险却很大，付出高额租金的后果可能是资本经营规模农业的失败。一旦失败，资本花费高额租金租来的农地经营权不管谁来接手都是烫手山芋，最终拿不到土地租金的愤怒的农民就会去找推动土地流转的地方政府要说法。这种情况在我调研时已碰到过多次。

土地是农民的，在未来很长一段时间农民仍然需要从土地中获取收益。正是因为农民可以从土地中获取收益，农村才成为中国现代化的稳定器与蓄水池。中国土地集体所有制也为中国农业提供了走出东亚小农经济困境的基本制度基础。千万不要支持资本打败小农，至少未来二三十年要将农业主要收入留给2亿多户小农。

二、农村土地三权分置的一种设计

中国是消灭了土地私有制的国家，绝大多数农地都属于农民集体所有，少数属于国有。属于农民集体所有的农地实行

大均衡

以家庭为单位的承包责任制，即农地的所有权属于村社集体，农户具有承包经营权。"分田到户"实行之初，土地承包期为15年。按全国对"15年不变"的理解，这15年主要指以家庭为单位的承包责任制不变，农民具体承包的土地面积和地块还是要变的。因此，在第一轮承包期内全国农村普遍出现了依据村社集体人口变化而进行的土地调整，"三年一小调、五年一大调"是普遍现象。土地调整的过程中，村社集体侵害农民土地权利的现象屡屡出现。全国也有相当一部分农村，村社集体缺乏进行土地调整的能力，虽然农民有调整土地的诉求，村干部却调不动地。进入1990年代，农民负担沉重，干群关系紧张，种地亏本，以及农业基础设施条件损坏导致之前过于细碎的土地难以耕种，农民有强烈的通过土地调整来实现连片耕种划片承包的诉求，村干部能力比较强的村社集体通过土地调整来满足了农民的诉求，村干部能力较弱的村社集体因为无力摆平反对派而无法满足农民的诉求。

1987年周其仁等人在贵州湄潭搞"增人不增地、减人不减地"的改革试点，很快便在全国推广，不久即被修改的土地承包法所吸收。1998年前后全国开展第二轮土地延包，土地承包经营权30年不变。1998年第二轮土地延包开展时期正是农民负担最重的时候，很多地方的农民认为土地是负担，不愿要承包地，所以相当一部分地区的第二轮土地延包只是走了个过场。2001年农村税费改革开始试点，到2006年农业税彻底取消，土地承包权的利益突显，农村出现了激烈的针对土地承包权的争夺，一些省区进行了完善第二轮土地延包的改革。二轮延包后，土地承包权能更加突显，2006年物权法出台时将农民土地承包权界定为"用益物权"，村庄集体再调整农村土地就变得十分困难。

全国少数地区比如山东，村社集体在第二轮土地延包以后，仍然频繁调整农村土地，理由是土地是集体的，集体每个人都靠土地吃饭，新增人口没有土地没饭吃，去世的人不需要土地吃饭。实际上，土地调整的主要功能不是追求平均土地权利或公平，而是效率。进入21世纪以来，大量农民进城务工经商，之前细碎分散的土地不便于耕种；依据农村生产力变化进行土地调整，可以形成便于耕作的土地承包关系，让农民承包地连片，从而极大地减少劳动投入，提高机械使用效率。因为顺应了农民的需要，有调整土地能力的村社集体成功提高了权威，借调整土地顺便一揽子解决了村社治理中积存的各种矛盾。在山东农村，有土地调整能力的村社集体往往也是治理最好的村社集体。一些村社集体调整不动土地，也是因为其治理能力太弱，无法回应农户对土地公平与效率的诉求，从而造成村社治理能力与土地调整能力的互弱。

进入21世纪，越来越多农户进城务工经商，已有三分之一的农村土地发生流转，即土地的承包者与经营者发生分离，其中绝大多数土地流转都发生在村社内部，往往是亲朋好友邻里之间。进城农户一般不倾向于将土地长时间、一次性地通过正规协议流转给外来工商大户，因为这意味着一旦他们进城失败想再回村种田，就会面临无田可种的情况。反正土地租金本就有限，不如以较低租金通过口头协议流转给亲朋邻里，虽然租金低，但可以随时要回来耕种。

当前农村不仅发生了普遍的农地承包者与经营者的分离，而且随着越来越多农村青壮年劳动力进城，农业老龄化也变得普遍，老人对于节省体力的农业有强烈的需求。同时，农业机械化快速推进，机械化对土地连片有强烈的需求。"分田到户"之初，农业机械化程度比较低，农村人多地少，劳动力有剩余，因此，土地承包政策最为强调的是公平，农民承包地因此被分得十分细碎，往往一户不足10亩却分在十多处地方。当前农业经营分散细碎地块，劳动投入太大，而土地连片可以极大地提高农业机械化的效率。因此，全国农村农民普遍出现了强烈的土地连片承包的诉求，典型如湖北沙洋县的"按户连片"。

越来越多承包土地的农户进城，也就有越来越多土地承包者与经营者的分离。进城农民将土地流转给外来工商大户，工商大户要在土地上进行投资，就需要厘清土地承包权与经营权的关系，以及自己在土地上进行经营时有多大权利，比如能否以流转来的土地进行抵押贷款。进城农民将土地流转给本村亲朋邻里，留村种田的亲朋邻里通过接手土地而扩大了土地经营规模，形成了适度规模经营，他们从土地上所获的收入甚至可能不低于进城务工的收入，他们因此成为村庄内生出来的"中坚农民"。这些"中坚农民"面临的最大问题是，从进城农户那里流转来的土地分散在各处，比如一户有50亩耕地，规模构成适度经营，土地却可能有六七十块，分散在全村东南西北不同地方。如果这些土地集中到一块，"中坚农民"种地花费的时间将减少一半，农业投入将降低三分之一以上。但是，将土地流转给留村亲朋邻里的进城农民，是绝对不愿让亲朋邻里随意变更土地位置以及在土地上进行建设的，且他们随时可能回来要地自种。

也就是说，在当前大量农民进城，农业机械化快速推进的情况下，以稳定农民土地承包经营权为基础的农村土地制度，极大地限制了农业生产力的释放，降低了农业的效率。基于此，中央提出农地"三权分置"的制度设计，即将农地上的权利分为所有权、承包权和经营权。将之前归村社集体成员所有的土地承包经营权一分为二，即土地承包权和土地经营权。

"三权分置"也有困境，最典型的是对土地经营权的界定：土地经营权是什么权？是物权还是债权？若是物权，则中国农地上就有了三重物权——所有权、承包权、经营权，这样的制度设置可能不仅世所罕见，而且史上难寻。如果是债权，是由承包权派生出来的权利，则这样专门设置一个权利就显得有点多余。而且当前农地上的收益十分有限，"三权分置"可能使农地制度变得无比复杂，复杂制度的运作是要以高成本投入为基础的。农地上有限的农业剩余可能根本支撑不起"三权分置"这样的复杂制度安排及运作，制度可能因此反过来成为限制农地有效使用的障碍。

暂时搁置"三权分置"的困境，我们先来讨论农地经营者的情况。当前绝大多数集体土地仍然由承包土地的农户耕种，这些农民家庭中，青壮年劳动力往往进城务工经商，土地由留守农村的老年父母耕种，农村因而出现了普遍的老人农业。此外，还有大约三分之一的农村承包土地流转出去，发生了承包者与经营者的分离，今后土地流转的规模只可能扩大，土地承包者与经营者的分离也就只可能更加普遍。

如前所述，承接农户流转出去的耕地的，有两个主要的土地经营者：一是外来工商大户，他们通过正规的土地流转协议来获得土地经营权；二是本村的"中坚农民"，他们往往只是通过口头协议来接手进城农民的土地耕种。工商大户一定希望正规、长期地流入农民土地，土地一定要连片，并可以在流入的农村土地上进行建设，流出土地的农户即使进城失败也不可以再要回土地。这样一来，工商大户流转土地就必然是高价流转，土地承包费很高。高昂的土地承包费和有限的农业收益必然造成大规模流转土地的工商大户的经营困境。实际上，最近几年，到农村大规模流转土地、从事农业生产的工商大户，极大比例地亏损破产跑路。另外一个主要的流入土地的经营者，本村的"中坚农民"，在流入土地后面临的最大困境是土地过于分散，从事农业生产时要花费极大的精力、时间和金钱管理经营分散田块。从建设农业基础设施和方便机械使用的角度来看，分散细碎的土地也会极大地降低农业生产效率。

无论是从外来工商大户还是本地"中坚农民"角度来看，当前农民过于强大的土地承包权极大地限制了农业生产力的释放。相对来讲，国家不可能也不应当为了保护工商大户的土地经营权而限制农民的土地承包权，因为这样可能造成对农民利益的严重侵害，导致农民被从土地上排斥出去。而如果给"中坚农民"更大的土地经营权，在当前农村青壮年劳动力普遍进城的背景下，本就是本地农民的"中坚农民"故具有极为重要的治理意义，因为正是占农民人口很少的"中坚农民"的存在，为当前中国农村提供了有序的强有力的结构支持。

如果农民进城之后，土地主要限制在村庄内流转，我们也许可以重新审视"三权分置"的制度设置。农地上的土地集体所有权、农户承包权和经营权中，承包权主要包括两种权能，一是农户自家耕种时的经营权与收益权，二是农户不再耕种承包地时的收益权。当农户不再耕种自己的承包地时，农民应当将土地经营权交还村社集体，村社集体按当地平均地租水平支付交还经营权农户的土地收益。如果农户进城失败返乡要求种地，村社集体则应当给予其承包面积相应的土地经营权。

如此一来，村社集体就可以同时拥有两种土地权利，即土地所有权和不再种地的农户承包地的土地经营权。如此，在村社范围内，进城农民从土地承包权中获得土地租金收益，且可以随时回村要回土地耕种（当然不一定是自己过去那块地），村社集体则对流入进来的土地经营权在村社范围内进行招标，价高者得。进城的农民越多，村社集体就可以掌握越多土地的经营权，从而可以对这些土地按便于耕作的方式进行基础设施建设，并可以在招标时尽可能做到土地连片，便于农业生产和管理。

实际上，当前中国的国有农场农业经营体制十分类似以上设计的"三权分置"制度：国有农场的土地是国家所有，国有农场的职工有承包国有土地进行耕种获利的权利，如果国有农场职工不种地而进城务工，则必须将自己的土地交给农场，农场再将土地经营权首先在农场内而后再面向社会招标。这种体制很快地解决了农场职工非农化所造成的农地利用上的困境，农场的农地使用效率以及农业生产能力也比普遍实行承包制的农村集体要高。

在农民大量进城，农村土地承包权与经营权普遍分离的情况下，设置什么样的土地制度来满足农业生产力释放的需要，同时提高土地利用效率，这是一个大学问。

2016年11月2日

皖河农场的经营体制及其优势

当前中国正处在快速城市化的进程中，大量农民进城，过去由农民承包经营的土地发生了承包者与经营者的分离。据第三次农业普查的数据，2016年我国实际耕种的耕地面积为16.8亿亩，其中流转面积3.9亿亩，占实际耕种面积的23.4%。[1]"分田到户"时，为了保证公平，村社集体大都是先将耕地分等分级，然后再按不同等级将土地进行均分，由此形成了当前中国农村普遍存在的"人均一亩三分、户均不过十亩，分散在七八上十处"的小规模、细碎化的农户土地承包状况，这严重影响了农业机械化的推进。也就是说，当前中国农村不仅存在土地产权分散的问题，而且存在耕地地块本身细碎的问题。如果不能对土地产权和土地本身进行整合，农业就难以适应新形势的需要，无法容纳新的先进生产力。这个意义上，我们需要对当前农业经营体制进行改革。

当前改革农村经营体制的主流认识是通过"三权分置"，稳定承包权，放活经营权，通过推动经营权流转实现农地适

1　参见陈锡文《从农村改革 40 年看乡村振兴战略的提出》,《中国党政干部论坛》2018 年第 4 期。

度集中，并通过给经营权赋权，提高土地经营者整合土地的能力，提高农业生产效率。我认为，可以通过村社集体对农地经营权的"反租倒包"来解决当前农地流转和农业生产所面临的困境。

实际上，同为土地公有制的国有农场也一度存在职工进城引发承包权与经营权分离以及地块细碎化的问题。国有农场通过自身的制度探索，找到了比较完善的解决办法。本文将通过对安徽皖河农场的介绍，来讨论国有农场现行经营体制的运作及其优势，以期为农村体制改革提供参考。

一、安徽皖河农场的基本情况

2016年10月，我到安徽敬亭山农场、皖河农场、淮南农场进行了为期10天的调研。安徽全省只有20个国有农场，垦区总人口为12.7万人，在职职工2.71万人，离退休职工3.6万人。农场土地总面积96.64万亩，其中农用地87.92万亩，建设用地7.96万亩，未利用地0.76万亩，农用地中耕地52.32万亩。安徽的这20个国有农场分布在全省10个地市的20个县市区境内，其中皖南4个，沿江（长江）2个、沿淮及淮北14个。在产业结构上，沿淮农场以生产水稻、大豆为主，皖南农场以生产茶叶和苗木为主，淮北砀山果园场以生产水果为主。

国有农场的土地属于国有，农场行使所有权。受到农村土地承包制改革的影响，安徽农垦1983年开始进行承包制改革，将国有土地分给职工承包经营，职工向农场缴纳税费。与全国农村情况同步，在2000年前后，受粮价过低的影响，农场普遍出现了经营困境。农场职工承包土地收益太少，税费负担太重，缺乏农业生产的积极性，农场收取税费十分困难。2003年安徽农场职工的养老保险并入地方社会保障体系，职工在补足所欠养老保险费用后，退休可以享受城镇职工养老保险待遇。我们调研的2016年，农场退休职工每月可以拿到2000多元养老金，相对于农场的经济条件以及当前农场干部职工的收入，这个养老金水平算是相当高的。

2008年前后，安徽各国有农场普遍推行"两田制"，即"身份田"和"招标田"，身份田是农场正式职工才有的，每个职工4亩至6亩，抵扣农场应缴20%的养老金。招标田实行租赁经营，实际上仍然要照顾农场职工的需求而不可能完全按市场原则进行招标。

我们重点调研的皖河农场位于安庆西郊，全场土地面积11.58万亩，其中耕地面积5.78万亩，辖区有11个农业分场和部分粮油棉加工企业、汽车摩擦片企业等。农场有3828名在职职工，1.5万亩身份田，4.2万亩招标田。招标田每亩收取430元租赁费，一年可以收1600万元，是农场主要收入来源。

安徽皖河农场是在之前农村生产队的体制基础上建立的，实行"以场带队"体制。虽然所有土地都是国有，土地使用权却分属不同分场的不同生产队所有，不仅不同分场之间的土地不能调配，而且不同生产队之间的土地界限也十分明确，与农村的三级土地集体所有制很类似。皖河农场居民只要超过18岁就都有资格获得国有土地的使用权。与农村不同，农场强调土地的生产资料性质，居民只有年满18岁才有获得土地使用权的权利，并且获得的土地使用权不能转让，只能由自己和家人经营，从理论上讲，兄弟之间转让土地使用权也是不允许的。无论是从人均耕地规模还是从经营体制上看，皖河农场都与当前全国一般农村地区高度类似，主要不同之处在于农场仍然强调土地生产资料的性质，保持了相对完整的土地公有形态。皖河农场经营体制与一般农村经营体制具有高度可比性。

二、皖河农场的人员构成

皖河农场目前由三类人员构成，一是农场管理人员（含技术人员），二是一般职工，三是非职工居民。

皖河农村的管理人员和技术人员共有约200人，这些人是拿工资的。管理人员中，农场机关干部有40人，11个分场各有4至6名管理人员，农技推广中心、排灌站、物业管理站有50人，另有技术职工50人。管理人员中，农场场长、副场长实行年薪制，场长年薪为18万元，副场长年薪为场长的80%。其他管理人员工资就低得多了，我们调研时，皖河农场一个普通中层干部的工资为每月2800元。农场规定凡是领取工资的农场管理人员和技术工人都不得再参与土地租赁，因为不能"与民争利"。农场经济比较困难，无力负担农场干部职工的"三险一金"，拿工资的干部职工需自己承担本应由农场负担的20%养老保险费。2016年皖河农场干部职工自己承担的养老保险费为9400元，相当于每月要缴纳大约800元的养老保险费。

农场所有干部职工都可以分4亩身份田。理论上，农场干部职工可以用种4亩身份田获得的收入缴纳养老保险费。而实际上，拿工资的干部职工没有时间种田，4亩身份田形成空挂，即干部职工有分到4亩身份田的权利，但他们自己不种，而是将身份田作为招标田发包出去，按招标田租赁价格430元出租，4亩一年收入1720元。

皖河农场拿工资的管理人员和技术人员每年有少量的年终绩效，一般为每年5000元至8000元。副科级以上的人员每个月还有90元的电话费补贴。

皖河农场的第二类人员是一般职工。目前农场在职职工有3828人，退休职工7000多人。职工的退休年龄为男60岁，女55岁。因为自1993年开始农场不再招收新职工，职工退休一个就少一个，再过20年皖河农场就不再有职工了。

1983年农场学习农村土地承包制，将农场土地使用权承包给职工家庭。到1990年代，粮价很低，农场所收税费太高，要求职工承担的义务太重，很多农场子弟不愿成为职工。2003年前所有职工及家属或农场居民都有同样的承包（或租赁）农场土地使用的权利，因为没有将退休职工纳入地方职工养老保障体系，农场只能给退休职工每月发20元补贴，同时保留退休职工与其他居民同样的土地承包权利。

一般的农场职工是没有工资收入的，他们收入主要来自身份田和招标田的经营收入。所有职工退休后，无论是身份田还是招标田都要退还给农场——因为职工退休后有退休金，作为生产资料的土地就不应再配置给他们了。

皖河农场的第三类人员是非职工居民。整个皖河农场共有2.6万居民，除去大约1万职工（含退休职工），还有1.6万的非职工居民，绝大多数为职工家属，且一直是农场居民，这与皖河农场"以场带队"的历史有关。现在农场的不同分场，每个分场的不同生产队，土地使用权界限分明。农场所有非职工居民都认为自己理所应当具有与其他职工居民同样的土地权利。非职工居民未被纳入地方职工养老保障体系，不用缴纳需个人承担应由单位缴纳的养老保险费，他们没有身份田，却具有同样的租赁农场土地使用的权利。所有租赁土地必须承担租赁费，租赁费由农场统一评定，一般情况下租赁费要低于市场土地租金。

小结一下，皖河农场共有三类人员：一是管理人员和技术职工，拿工资，每个人有4亩身份田，不得再要招标田；二是一般职工，没有工资，退休前有身份田，也有获得招标田的权利，一旦退休就必须退出身份田和招标田；三是一般居民，超过18岁即有权获得招标田，没有身份田。

三、皖河农场的土地分配

皖河农场身份田的分配很简单，就是所有在职干部和职工，每人分配4亩身份田。其中有趣且重要的是招标田的分配。

皖河农场4.2万亩的租赁田是通过招标形式进行分配的，所以被称为"招标田"。招标田每5年招标一次，每次都打乱后重新招标，尽最大可能做到一户一块田。身份田和招标田都以生产队为基本分配单位，只有当本生产队居民不愿意参加招标，生产队以外的居民才能参加招标获得租赁田的使用权。皖河农场有两条规定十分重要：一是在职职工和18岁以上居民有获得招标田的优先权；二是招标田只能自己种，不允许转包。

与取消农业税后的农村承包土地不同，经营者必须为皖河农场招标田缴纳租赁费，这样一来，农场职工和居民优先租赁土地的收益就不是很大了：皖河农场当地一般农村的土地流转租金是600元，农场土地租赁费为430元，每亩租赁土地只比每亩流转土地便宜170元。同时，因为租赁土地的租赁期限为5年，故每5年就要调整一次，有限租赁期的有限利益使得农场很多具有优先获得租赁土地权利的职工和居民冷静理性地权衡种地与外出务工的选择。总体来讲，皖河农场人多地少，不可能支撑所有皖河农场居民体面生活，必定有一部分居民要外出务工。在不允许转包且土地租期有限、利益有限的情况下面，决定外出务工的居民会放弃土地租赁权，这使得留下来种地的居民有了相对较大的土地经营面积，从而有适度的收入。

皖河农场招标田的分配以生产队为单位，具有租赁土地优先权的生产队居民，每个人至少可以要到（通过租赁或招标）平均水平的土地面积。若有居民不参加招标田的招标或者只要低于均数的招标田，生产队其他居民就可以租赁到高于均数的土地。

皖河农场分为沿江和沿河两片，沿江片的人均耕地比较多，沿河片人均耕地要少得多。下面我们分别以沿江片的三益分场和沿河片的永成分场举例说明。

　　　　　　　　　　　大均衡

（一）三益分场的案例

三益分场第一生产队共有500亩耕地，有25个在职职工，每人4亩，身份田共100亩，剩下的400亩招标田由本队需要土地的居民来分。因为土地上的剩余利益不是很大，居民一般都是根据家庭情况来决定要不要地或要多少地，所以所有需要土地的居民可以在一起协商，有人分的少一点，有人分的多一点，充分满足每个居民的需要，充分照顾每个居民的实际情况，当然也要充分考虑租赁土地的耕种便利。

三益分场第二生产队在2010年租赁土地招标时，有很多人不要地，于是有一户租赁了200亩；2015年招标时，因为农业效益好，有一居民要50亩，另有一户要40亩，从该大户这里扣，该大户就只剩下110亩招标田。当本生产队的居民不要地时，该大户可以多种，若本生产队居民要地，就只可能从该大户处扣，因为按均分该大户只能分30多亩，多出的租赁土地就要保证每一个需要耕地的居民户的利益。

2010年土地招标时，因为粮价过低，种地不划算，三益分场很多居民户放弃了租赁土地的权利，有一个租赁大户借机扩大经营规模，在数个生产队租赁了共计390亩的耕地。之后农业效益好转，尤其试种糯稻成功，糯稻产量高且价格也高，很多外出打工的居民回来要田耕种。2015年新一轮租赁田招标，其他居民户要田，租赁大户就只能将田退出来。虽然在分场的帮助下，这个租赁大户在新一轮租赁招标中保留了170亩耕地，但之前买的农机还是有点浪费。不过这个种390亩耕地的租赁大户在过去5年，每年纯收益达到20万元，已经让人眼红了。

显然，虽然农场土地是国有土地，但也是农场职工和居民的生产资料，按劳动权和生存权来配置，租户对租赁土地只有自己耕种的权利，不能转让，也不能通过转让获得收益。土地使用权没有转让权和伴随转让行为而生的收益权，这点十分重要。当前农村土地承包经营权不仅包含使用权，还有转让转包权和收益权，实际上就将土地财产权化了。同样是公有土地制度，农场国有土地与农村集体土地在往不同的方向发展，一个是生产资料，一个逐渐财产权化。这造成了农场土地与农村土地完全不同的使用与经营效率，这个尤其值得讨论。

三益分场共280个职工，其中70个职工没有要身份田，分场按每亩500元给没有要身份田的职工补钱，然后将身份田作为招标田进行招标租赁。另有30多个职工将身份田转给自己兄弟耕种——与招标田不同，身份田是可以转包且具有收益权的。

三益分场真正在家种田的居民户只占居民户总数的二分之一，这意味着三益分场有一半居民户没有租赁土地而外出务工经商去了。正是因为有一半居民户外出务工经商，留下来务农的居民户平均耕地面积才得以扩大了一倍。因为土地较多，为愿意种田的居民户（含职工）提供了相互协商各取所需租赁土地耕种的机会。

（二）永成分场的案例

我们调研的沿河片永成分场共有居民3007人，职工410人，退休职工849人，16个生产队，900多户，耕地面积5613亩。相对于沿江片分场有较多的人均耕地，沿河片分场的人均耕地较少，沿河片居民因此更多且更早进城务工经商。据大致估计，皖河农场沿江片大约一半居民户种田，沿河片则只有四分之一。

2016年永成分场实际种植户有189户，其中118户种有招标田，也就是说，有71户只种身份田，整个分场有超过四分之三的居民户放弃了身份田的耕种。大量居民（含职工）外出务工经商，留下来种田的居民户的种植面积得以扩张，整个分场有17户的种植面积超过100亩，分场最大种植户的种植面积为300亩，最少的耕种面积不超过1亩。

与三益分场一样，永成分场耕地租赁，首先除去身份田，剩下来的按愿意种田居民的人数进行平均，自愿申报需要田亩数，低于平均数的直接分田，高于则按剩余没有人租赁的耕地进行协商。耕地只有当生产队内部没有人要了才可以对外招标。永成分场徐副场长是干部，本来不能与民争利租赁土地，但他妻子不是干部，可以租赁土地。徐副场长在本队四队争取到了50亩招标田，同时见妻子娘家的六队多出50亩招标田没有人要，果断租赁下来，这样他家就有了100亩租赁田，每年农业收入有6万至7万元。这个收入就与外出务工收入相差不多甚至略高了。招标田分配内部讲公平，外部讲关系。

小结一下，皖河农场乃至整个安徽的农垦体系与一般农村有很大的相似之处：一是人地关系较为紧张，人多地少；二是土地要保证职工乃至一般居民的生存权和劳动权；三是农地必须要用来种粮食并保证农业发展。主要不同是：虽然国有农场与村社集体都是土地公有制，且国有农场也曾学习农村土地承包制的经验，但国有农场最终通过"两田制"保留了土地使用权的生产资料性质；农村土地集体所有制却走向了农户承包经营权物权化，从而导致了完全不同的土地公有制实现形式、完全不同的农地使用效率，以及对土地使用者的不同效应。

四、国有农场农业经营体制的优越性及与农村经营体制的比较

2016年8月，皖河农场所在流域发生严重洪涝，因其生产自救能力极强，很快将洪涝排干，没有影响下一季播种。我2016年9月底到皖河农场调研时，农场周边的农村仍有大片土地上的积水未能排走。地方政府关心的是洪涝不死人，生产自救则是农户自己的事情，分散的农户当然不可能实现低成本自救。倒是皖河农场内一些飞地农村土地受益于皖河农场的防洪排涝，农业生产条件比周边农村好得多。而实际上，多年来，农场周边的农村获得了远多于农场的国家基础设施投入。

农场生产自救表现在农场有能力从种田居民职工中收取费用。以永成分场为例，凡是租赁土地的农户必须缴纳租赁费，所有土地（包括身份田）都必须承担排涝费每亩30元，灌溉费每亩10元，小型基本农田建设费（疏通沟渠、一事一议等）每亩20元，另外还有每亩5元的调地丈量费（五年一次），总共为每亩520元左右。因为耕地是租赁的，这个费用就一定收得起来：如果农户不交钱，农场可以收回土地。租赁费用保证了农场运转的经费来源，减少了对国家财政的依赖。灌溉费等共同生产费可以确保皖河农场一个大型排灌站和16个中型排灌站的

正常运转，可以保障每个生产队都有一个负责任的管水员，以及可以保障沟渠清淤疏通费用，也为农技推广提供了试验、示范的条件。正是因此，农场耕地具有远优于农村耕地的排灌条件，更能做到旱涝保收。

简单地说，农场农户有能力分摊共同生产成本，继而有能力回应农业生产中的各种需要和问题。农村体制中，土地分到农户，农户土地承包经营权是物权，村社集体不再有能力要求农户分摊共同生产成本，结果就是村社集体退出农业共同生产事务，分散的农户只能低水平高成本地搞生产自救，这样就无法抵御自然风险，难以做到旱涝保收。

由于农场土地是国有的，农场可以对土地进行最便利于生产的整理，可以修建机耕道，可以田成方，树成行，便于机械下田作业。除此之外，经由三年五年一调整，土地使用者可以通过最便于耕种与管理的办法来使用土地。因此，国有农场几乎不存在土地细碎化的问题，而当前全国被赋予长期而稳定土地使用权的农地则面临极为普遍且严重的土地细碎化问题。

随着越来越多农户进城，当前全国农村农地承包者与经营者发生了普遍分离，进城的不放心，种田的不方便。政府试图通过"三权分置"推动经营权流转来解决承包者与经营者分离的问题，十分困难。进城农户对能否在城市安居没有安全感，因而不愿意将土地经营权长期流转出去，造成耕地使用普遍低效；国有农场因为土地国有，职工和居民只有租赁使用权，没有转让转包权，也没有不劳动而获得收益的权利。所以，不种田的居民与职工就放心进城打工去，若进城不顺利，他们随时可以回来种田。

正是因为每亩土地都要收取租赁费，农场土地只是生产资料而非财产，所以不种地的有能力进城的居民就无牵无挂地进城去。农村土地一旦确权不变，且耕作经营有收益，进城农民就会想方设法地保留土地权利。国有农场的人员能进城的就进城，留下来种田的居民有了可以适度经营的土地规模，农业收益提高了。这样就在居民中形成"宜工则工，宜城则城，宜农则农，宜乡则乡"的分工与均衡。如果进城困难，会有更多人回来种田，如果种田收入低了，又会有更多人进城寻找机会。

农场每年收取每亩430元的土地租赁费，就要为种植户提供基本服务，回应他们的生产需求，组织种植户搞生产自救，这让农场与种植户之间有了紧密的利益联结机制。又因为农场在收取土地租赁费之余还可以收得起来共同生产费，农场就有能力为种植户提供各种技术服务，以及各种社会化服务，比如病虫害防治，并且有能力要求种植户按国家标准进行农业生产，将秸秆还田，按相对统一的标准进行田间作业。相对于农村体制中县乡村与农户之间的悬浮状态，农场与种植户有着紧密的联系，农场、分场、生产队体制有效运转，公共设施建设和运转也十分顺利，农业社会化服务与种植户个体积极性相互支持补充，强有力的农业生产和农业服务组织能力转化为农场农业的高效率。几乎所有国有农场都比农村有着更高的粮食产量和农业效率。

农村土地集体所有制与农场土地国有制是社会主义公有制的两种不同形式。皖河农场人地关系乃至土地要保障居民劳动权和生存权的功能都与全国的农村极为类似，没有本质差异。1983年，皖河农场也学习农村土地承包责任制，进行了土地承包，一直到2001年取消农业税前，农村土地制度与农场土地制度都没有本质差异。取消农业税之后，农村土地制度与农场土地制度开始向不同方向演变。农村土地集体所有权失去了依托，国家也越来越强化农民的土地承包经营权，最终在2006年颁行物权法，将农民土地承包权界定为用益物权。因为土地承包经营权的规定，经营者几乎不承担义务，却有很直接明确的收益，所有农户都必然要争土地承包经营权，于是国家又通过确权进一步强化了农户土地承包经营权，在人地分离（承包户与经营户分离）的情况下，结果就是土地细碎化，以及农户进城不放心、留村不安心的问题。

更糟糕的是，土地承包经营权的物权化、财产化，导致本来有能力进城的农民倾向保留自己的农村土地，成为城居小地主。留村务农的农户无法获得足够形成适度经营规模的土地进行农业生产，更难将分散细碎的土地连片，便无法降低生产和管理成本提高农业效率。

国有农场土地制度则沿着土地作为生产资料的方向发展。既然土地是生产资料，进了城的居民就不能再承包土地，更不应从土地中获取收益。留在农村的种植户则可以借机扩大经营面积，且依据生产需要将土地集中连片经营，降低生产和管理成本。

没有对土地的牵挂，有能力进城的居民就进城去了。万一进城失败，随时可以返回种地。这样就形成了一个相对平滑的

三　农业用地制度

城市化路线，留下来种地的种植户也可以顺利实现农业适度规模经营。如此，不仅留村农户可以获得与进城务工工资相差不多的收入，而且有利于农业发展，保证了农业安全和粮食安全。

当前中国正处在城市化最为快速的阶段，现行农村土地制度在不断强化农民与土地的联系，让农民在进城和留村选择。所有农户都有承包地，虽然他们中的大多数都会进城且在城市安居，但他们不会放弃自己的土地权利，一是担心进城失败无路可退，二是土地具有价值和社会意义而不只是生产要素。

农场体制则完全解决了农村土地制度目前的困境。农场国有土地制度使有能力进城的农民自然而然切断了与土地的联系，同时又为进城失败的农民保留了退路。

五、国有农场体制对农村经营体制改革的启示

土地与农民之间的联系是要增强还是要削弱？如何增强或削弱？土地究竟是生产资料还是财产权？这是关乎变动时期中国的发展的一个关键，这个问题处理不好，不仅会严重影响中国的农业生产和城市化进程，甚至还会对中国未来的长远发展产生十分深刻的基础性影响。

安徽国有农场体制正好为农村集体土地制度提供了宝贵经验。农村集体土地制度与农场国有土地制度都属于社会主义公有制的范畴，社会主义公有制是社会主义革命的结果，这个结果是中国改革开放最重要的制度优势，是帮助中国农业走出东亚困境以及中国现代化走出中等收入陷阱的制度红利。遗憾的

是，在我看来，当前农地制度改革没有充分利用中国现有的公有制优势，有滑向东亚私有土地制度下小农困境的危险。

正是在这个意义上，国有农场的经营体制、农业发展以及利益分配方式，为中国农村的农业经营体制、土地制度改革以及农村体制改革提供了极为重要的启示。

皖河农场是一个农村化程度很高的农场，其土地制度的优势为全国土地制度和农业经营制度提供了宝贵的经验。

国有农场土地制度与农村集体土地制度是两种不同形式的公有制。国有农场继续强调土地作为生产资料而非财产权的公有性质，农村集体土地制度则越来越强调土地承包经营权的用益物权性质，强调土地的财产权，并因此造成农业生产和农民进城诸方面的困境。同样在取消农业税后，国有农场却可以实现生产自救，收租赁费，解决土地细碎化，提供基本公共品，自由调整土地，让农民自由进城与返乡，加强管理层与农民之间的紧密联系，甚至可以统一若干生产环节。

国有农场土地制度与农村集体土地制度虽有不同，但仍都是公有制。农村土地制度改革到了现在往何处走，是一个问题。国有农场充分利用土地公有制实现了农业发展与平滑城市化，其目前所显示出来的体制优势为农村集体经营体制改革提供了方向。农村集体土地制度的发展方向不应是将承包经营权物权化和财产权化，而应当将集体土地当作生产资料。

2016年11月16日

保护耕地也要考虑代价

保护耕地是基本国策。因为土地是不可再生资源，没有土地，生产不出来粮食，人类就无法生存。中国有14亿人口，保有18亿亩耕地才可能保障中国人民的温饱。18亿亩耕地红线也成为中国全社会的共识。

好在据第三次全国国土调查，中国目前实有耕地超过20亿亩，距离18亿亩耕地红线仍然还有2亿多亩。当前中国正处在高速经济发展和快速城市化过程中，城市化必然要占用包括耕地在内的土地，且往往要占用最高产的农田。因此，改革开放以后，中国耕地资源在一定程度上有所下降。为了保证耕地不减少，国家法律明文规定，城市建设占用耕地必须补充相应的耕地，即"占补平衡"政策。"占补平衡"政策执行中存在的问题是"占优补劣"，即城市建设占用了肥沃且便于灌溉的高产农田，却补充贫瘠且灌溉不便的低产农田。

中国当前发展阶段，城市化是必然趋势，是中国现代化的基础，绝对不能停下来。未来20年仍将是中国高速城市化的20年，不过，因为之前若干年土地城市化速度比较快，城市建设已经占用了比较多的土地，再有三五千万亩新增建设用地就基本上可以满足未来20年中国城市化建设所需。

城市化必然意味着农民的进城。因为中国城市化的特殊性，当前一个时期，农民进城后一般都要将宅基地当作基本保障和留作退路，所以农民进城了，虽然增加了城市建设用地，却并未退出农村宅基地。再过20年，如果农民完成城市化，并可以在城市体面安居，农民自然愿意退出大约2亿亩的宅基地。将农民退出的2亿宅基地复垦为耕地，比当前完成城市化只需要新增的大约三五万亩城市建设用地（也就是说未来20年城市建设最多占用三五千万亩耕地）要多得多。这里面就有一定很重要的过程，即城市本身的发展，经济本身的健康增长，才是进城农民可以在城市安居的条件。只有或只要农民进城安居了，他们才会退出农村宅基地，一旦进城农民退出宅基地，中国耕地总数不仅不会减少，还会增加。

中国经济发展和城市扩张需要有质量，也需要有土地空间。没有土地空间，经济发展成本就高，城市扩张代价就大，进城农民就难以在城市安居，城市人口也不得不为过于稀缺的城市建设用地付出高额的土地房屋租金。

耕地保护要懂辩证法，以及必须考虑代价。不顾经济发展和城市发展的基本规律，片面强调耕地的重要性，会影响中国经济健康发展，降低城市化的速度，使得进城农民更难在城市安居，因此他们会更倾向于保留农村宅基地作为进城失败的退路。如此，也就更难指望随着农民进城后退出宅基地，中国耕地面积能有所增加。

做任何事情都不能绝对化，保护耕地也不例外。

2020年9月20日

四

建设用地制度

沿海土地利用的先行劣势

一

改革开放之后，沿海发达地区在土地利用上形成的究竟是经验还是教训？

中国有一个好的传统是先试点再推广。中国区域广大、人口众多、国情复杂，任何改革都先进行试点，然后对试点进行总结完善，再行推广，以此可以降低改革失败的风险，提高改革的成功率。

中国改革开放是从沿海地区开始的，沿海地区走在全国前面，经济发展速度处在全国前列，经济发展遇到的各种制度障碍和各种利益争执又都需通过改革来破除和解决。沿海发达地区的改革对全国具有示范意义。

土地制度的改革也是如此。经济快速发展，一部分价值附着在不可移动的土地上，如何分配土地上的巨额增值收益，成为各方利益主体争夺的焦点。之前相对简陋的政策和制度规定无法应对复杂而激烈的利益争夺，因此就要求有更复杂的制度创新。

发达地区不断进行的制度创新，以及由此而生的对国家层面制度改革的需求，必然引发国家层面的关注。国家对沿海发达地区土地制度改革实践的关切，对其制度创新的吸纳，最终将发达地区的土地制度或改革诉求上升到国家意志层面，成为影响全国的制度安排。

然而麻烦的是，发达地区当前遇到并正在通过改革解决的问题，也许在全国其他大部分地区都不存在：当前发达地区土地制度改革的焦点是土地上的附着价值如何分配的问题，而中西部地区的土地却很少有这样高额的附着价值。

二

珠三角核心区域无论是农地还是建设用地，几乎都已进行了建设。

以深圳为例，1980年代为了发展"三来一补"加工业，地方政府鼓励村社集体和农民用土地入股建房子。村社集体建厂房出租，农民则建高层住宅出租。快速的经济发展掩盖了土地无序建设的问题。待发展到一定阶段才发现，缺少规划的土地开发相当不合理，而且无序建设很快就耗尽了有限的土地资源。更重要的是，所有建在土地上的建筑或已开发的土地已经附着了大量的既得利益，珠三角核心区的农民成为土地食利者。

待到经济发展到一定阶段，城市要发展，产业要升级，才发现已无地可用，因此要进行"三旧改造""腾笼换鸟"。无论是"三旧改造"还是"腾笼换鸟"，都必须对现有土地上附着的既得利益者进行补偿。仅仅一个猎德村的改造，广州市政府就花费了数十亿元财政资金，而珠三角需要改造的城中村和村中城何止千个万个。

不仅新的产业难以落地珠三角，进行城市基础设施建设的成本也极高。经济增长所产生的财富大量进入当地农民的手中，在珠三角形成了一个庞大的土地食利阶层。

以城中村改造为代表的"三旧改造"显然不是珠三角的专利，全国几乎所有特大城市和大城市都面临着这样的艰难任务。浙江近年来大力推进美丽乡村建设，搞"三改一拆"，主要是"拆违"。北京不仅仍有很多城中村难以拆除，而且周边地区遍布小产权房。苏南早在20世纪70年代开始发展乡镇企业，农地上建了很多工厂，现在这些乡镇企业可能早已破产，但这样的农村集体性质经营性建设用地该如何使用，在制度上也存在问题。

如何解决这些历史遗留问题，成为经济发达地区既头痛又不得不想方设法解决的难题。解决办法有二：一是花巨资补偿利益，通过补偿附着在不可移动土地上的既得利益者，清空土地上的附着物，然后做最应当进行的建设；二是进行补救性的制度改革，消化问题及防止产生新的问题。

在先行发达地区土地利用上出现大量历史遗留问题，可以说是事出有因。以农村集体建设用地为例，本来按土地管理法，所有建设用地只能申请国有土地，不应当出现"集体经营性建设用地"这样一个名目。但无论是珠三角还是长三角，在地方经济发展过程中，或是土地管理法还没有出台，或是法规刚出台执行不严格，导致全国农村普遍都在集体所有土地上兴办乡镇企业。到土地管理法严格执行时，已有相当数量（数千万亩）的集体土地用于经营性用途。

又如城中村。在城市发展初期，地方政府往往只征收了村社集体的耕地而没有改造村庄，村民在自己的宅基地上建房出租，随着城市快速发展与扩张，城中村问题越来越严重。

再如小产权房。最早深圳发展"三来一补"加工业，政府为外来农民解决住房问题，甚至发文鼓励农民在自己宅基地上建房。

这些造成了发达地区在土地利用上的先行劣势，以致现在发达地区不得不花费巨资想尽办法来解决这些历史遗留问题。

这种情况下产生出来的发达地区的制度创新，显然并不是什么先进经验，而是沉痛教训。

三

相对于发达地区，广大的中西部地区经济发展落后，土地资源丰富，且土地开发普遍较晚，附着的既得利益较少。基于发达地区先行探索所积累的经验和教训，国家在建设规划和政策法规设计上及时进行制度调整，避免了土地建设上的混乱局面的出现。

正是得益于发达地区在土地建设上的教训，中西部地区土地建设和管理比较规范，可以画出最新最美的图画：中西部地区利用了中国土地公有制的优势，通过土地用途管制和征地制度，做到了土地非农使用增值收益的涨价归公。结果就是，在经济发展和城市扩张的过程中，一方面，更多农地被国家征收为城市建设用地，农地非农使用增值收益的主体部分以土地财政的形式变成城市基础设施建设的主要资金；另一方面，良好的城市基础设施和有序的建设规划又为经济增长和城市发展提供了基础条件。

因为吸取了沿海发达地区的教训，又有国家制度的保障，中西部地区的发展在土地利用上反而享受到了土地制度安排的后发优势。严格的城市规划和土地管理，使中西部地区经济发展和城市扩张可以避免土地食利集团的分利，可以依据地方发展的需要来进行最佳建设。

也就是说，当前中西部地区在土地利用上具有沿海发达地区不可比拟的后发优势。当前的土地制度改革主要是为解决经济发达地区在先行过程中产生的各种历史遗留问题，而广大中西部地区根本不存在这些历史遗留问题，因此不必去学习发达地区土地制度改革的经验。国家更不应以发达地区先行劣势下的土地改革经验，来指导全国的土地制度改革。

2016年5月15日

壮大农村集体经济要警惕负债

一

2017年开始，全国农村进行集体资产清产核资，作为农村集体产权制度改革的第一仗。统计显示，截至2019年底，全国共有集体土地总面积65.5亿亩，集体账面资产6.5万亿元。6.5万亿元账面资产中，经营性资产3.1万亿元，非经营性资产3.4万亿元。集体所属全资企业超过1.1万家，资产总额1.1万亿元。集体账面资产中固定资产为3.1万亿元，其中三分之二是用于教育、科技、文化、卫生等公共服务的非经营性固定资产。农村集体资产主要集中在村级，全国村级资产4.9万亿元，占集体账面总资产的75.7%。从地域上看，农村集体资产主要分布在东部地区，东中西部地区集体资产占比分别为64.7%、17.7%、17.6%，且中西部地区主要资产为非经营性固定生产。全国超过四分之三的资产集中在14%的村，有10.4%的村收益在50万元以上，主要集中在城中村、城郊村和资源充沛的村庄。

也就是说，虽然农村集体账面资产高达6.5万亿元，村均816.4万元，村庄中的大多数资产却都是非经营性资产，这次清产核资将国家在农村修建的道路、水利设施、公共厕所等都

大均衡

计入资产统计范围，而实际上这些都是不可能产生出经营收益的。农村集体经营性资产主要集中在东部地区，尤其集中在城中村、城郊村和资源充沛村庄。绝大多数中西部农村集体经营性资产几乎为零。实际情况可能更加悲观，那就是当前中西部相当部分甚至大部分村庄不仅经营性资产为零，而且还有较高负债。农村税费改革时锁定的村级债务，绝大多数村庄仍然没有偿还，对村级治理持续造成严重负面影响。

二

农村集体生产清产核资是为农村集体产权改革做的准备，农村集体产权改革的主要目标是发展壮大农村集体经济，增加农民收入。只有集体经济发展壮大了，农民才可以从集体中获得更多分红，集体才有能力为农民提供更多、更好的公共服务，集体才可能具有凝聚力和战斗力，农村发展和乡村振兴也才有希望。正是因此，通过清产核资发现全国村均资产竟然高达816.4万元，这激起了社会对农村发展壮大集体经济的高度期待。消灭"空壳村"，壮大农村集体经济，再次成为当前一个时期农村的中心工作。

也正是在这种背景下，贵州六盘水市开展"资源变资产、资金变股金、农民变股民"的农村"三变"改革，长时间受到中央的高度关注，全国农村产权改革都试图学习贵州"三变"改革的经验。据媒体报道，贵州"三变"改革，通过集体资源调动政府资源，政府资源撬动社会资源的"双轮驱动"，活化要素资源，实现"产业连体""股权连心"，促进了农业增效、农民增收。"三变"改革因此成为贵州脱贫攻坚乡村振兴的新引擎、助推器。据媒体报道，2018年六盘水市共有118.6万名入股村民实现分红，分红金额达6.49亿元。

三

贵州是典型的中西部欠发达地区，六盘水市更是贫困山区。"三变"试图通过"村集体资源抵押贷款+政府资金投入+社会资金投入"的模式，形成农村集体股份合作制经济，获得发展农村产业的大量资金注入。再通过市场经营，获取产业收入，增加农民收入，发展壮大农村集体经济。

问题是，先不说贫困地区是否有适合抵押的村集体资源，即使有，通过"三变"形成农村集体股份合作制经济，一旦进入市场经营，也要面临高度的市场风险和自然风险。农村集体股份合作制经济的组织成本远远高于产权明晰的民营资本，我20多年调研全国农村所见的却是，不少进入农业领域的民营资本都缺少应对市场风险和自然风险的能力，也因此几乎所有进入农业产业领域的民营资本很容易经营失败了。那么，贵州六盘水市农村集体股份合作制经济凭什么一定可以在市场经营中立于不败之地？

几乎所有集体经济发展比较好的村庄，都是依靠区位和资源的优势，比如沿海发达地区已经工业化的村庄（城中村、城郊村和资源型村庄）靠区位与资源获取相对稳定的集体收入，

大均衡

尤其是可以获得土地非农使用的超额地租。我们的这个调研发现与农村集体资产清产核资结果也是一致的。

农村集体经济可以稳定获利的领域主要集中在土地和房屋出租上，这种带有很强食利特点的集体经营主要获利于第二、三产业发展所附着在土地上的超额地租，而这是由区位和资源决定的。包括六盘水市在内的全国绝大多数中西部地区农村根本没有这样的获取超额地租的区位和资源的前提。

四

若不研究当前农村市场经济条件，不吸取农村集体经济发展的历史教训，不具体分析农村清产核资结果，以为只要进行农村产权改革就可以发展壮大集体经济、增大农民收入，以为农村产权改革可以像变魔术一般变出巨额财富出来，结果很可能是再次重演集体经济没有发展壮大起来，村集体却再次负债累累的历史。

农村集体产权改革是一件大事，要慎重。

2020年8月12日

宅基地改革的核心是"居有其屋"

宅基地制度改革的主要目标有三个，一是让农民"居有其屋"，二是实现农民的土地财产权，三是腾退多余宅基地。"居有其屋"是宅基地制度改革最基本的前提，"耕者有其田，居者有其屋"，这是农村最基本的制度安排和社会保障。实现农民土地财产权和增加农民收入是当前一些地方进行宅基地制度改革的重要着力点，各地都希望通过宅基地制度改革来大幅度提高农民收入与改善生活环境，并将之作为衡量改革成功与否的主要标准。

一、宅基地制度改革的主要目标

中国农村实行"一户一宅"制度，作为村社集体的成员，所有农户都有从村社集体免费获得、无偿使用宅基地的权利。中国农村土地集体所有制为所有农户提供了"耕者有其田，居者有其屋"的基本保障。当前中国正处在史无前例的快速城市化进程当中，大量农民工乃至农民家庭进城务工经商，甚至在城市安居，土地对于农民的基本保障功能与过去已有所差异。不过，在当前及未来相当长的时间里，仍然会有大量农民留村

大均衡

务农，且在当前农民家庭中普遍形成了"以代际分工为基础的半工半耕"结构，即年轻子女进城务工，年老父母仍然留村务农。农民通常年轻时进城务工经商，年老时返乡务农退养，所以对于农民来讲，"居有其屋"仍然十分重要。这里面尤其要注意的有两点：一是中国农村人口大量进城，但并非农民举家进城，而只是家庭部分青壮年劳动力进城，非青壮年的家庭人口（老人、妇女、儿童）大多仍然留村；二是即使农户全家进城，他们也往往很难在城市安居，有可能进城失败，要返回农村。对于这些可能进城失败的农民来讲，保留他们的返乡权极为重要。土地仍然是农民的基本保障，农村仍然是农民可能的归宿。

中国是一个发展中国家，也是一个人口大国，现代化和城市化都是一个历史性的过程，不可能一蹴而就。在这个过程中保留农民在农村的宅基地，给他们留出进城失败的退路，可以极大地增加农民的安全感（"大不了回到农村去"），对保持中国社会结构的弹性，提高应对现代化进程中可能出现的经济社会政治风险，都十分重要。在这个意义上，即使农村有一部分宅基地空在那里，也不应当立即收回，而应当作为必要的资源冗余量来应对可能出现的各种挑战，化解可能出现的各种矛盾。

实现农民土地财产权是本次宅基地改革的一个重要目标。农民宅基地财产权大致包括两个部分：一是通过抵押获得贷款的权利，二是通过经营获得收入的权利。本来，农民宅基地是免费获得、无偿使用的，农户只有使用权，不过，当前学界倾向将农民宅基地使用权当作用益物权，这个用益物权不仅具有占有、使用的权限，而且应当有处分、收益的权利。抵押担保是处分权，即农民可以用宅基地使用权抵押担保，获得金融机构的贷款。中国人民银行也牵头在全国进行农村宅基地使用权和耕地承包经营权的抵押担保试点。不过，当前中央政策明确要求，不允许农民失去土地承包权和宅基地使用权。在农民不能失权的情况下，金融机构不可能处分抵押担保的宅基地使用权和土地承包经营权，因此就很难真正推进抵押担保的改革。

不让农民失去土地承包经营权和宅基地使用权的政策，是与当前中国发展阶段的国情相适应的，至少在未来相当长的一个时期里，这个政策还具有合理性。在不让农民失去宅基地使用权和土地承包经营权的政策下，农地抵押担保不可能有实现的空间。

另外一个让农民增加财产性收入的办法是允许农民经营宅基地，比如出租。在城中村、城乡接合部以及沿海发达地区农村，农民通过出租住房以及将住宅用于经营性目的有了不菲的收入。因此有人以为，如果在政策上允许农民将宅基地用于经营，农民就可以额外获得很多的财产性收入。

也是因此，现在有学者尤其是经济学和法学界人士认为，只要赋予农民宅基地处分、收益的权利，农民就可以额外获得大笔财产性收入，甚至可以借此致富。当前正在进行试验的15个农村宅基地改革试点，当中绝大多数的重点就是试图赋予宅基地更大的权能，以让农民获得更多财产性收入。这显然没有可能，原因有二。一是只要政策不允许农民失去宅基地使用权，宅基地抵押担保就不可能真正推进，因为抵押担保必须以能够处分宅基地为前提，而处分的基础就是农户失去宅基地使用权。无论设计多么复杂的制度，转多少个弯，基本逻辑就是，不让农户失去宅基地使用权就不可能让金融机构处分宅基地，宅基地使用权就不可能成为抵押担保物。二是即使经营宅基地可以获得收益，有机会获得这个收益的最多也只是城中村、城乡接合部以及少数沿海发达地区农村。这部分村庄，农民人口比较少，占用宅基地也比较少。由于已经融入城市带中，农民宅基地具有了一定财产属性，因此有可能增加农民的财产性收入。现在的问题是，实际上，处在城市带的村庄，农民早已通过出租住房以及将住房用于商业经营目的而获得了财产性收益，无论进不进行农村宅基地制度改革，都不会影响这部分农民获得这样一笔收益。而广大的中西部农村，农村人口大量流出，宅基地没有人要，无论如何赋予宅基地收益权能，宅基地也不可能凭空为农民增加财产性收入。

腾退农村宅基地、节约耕地是宅基地制度改革的重要方面。有一种说法，就是在当前快速城市化的进程中，随着大量农村人口进城，城市建设占用土地越来越多，宅基地制度改革当然是合理的，因为人口的城市化必须以土地城市化为前提。奇怪的是，农村建设用地据说不仅没有相应减少，而且略有增加。有的农户全家进城了，不再住在农村，村庄出现了空心化，他们的宅基地却没有退出来复垦种粮食，这岂不是巨大的浪费？

从节约土地的角度来讲，农民进城了，宅基地闲置在那里没有复垦种粮食，的确有浪费土地的嫌疑。不过，农民之所以普遍不退宅基地，是有原因的。原因大致有四个：一是农村年轻人进城了，父母仍然留村，他们要住房子；二是平时进城了，年节还要回来；三是年轻时进城了，年老还可能还回来，因此留下宅基地待回来时再盖房子住；四是就算现在全家进城了，但能否在城市体面安居还有很大的不确定性，若进城失败还要返回农村，而在当前中国经济发展阶段，真正可以全家体面进城的农民其实不多。更何况经济周期的存在可能引发各种问题，使农民返乡的权利变得尤其重要。从这个意义上讲，农民进了城，并不意味着他们就不需要宅基地了，即使农民已经全家进城，他们也可能因为各种原因进城失败，所以愿意留下宅基地作为不得已时期的退路与救济。多一条退路总是好事。

另一方面，农村因农民进城而出现闲置的宅基地，并非浪费，虽然闲在那里，但随时可以复垦为耕地。实际上，很多中西部农村，农民在进城后空出的宅基地上种了树、种了蔬菜甚至种了庄稼。即使这块土地的性质仍然是宅基地，将来还是可以让农民回来建房子的，现在没有浪费，将来更不会浪费。

同时，农民用于建房的宅基地一般都不是基本农田，而是坡地、荒地、旱地，复垦这样的宅基地与复垦荒地的条件差不多。而既然当前全国还有大量未利用地可以低成本复垦却还没有复垦，就完全没必要非得立即让农民退出对他们仍然具有保障功能的宅基地。实际上，当前国家正大力推动退耕还林、退耕还草、退耕还湖，珍惜每一寸土地是战略上的而非战术上的考量，不要立即腾退出所有农村闲置宅基地，当然更不要不计

大均衡

成本地高价让农民腾退宅基地，而是应当留一点资源冗余量，来为农民提供退路，为现代化提供缓冲。

因此，我以为，当前农村宅基地制度改革最重要的目标是让农民"居有其屋"，"一户一宅"的政策要坚持。通过宅基地制度改革来增加农民财产性收入，对于绝大多数农村没有任何现实可能性，反过来可能让农民失去宅基地使用权（担保抵押）。如果中央不允许农民失去宅基地使用权，则担保抵押权也就没有实现的基础。至于让农民腾退宅基地以复垦宅基地种粮，从而节约耕地的方案更是可以暂缓，因为无论现在是否复垦为耕地，宅基地都在那里，留一个缓冲空间，放一点资源冗余，对于农户和国家都十分重要。作为土地资源的宅基地，退与不退，它都在那里。

二、当前宅基地制度改革试点存在的问题

当前全国绝大多数宅基地试点县市都以增加农民财产性收入作为试点的主要出发点与立足点，学界也对宅基地充满财富的幻觉与想象。最通常的说法是，通过宅基地制度改革来盘活农村宅基地和宅基地指标，激活巨大的农村宅基地资源，由资源变资产再变财产，从而让农民致富。

这显然是一种不切实际的财富幻觉。

当前全国宅基地试点一般将宅基地退出作为重要目标。地方政府希望借腾退宅基地获得大笔资金用于补偿腾退的农户，进而改造旧村，增加农村基础设施，建设美丽乡村，甚至让农

民致富。

具体的办法是，地方政府试图通过让已经进城的农户退出宅基地，然后将宅基地复垦形成耕地，同时获得相应的建设用地指标，或将农民腾退的宅基地集中于一处，用于建设目的并获利。获利用于三个方面，一是补偿退出宅基地的农户，二是筹措村庄基础设施建设经费，三是发展集体事业。

宅基地改革试点中，作为一种具有普遍性的模式，一些地方大拆大建，主要是让农民集中居住，用减少的宅基地换得城市建设用地指标，又通过指标交易来获得对农民集中居住的投入。简单地说，地方试图通过"城乡建设用地增减挂钩"的办法来进行农村宅基地改革试点。按重庆"地票"政策的经验，农民每腾退一亩宅基地大约可以获得地方政府15万元的指标补偿，然后再将指标落实到城市建新区。

现在的问题是，即使在试点县市，将宅基地腾退指标落到城市建新区，县市一级也根本没有如此大规模的建新区，所以腾退宅基地所形成的指标无法落地变现。因此试点地区提出要进行跨县市指标交易，县里的指标卖到省城，中西部的指标卖到京津沪。但是京津沪本身并不缺指标。因此，花很高代价腾退出来的宅基地并不能获得预期的收入，地方财政根本无力弥补宅基地腾退所形成的巨大亏空。也因此，几乎所有宅基地改革试点县市都提到，现在进行农村宅基地制度改革的最大困难是钱从哪里来，是地方财政无力弥补宅基地腾退所形成的亏空。

现在的问题是，宅基地制度改革为什么会形成如此巨大的亏空？其中一个主要原因是，地方政府在进行宅基地制度改革时，尤其是农民腾退宅基地时，以为腾退出来的宅基地及宅基地复垦所形成的建设用地指标（通过"增减挂钩"政策转换）可以换取巨大利益。实际上，农民腾退出来的宅基地最多也就是一块良田，良田种粮食，假设一亩每年产2000斤粮食，价值3000元，纯利在1000元左右，一个农户腾退的宅基地有0.5亩，一年500元纯利或地租，按5%的利率计算，这块土地的价值在1万元左右。而当前一些地方腾退宅基地给到农户的补偿有些是按拆迁的标准来支付的，每亩宅基地的补偿在15万至30万元，有的甚至达到100万元。

在区位条件好的地方，比如城乡接合部或风景名胜区，农民腾退出来的宅基地集中起来用于发展第二、三产业，可能获得远高于从事农业的收益，从而实现较大利益。但中国绝大多数农村的宅基地位于一般农业型地区，没有区位优势，也就不可能实现发展第二、三产业的利润。所谓盘活宅基地，其实就是将宅基地复垦种粮食，如前所述，这其中的收益相当有限。

一般农业型地区获利的可能方式不是通过盘活农民腾退出来的宅基地，而是通过将盘活腾退出来的宅基地复垦之后形成建设用地指标。绝大多数宅基地制度改革试点地区腾退农民宅基地的目的都是获得建设用地指标，再试图通过指标交易来换钱。

我们知道，指标本身是没有价值的，只是国家行政管制的一部分。从这个意义上讲，指标是资源再分配的一种手段。国家为了集约节约用地，调节经济社会发展速度，通过每年下达新增城市建设用地指标来调控地方建设，因此建设用地指标也是一种管理手段。指标本身不值钱，国家为了集约节约用地，倾向采用偏紧的新增建设用地供给，从而在地方上形成了建设用地指标的稀缺，指标因此产生了价值。国家通过"城乡建设用地增减挂钩"政策，为通过农村宅基地腾退形成的建设用地指标提供了实现价值的可能。

然而，既然是国家通过有意保持新增建设用地指标相对稀缺来让地方集约节约用地和调控经济社会发展速度，若再通过"增减挂钩"政策来供给建设用地指标，这就破坏了计划管制。更糟糕的是，地方为了获得这个新增建设用地指标，要花费巨额资金（比如每亩30万元）来拆农民房子以腾出宅基地，造成了不必要的浪费，增加了城市建设不必要的成本。

这样一来，全国农村宅基地制度改革都趋之若鹜，指望通过盘活农民腾退宅基地形成的指标获得资源，支付农民腾退宅基地的成本和进行村庄建设的成本。

回到本原来看，农民退出的宅基地实际上就是一块有待复垦为耕地的荒地，价值十分有限。现在几乎所有农村宅基地制度改革试点县市的政策执行者、学者和政策制定人士似乎都以为，农民宅基地是一种极为特殊的可以下金蛋的鸡，有了农民腾退出来的宅基地，再通过各种复杂的制度设置，就可以让腾退出来的宅基地变成巨额财富。但正如前述，宅基地本身并不能产生财富，所谓财富，不过是通过复杂的制度设计（比如"增减挂钩"制度），将其他地方的资源转移到了农村。

将其他地方的资源转移到农村本来也没有错，只是因为制度设计过于复杂，制度交易成本极高，资源转移效率及公平性极其糟糕，导致了资源配置效率的极大浪费。当前农村宅基地制度以及城市建设用地"增减挂钩"制度等现象正是典型表现。

以所谓盘活宅基地和宅基地指标形成的财富幻象，作为推动农村宅基地制度改革的基本措施，全国各个宅基地改革试点县市均设计出无比复杂的制度，以实现这个"空中楼阁"。如此改革试点，真是让人忧虑。

三、宅基地与资源冗余量

推动农村宅基地制度改革的最为重要的一个说法是，在当前快速城市化的背景下，农村人口减少了，农民占用的宅基地不仅没有减少，而且还在增加，造成了严重的资源浪费。其中原因据说又是农民退出宅基地制度安排不畅，且本来宅基地很值钱，却因为制度原因没有显化出其中的价值，从而导致土地资源的极大浪费。

这种说法显然似是而非。第一，如前已述，虽然农民进城了，但往往不是全家进城；即使全家进城，年节还可能回来；即使年轻时进城，年老还可能回村；进城失败后，还可能回村，等等。农民之所以不愿退出宅基地，是因为农民很清楚，至少在当前及未来很长一段时间里他们都离不开农村。只有保留返乡退路，农民才敢真正进城。农村宅基地和土地承包经营权是农民的基本保障。

第二，农村宅基地即使现在空置在那里，也并非一定要马上腾退出来，一方面可以留作农民的保障，一方面待时机成熟自然会腾退出来。当前中国粮食还未紧张到非得复垦农民宅基地种粮的地步。况且，当前中国正大规模开展退耕还林、还草、还湖运动。

第三，农村宅基地就是普普通通的土地，不要以城市建设用地的价值来臆想宅基地。城市建设用地的价值来自城市的聚集效应。正因为聚集效益不同，城市建设用地的价值差异极大。一般农业型地区的土地，无论叫什么地，作什么用途，因为缺乏城市第二、三产业的聚集效应，土地不可能有巨额价值。

反过来，当前一些宅基地改革试点县市花巨资来腾退农民宅基地，不仅没有节约资源，反而产生了巨大的浪费。因为这种腾退不仅将很多本来已经建设好的农村住宅拆掉，而且把本来可能进城失败农民的退路堵死了。一旦出现大规模经济周期，当前可以返乡的制度安排就不再能起到缓解经济政治社会周期的作用了。

实际上，将农民的宅基地空上几年，留点资源冗余量，不是坏事。当前进城农民还远未达到可以在城市体面安居的程度，留下空闲的宅基地，让农民进城失败后可以返回，这个留下的宅基地就不是资源浪费，而是农民心理稳定、城乡良性互动的必要资源冗余量。它为保持中国现代化中的稳定提供了弹性与缓冲空间，因此，这个资源冗余量实在太重要了。

四、小结

　　宅基地制度改革的重点和核心只应当是保证农民"户有所居"的权利，其他则都是次要的。当前中国发展的重心在城市，保持农村社会稳定对于中国顺利走出中等收入阶段可能落入的陷阱十分重要。不能指望通过宅基地制度改革让农民致富，宅基地就是一块在特定位置的荒地，农民用它来建了住房而已。若这块宅基地恰好处在城市经济带上，自然具有一定的财产属性，从而具有一定的交换价值，为农民带来财产性收入。而全国绝大多数农民快速进城，农村中不具有财产属性的宅基地开始闲置，无论进行什么样的宅基地改革，设计多么复杂的制度，也不可能凭空产生宅基地的交换价值，增加农民财产性收益。

　　当前宅基地实践中存在的主要问题与其说是制度问题，不如说是管理问题。加强宅基地管理，而不是改变宅基地制度，必须要保持现有宅基地制度30年不变，而不是折腾，这对于中国的发展很重要。

2016年6月26日

征地拆迁与农民的地权意识

苏州相城经济技术开发区是2001年成立的，2014年经国务院批准晋升为国家级经济技术开发区。2006年成立漕湖产业园，将之前黄埭镇的7个村划转过来。2014年在7个村的基础上成立了漕湖街道，街道目前面积28.5平方公里，户籍人口21362人，下辖漕湖花园一社区、漕湖花园二社区2个社区和下堡、上浜、卫星、倪汇、汤浜等5个村。

按相城经济技术开发区的规划，漕湖产业园所属的7个村将来是高新技术发展区，相城区对漕湖产业园内7个村进行预征预拆，协议拆迁，全部村民都拆迁安置到由地方政府新建的集中居住小区。2017年5月我们到漕湖街道调研时，7个村已有7000户完成了预征预拆，搬迁进入集中安置小区，其中2个村已全部拆迁安置完毕，另外还有5个村大约700户未拆迁安置完毕，其中有200多户是本应预征预拆，但农户不同意拆迁安置条件，就没有进行拆迁安置。

一、苏州的和谐拆迁

相城经济开发区的预征预拆包括两个部分，一是征地，二是拆房子，并分别给予补偿。从征地角度看，漕湖产业园基本上"以土地换社保",所有土地都被收回产业园(后来的漕湖街道)联合公司的农业合作联社,农民到了退休年龄再拿社保,2017年社保标准为每月870元。这个社保收入要远高于农民之前的农业收入,对农民尤其是农村老年人有巨大吸引力,几乎没有农户对此有反对意见。从拆迁安置角度来看,相城经济开发区采取的是低价拆迁、低价安置的策略。低价拆迁就是按建筑成本拆迁,低价安置也基本上是按建筑成本进行安置。按建筑成本拆迁,以及基本上按实际装修成本进行装修补贴,农户房屋拆迁所获补贴就不会太高,一般一栋二层小楼可以补40万至50万元。安置方案则主要按家庭人口:一般农户安置面积为180平方米,特殊农户比如四世同堂的家庭,可以另外加70平方米的安置住房。180平方米一般会分为大小各一套,一套为110平方米,一套为70平方米,另外还会有一楼的车库,一般10多平方米。大多数情况下面,农户拆迁所得补助正好够买安置房及装修费用,很少有节余,也很少会有大的缺口。

因为是低价拆迁,安置又是主要按家庭人口计算安置面积,有极少数刚建别墅式新房的农户不愿意拆迁,因为这样的拆迁相对其他村民太吃亏了。目前漕湖街道仍然尚未拆迁的200多户,大多数情况正是如此。

让人诧异的是,漕湖街道拆迁了7000多户,竟然未发生一例暴力拆迁和群体性事件。虽然现在仍有700户未拆迁,但其中大部分是因为还未进入征拆计划,这些没有纳入征迁计划的大多数农户都要求地方政府加快征拆进程,很多农户甚至强烈要求插队提前进行征迁。

为什么如此巨大规模的拆迁安置项目竟然没有发生一例恶性事件？苏州和谐拆迁的奇迹是如何形成的？除了一些技术上的手段（比如真正做到"公开、公正、公平"阳光拆迁，和坚持"先签不吃亏，后签不加价"的原则），在我看来，最重要的原因有三条，一条是征迁对农民有利，二是预征预拆改变了农民的博弈预期，三是苏州农民的土地集体意识。

先来看第一条原因：征迁对农民有利。澹湖街道7个村人均耕地只有大约一亩，种粮食的收入每亩不可能超过2000元，将土地租出去的年租金最多也就每亩1000元，而一旦将土地预征，以土地换社保，退休后每月就有870元的社保，相当于一年有1万元收入，相对于年租金提高了十倍，这个账是所有当地人都会算的。从住房上看，之前农民住房是自建楼房，一般三间两层，面积在200平方米左右，现在搬到安置小区，面积为180平方米，一大一小两套，另外还有一楼的车库。虽然住房面积可能比之前略小，但基础设施与公共服务要好很多，且安置小区距苏州高铁北站只有不到10公里，附近房价也已超过每平方米1万元。之前当地农村年轻人结婚一般都要到城市买房，现在安置房与城里买的商品房并无区别，有农户要求插队到前面拆迁，原因就是子女要结婚了，又买不起商品房，安置房刚好可以用作结婚的婚房。在我们调研期间，这些安置房的市场交易价已超过每平方米1万元，180平方米就相当于200万元资产，即使对于苏州农民来讲，这也是很大的数目。进安置小区的农户一般将一楼车库改造为老年人公寓，好处是住在一楼生活方便。且邻近的老年人大都住车库，交流起来也很方便。其他家庭成员住110平方米的大套，70平方米的小套用于出租，每年可以有几万元租金。正是因此，除了极少数新建住房且豪华装修的农户不愿拆迁以外，绝大多数农户都很愿意拆迁。少数不愿拆迁的农户，没有人是因为不愿意土地被预征，也不是非得要高价，而是希望有比其他农户更多一点补偿（比如10万元），才没有达成拆迁协议。

没有发生拆迁冲突的第二个原因是预征预拆改变了农户的博弈预期。2006年漕湖产业园成立时，相城经济技术开发区就进行了整体规划，计划将产业园区7个村的所有农户都搬迁，土地全征，房屋全拆，以布局新型产业。一张白纸可以画出最好最美的画，7个村占地面积28平方公里，全征全拆，再进行规划和建设，可以容纳大量工业生产能力。

不过，开发区不是一天建成的，也不需要一天建成，而是先有规划，再分步实施。第一步是征地拆迁，预征预拆。所谓预征预拆，就是协议拆迁和征地，虽然没有办征地手续，也还没有建设用地指标覆盖，却可以在保障农民利益的基础上清空土地上的复杂利益关系，到真正要征地时就可以顺利征迁。预征的土地仍然是农地，地方政府已经按征地价格给了农户补偿，土地产权转移到镇农业公司，土地上仍然进行农业生产，等到产业园有项目要落地，而且有建设用地指标覆盖时，再改变土地性质为建设用地。

正因为开发区建设有一个过程，预征预拆就不需要一次性完成征迁任务，而是可以循序进行。如果有农户不同意征迁，对这户的征迁工作就放一放，先征迁其他农户。一旦同一个片区内绝大多数农户都已经征迁，仅剩下个别农户试图索要高价，这样的农户就十分孤单，并且，实际上他们也很清楚，其他农户都按规定进行了征迁、得到了补偿，地方政府是绝对不可能给予自己特殊好处的。这样一来，在全国普遍存在的钉子户坐地要价的现象，在苏州就没有出现。

苏州和谐拆迁的第三个原因是苏州农民的地权意识。苏州拆迁补偿工作中有一个有趣细节，就是每一户只补一块宅基地。如果一户多宅（包括小产权房及购地自建房），应合并一户拆迁，只认定一处为主房，只能享受一次安置和宅基地费等奖励补贴，并且每块宅基地补偿最高不超过6万元。之所以这样规定，是因为法律规定了"一户一宅"，农户也认为宅基地是集体的而不是个人的。有人说，你多占了宅基地，不要你补过去多占宅基地的钱就不错了。

同样，几乎没有农民认为农地预征有问题，他们都认为自己是"失地农民"。其实，严格说来，预征最多也只是流转了农民土地的经营权，土地没有被征收，土地所有权仍然是村社集体的，农户有承包权。不过，苏州农民很早就已经离开土地，主要收入不从土地上获取，1982年"分田到户"时苏州农村就按责任田和口粮田分田，不久即将责任田收归集体承包给大户耕种。尤其是自2006年以后，开发区将所有土地预征，农地集中到镇农业公司经营，农民成为"失地农民"，即推行"土地换社保"。几乎没有农民质疑自己土地权利受损，而是认为土地本来就是集体的，国家法律规定得很清楚，集体所有制是公有制的一种实现形式，而不是若干私有的集合。苏州农

大均衡

民一直认为，土地是集体承包给自己种的，而不是农户自己的，因此所有农户对土地换社保都十分欢迎。

正是因为以上原因的叠加，苏州漕湖街道7000户拆迁竟然未发生一例恶性事件，得以创造和谐拆迁的奇迹。

现在有一种很强的舆论，认为农民反对征地拆迁，征地拆迁必然会引发暴力事件，并因此认为应当缩小征地范围，减少征地规模。但实际上，一方面，中国正处在最为快速的城市化进程中，人口城市化必然同时伴随土地城市化，征地是必然的；另一方面，征地拆迁可以切切实实给农民带来巨大利益，农民怎么会反对征地拆迁？

当前农村征地拆迁中会出现冲突大致有两个原因。一是一旦农民凭借土地不可移动的特点来坐地要价，尤其是城郊农民有了很高的征地拆迁利益预期，不仅会有个别钉子户试图获得更高补偿，征迁地区农户还可能联合起来当钉子户，集体行动的力量就会造成征迁的困难。二是有些地区的农民认为土地是自己的，混淆土地所有权与承包权，将集体所有等同于农户个体所有的加总，有意忽视集体所有制只是公有制的一种实现形式。甚至现在政策部门也有意无意地混淆土地权利的性质，认为应当增加农民的财产性收入，让农民分享农地非农使用增值收益，从而将完全不同的土地产权含义混淆。

漕湖街道和谐拆迁的启示在于，通过建开发区的预征预拆改变农民的征迁预期，既保障了农民能够从征迁中获益，又避免了土地征迁中容易出现的激烈利益博弈，以及由此常常引发的恶性事件。预征预拆形成的可以用于建设的净地，正如一张可以画出最好最美图画的白纸，可以助推中国的城市化与现代化进程。

二、再谈苏州农民的地权意识

最近几年我多次到苏州农村调研，发现一个十分有趣的情况，就是农民对土地权利基本上无感，很少有农民认为土地是自己的，自己应当从土地上获取巨大的利益。这与珠三角地区农民的地权意识形成了鲜明对照。在珠三角农民的概念里，只有租地和卖地，没有征地，因此，建镇政府大楼的土地也是租用农民的土地。在苏州，农民认为农村土地集体所有制是公有制的一种实现形式。而在珠三角，农民认为土地集体所有制不过是全体村民利益的集合。

无论是苏州还是珠三角，都有大量农村土地用于工业化，从而产生了巨大的农地非农使用的增值收益，其表现就是村社集体经济比较发达，仅仅依靠地租，村社每年就有数百万甚至上千万元的集体收入。差异在于，珠三角村社集体收入主要用于分红，几乎不会用于村庄基础设施建设。我们调研的东莞虎门B村，村组两级集体收入超过1.3亿元，这些收入主要用于村民分红，村治安队、环卫和办公的费用却每年都由上级补贴，一年仅此三项就要700万元。苏州村社集体收入很少会用于分红，而多用于村庄公共设施和公益事业建设。在苏州，村社集体收入越多，国家介入到村社进行治理的能力就越强。珠三角则是反过来，村社集体收入越多，村民越是有集结起来抵制国家进入村庄的能力。

苏州农民与珠三角农民地权意识的如上差异源自两地不同的工业化路径。苏州的工业化是从发展集体社队企业开始的，社队企业利用集体土地、资金、劳力，面向市场进行生产，决定社队企业是否赚钱的关键是市场，土地价值未被凸显出来。珠三角是招商引资，外资落地占用土地就要付土地租金，这笔土地租金远高于之前土地上的农业收入，珠三角土地非农使用从一开始即表现出了土地的价值。

苏州从社队企业开始的工业化很快让农民离土不离乡，农地价值几乎被忽略，农民完全没有感受到土地对自己的价值，也没有占有土地以获得利益的诉求，村社集体通过将农地非农使用，以集体的形式占有了农地非农使用的增值收益。村社集体用集体农地发展社队企业具有充分的合理性与合法性，农民个人则绝对不可能用集体土地来办个人企业。也就是说，苏州村社集体在兴办社队企业时，合理合法、理所当然地使用了集体土地，表现出来的却是社队企业发展好坏只与技术、资金、经营能力以及市场有关，因为相对来讲，技术、资金、经营能力是稀缺的，而土地是不稀缺的。在苏州社队企业的发展过程中，土地充当了无名英雄，所以，村民没有因此感觉到对社队企业的发展，有集体土地的一份功劳。

因为苏州农民基本上不种地，土地也基本上没有真正承包给农户，社队企业以及后来招商引资占地所获收益变得与农民基本上没有关系。从理论上讲，村社集体土地应当由农户承包，实际上绝大多数农户并不种地，村社集体因此将农户承包地反租过来，按每亩一定租金支付农户，再将反租过来的土地分为两个部分，一部分作为农地，转包给规模经营大户，另外一部分作为建设用地，用于社队企业或招商引资项目落地。

也就是说，苏州农村村社集体按农地的农业租金支付农户，而将反租过来的一部分土地用于非农用途，从而产生出远高于支付农户租金的地租收益，这部分地租收益表现为村社集体收入。

苏州农村村社集体收入首先要解决的是农民保障，即当农民到了退休年龄应当获得的保障。村社集体有收入，苏州就要求村社集体按失地农民的标准为所有农民提供基本社会保障，即所谓"土地换社保"。其实苏州农民没有失地，土地仍然在那里，但是，农民不种地了，集体有收入，就由村社集体为农民缴养老保险，让苏州农民与失地农民一样可以在退休以后享受基本社会保障。2017年苏州农民的基本保障是每月870元。上海与苏州相同，只是上海农民的基本保障达到每月1500元，这比全国每月70元的新农保要高很多。

问题是，村社集体收入有多也有少。有些村社集体落地项目比较少，租金就少，集体收入不足以支付农民养老保险，地方政府就要为这些薄弱的集体经济补齐缺口，而且会直接下拨资金。2017年，苏州市要消灭集体收入低于200万的村社集体，凡是集体收入低于200万元的村社集体，上级财政直接补齐。这样一种财政转移是典型的再分配经济，既然可以补齐集体经济薄弱村，也就可以要求集体经济实力强的村自己承担本村美丽乡村建设的各项基础设施投资。

　　　　　　　　　　　　　　　　　　　　大均衡

到1995年前后，苏州村社集体性质的乡镇企业改制，村社集体基本上不再有经营性收入，只有土地租金，土地租金主要来自招商引资项目的落地，招商引资项目的落地往往与地方政府的规划，且与地方政府领导人的偏好、统筹有关。就是说，村社集体土地非农使用所获租金往往是政策性的，甚至是政府性的，而非经营性的，更非村社集体努力的结果。因此，村社集体收入多少并非由村社干部更非由村民决定。

既然村集体收入的多少很大程度上受政策影响，地方政府便要考虑富村与穷村、强村与弱村的平衡，在2003年前后的"合村并组"中，苏州农村普遍采用强村与弱村合并、富村与穷村合并的策略，合并后不同行政村之间集体收入差距大为缩小。对于穷村，地方政策除补平未达到最低村社集体收入线的不足部分，还会为穷村找到增加收入的办法，比如帮穷村招商引资，给穷村额外建设用地指标等等。在美丽乡村建设中，富裕村庄自己出钱搞建设，经济薄弱村由上级政府出钱，这体现了社会主义公有制下先富带后富的共同富裕原则。

当前苏州不同村庄集体收入差异很大：有一半以上的村集体年收入超过500万元，其中三分之一的村集体年收入超过1000万元，不到一半的村集体年收入为200万至500万元，没有集体年收入低于200万元。尽管如此，苏州村社集体分红都很少并且差异很小，分红多的也就每人每年300至400元，少的每年只有100至200元。一方面，农民并没有很强的分红诉求，另一方面，地方政府也不允许不同村的分红差异过大，因为担心引发不同村农民的比较，以至于有的村干部抱怨："村集体越有钱就越吃亏。有了钱也分不下来。没有钱的村总是得到财政补贴。经济强村明显吃亏了，用钱都要打报告。强村做任何事情都是用本村的钱，而穷村建设都是用财政的钱。"某种意义上，苏州村一级不仅财务由乡镇来管，而且财权也掌握在乡镇手上。

苏州在2009年进行了股权固化的改革，将经济合作社改为股份合作社，并在股份合作社章程中规定股份合作社收入中30%作为分红，30%留作社区经营性开支，40%留作公积金。实际上，这样的改变只是形式上的，股份合作社社长由村支书兼任，而村支书大都由乡镇调派。股份合作社并未真正运作，也就没有激活农民基于个人利益的权利意识。

正是因为没有激活农户个体与村社集体收入、村社集体收入与村社集体土地之间的联系，苏州农民才缺少对土地利益的想象，缺少农地非农使用会为家庭增加分红收入的想象。因此，地方政府要征收土地，村社集体不会反对也不敢反对，农民更没有理由反对，更不可能集结起来群体反抗。因此，我们调研的苏州漕湖街道，7个行政村7000户预征预拆，最后所有土地都预征收了，7000户的房子都拆迁了，却未发生一起群体性事件，可谓是真正的和谐拆迁、和谐征地。其中关键原因就是，农民并不认为土地是自己的，而认为土地是集体的，集体所有制是公有制的一种实现形式，现在进行城市建设，要建高新技术开发区，只要征地拆迁时政府按政策给予安置补偿，农民就很顺利地到新建小区安置下来。几乎没有农民对地方政府的征迁感到不满，相反，他们普遍认为安置小区的基础设施和住房条件比过去好，生活品质有较大提高，有满足感。关于搬到安置小区以后的生活来源，苏州农民的回答就是继续进劳务市场务工获取收入，几乎没有农民指望当上食利者，靠土地地租来活下去，他们既不指望村社集体分红，也不可能有过多物业可以出租。与珠三角农民认为土地是自己祖祖辈辈传下来的、属于个人的，将来子子孙孙还要依靠土地过活不同，苏州农民认为，一旦土地变成了建设用地，就是国家的了，农民不指望依靠当土地食利者过活，他们认为，在过去现在将来都要依靠自己劳动来过生活。

珠三角农民将本来具有再分配性质的土地集体收入当作市场性的收入，从而将村社集体收入当成了私人利益的集合，他们要求将所有村社集体收入都量化到人、分红到人。苏州农民则正确地认识到，村社集体经济是政策性的和再分配性质的，村集体经济与集体所有制的土地，都是公有的，国家的。也是因此，苏州集体经济强则国家能力强，珠三角集体经济强则国家能力弱。

虽然苏州与珠三角都属于东部沿海发达地区，都已经工业化了，但因为工业化路径的差异，珠三角农民形成了很强的土地权利意识，而苏州农民对土地集体所有制的认识却相当接近于当前中国关于土地公有制制度规范的宪法秩序。

2017年6月7日

五

『三农』政策对话

"三农"问题的根本是农民问题

　　"三农"问题即农业、农村和农民问题的总称，是具有中国特色的概括。1990年代，农民负担重，粮价低，干群关系紧张，农村各种问题层出不穷，然后就有了"三农"的提法，"三农"工作成为当时全国和全党工作的重中之重。

　　"三农"问题是一个整体，农民生活在农村，从事农业生产。正是农业养活了全国人口，也为中华人民共和国提供了工业化的坚实的基础。"分田到户"以前，因为中国赶超型工业化的特征，城市难以吸纳足够多的农村人口进入第二、三产业，农村劳动力主要从事农业，国家通过工农产品价格剪刀差以及计划经济手段，从农业提取剩余用于城市。因此，那个时候的"三农"问题主要是农业问题。将农民组织起来，改造农业生产条件，提高粮食产量，增加农业产出，成为那个时期的中心工作。"分田到户"以后，农业生产力大幅度提高，粮食问题迎刃而解，乡村工业迅速发展，越来越多农民不仅离土进厂而且开始离乡进城了。

　　乡村工业的发展，乡镇企业的崛起，在很短时间即改变了中国城乡之间的经济结构。乡镇企业异军突起，农村不仅有农业而且可以发展工业。无工不富，大量农村劳动力就地转移进入乡镇企业。"离土不离乡，进厂不进城"，依托农村走中国独特的现代化道路不仅仅是一种愿望，而且变成了"分田到户"以后中国最广泛的实践。不过，到了1990年代，乡镇企业难以抵挡正规制造业的冲击，很快纷纷关闭。1990年代开始，越来越多农民离土离乡，进厂进城，中国开始了波澜壮阔的快速城市化进程。

农民进城的原因是农村地少人多，大量农村剩余劳动力需要寻找农业以外的就业机会。承包土地的农民家庭，年轻子女进城务工经商，年老父母仍然留村务农，农民家庭中的农业收入没有减少，又增加了进城务工的收入，所以农民家庭收入持续增长。年轻劳动力将城市收入源源不断地汇回农村，农村因此变得更加繁荣。不过，到了21世纪，越来越多农村劳动力不再只是在城市寻找务工经商的机会，而是试图在城市安居生活下来。仅靠进城农民工在城市的务工收入，很难完成农民家庭在城市安居的任务，农民家庭的策略因此变成年老父母仍然留村务农，年轻子女尝试在城市生活。之前进城子女将务工收入汇回农村，现在转变为留守农村父母想方设法以农业剩余支援尝试在城市立足的子女家庭。农村因此不仅空心化了，而且真正衰落了。

即使如此，农村仍然十分重要：第一，农村和农业为6亿留守农民提供了收入机会和生活便利；第二，进城农民可能难以在城市立足，为了防止进城失败，农民一般都会保留他们在农村的退路；第三，农村家庭中的中老年父母一般都不愿进城，而是愿意留在农村，与土地结合起来，不仅生活成本低，生活

大均衡

也有意义；第四，农村是所有进城农民的乡愁，是他们的归宿，是他们魂牵梦绕的地方；第五，农村是应对经济周期和预防大规模风险的稳定器。

当前中国发展仍然处在中等收入阶段，国际形势十分复杂，国内经济社会结构也很微妙。中国仍然有超过一半的农村户籍人口，生活在农村的人口也超过6亿。留守农村的6亿人口主要是缺少进城务工机会的弱势农民，他们耕种小规模土地虽然难以致富，却足以解决温饱问题。由于农村生活成本低的原因，虽然农民人均现金收入比较低，但实际生活质量不一定差。农村为进城失败的农民提供了退路，从而让农民在年轻时可以放心大胆进城闯荡，成功则留城，失败则返乡。正是农村为包括农民工在内的8亿农民提供了基本生活的保底，成为中国现代化的稳定器与蓄水池，中国现代化才能有效应对各种风险（包括金融危机、经济周期），中国现代化才能更加顺利。

得益于农业机械化和农业技术进步，农业生产力有了大幅度提升。当前中国18亿亩土地养活14亿人口绰绰有余。大马力农机和新型农业技术可以在短时期大量增加粮食产出，避免缺粮危机。在当前时期，中国的"三农"问题中，农业问题主要不是量的问题而是质的问题，即如何生产出更多高品质农产品的问题。当前农产品品质不高，供过于求，以致谷贱伤农。既然当前农产品供给主要是品质问题，就应当由市场来解决，而不应是国家"三农"政策关注的重点。

从农村方面来讲，既然当前中国农村主要是为包括农民工在内的8亿农民提供保底和退路，农村建设的目标就不应当仅仅是美丽乡村。当前乡村建设并非要建设一个比城市更加宜居更加美好的农村，而是要为缺少在城市体面安居能力的广大农民提供在农村生产、生活的基本秩序。

再过20年，等到绝大多数农民都在城市体面安居以后，"三农"问题的关键可能就不再是农民问题了。或者说，那个时候也就不再存在"三农"问题了。

2020年8月12日

乡村振兴战略的辩证法

十九大报告提出"实施乡村振兴战略",具体为"产业兴旺、生态宜居、乡风文明、治理有效、生活富裕"的二十字总要求。实施乡村振兴战略需要制定配套的"三农"政策。没有分析就没有政策,如果不能对乡村振兴战略进行深入分析,制定的"三农"政策就可能流于表面,自相矛盾,犯低水平的错误。下面,我们对乡村振兴战略进行简单的初步分析。

一、乡村振兴需要雪中送炭

当前中国正处于快速城市化的进程中。城市化,就是农村人财物向城市集中、农村人口越来越少、农业产值占国民生产总值比例越来越低的过程。进入21世纪,"村村点火、户户冒烟"的乡村工业化时代一去不复返了,工业向园区集中,农民向城镇集中,这不仅是学界与政策部门的共识,而且也是实践。正是由于大量农村人财物向城市集中,农村出现了空心化,变得萧条。又因为中国是一个发展中国家、一个农业大国,即使当前中国城市化率已经接近60%,也仍然有6亿人口生活在农村,而且,进城农民工虽然被统计为了城市人口,他们仍大都与农村有着千丝万缕的联系：他们的父母子女仍然留守农村，他们自己进城失败还会返回农村，等等。因此，在城市化的背景下，保持农民的基本生产、生活秩序，为农村提供城乡均等的基本公共物品，成为事关中国现代化大局的战略。乡村振兴战略提出的背景正是缘于此。

同时，我们对乡村振兴战略也要进行分析。当前的乡村振兴战略要在城乡融合、农民进城的背景下实施。乡村振兴战略里面充满了辩证法，形而上地理解乡村振兴战略就会误解其本质，可能造成低水平的政策错误。当前学界和政策部门对乡村振兴战略的理解往往存在望文生义的问题，不懂得乡村振兴战略本身蕴含的辩证法。

我们首先要对已经高度分化的中国农村和农民进行分析。

当前中国农村大致可以分为三种类型。

第一种是占全国农村10%的沿海城市经济带的农村地区，以珠三角和长三角的农村为代表。这些地区的农村已经完成乡村工业化，农民已从农业转移进入第二、三产业，农村土地大量用于建设，农村经济已经成为城市经济带的有机组成部分，农村已经融入城市。繁荣的第二、三产业吸引了大量外来劳动力，农村生活城市化。

第二种是中西部一般农业型农村地区，因为缺少乡村工业化所提供的就业与收入机会，大量农民进城务工经商，留村农民主要从事小规模的农业经营。农村人口大量流出，农民宅基地闲置，农村因此变得萧条。这样的一般农业型农村地区占全国农村总数的70%以上。

第三种是具有区位优势或旅游资源的农村，这些农村正是当前自上而下提倡发展以休闲农业、乡村旅游为代表的新产业新生态的农村地区。良好的区位条件或乡村旅游资源使得这些农村地区具有其他农村地区不可比拟的一二三产业融合发展的条件。这样的农村地区在全国农村总数中的占比不会超过5%。

显然，乡村振兴战略的主要目标群体既不是已经融入城市经济带的东部沿海发达地区农村，因为这些农村地区已经十分发达繁荣；也不是少数具有区位优势和旅游资源，适合发展"休闲农业、乡村旅游"的农村，因为这些地区本身具有自身发展的资源优势，在当前中国实行市场经济、社会资本具有极强投资愿望的情况下，资本一定会自动去寻找这些具有区位优势和资源条件的农村进行投资，这些地区的农民自然可以从中受益。

乡村振兴战略的重点与焦点，是占中国农村总数70%以上的中西部一般农业型农村地区。这部分农村地区已经不可能重新工业化，也不具备发展休闲农业和乡村旅游的资源条件。在中西部一般农业型地区实施乡村振兴战略，其中的"产业兴旺"与一般人的想象有巨大差异，因为这些地区的产业可能长期局限于小农户的小规模农业，这样的产业结构在当地具有合理性。

从中西部一般农业型地区农村的情况来看，农民家庭大都存在"以代际分工为基础的半工半耕"结构，即农民家庭中，青壮年劳动力进城务工经商，老年父母留村务农。这样的农民家庭占到了全部农户的70%左右。其中一些能力强、运气好的进城务工经商的农民通过在城市打拼获得了稳定就业与收入，可以全家进城安居，这些家庭首先脱离农村。大部分农民家庭会在相当长时间内保持"以代际分工为基础的半工半耕"结构，老年父母只有留村从事农业生产，获得农业收入，降低家庭支出，才能支持年轻子女在城市的打拼与立足，农民家庭出现了"半城市化"的状况。农村富裕家庭和青壮年劳动力进城，将大量农业和农村获利机会让渡出来，一些不愿或不能进城的年富力强的农民首先捕获这些机会，适度扩大农业生产规模，或通过小作坊、农业服务、当经纪人来增加收入，在不离开农村的情况下获得不低于外出务工所得的收入，这部分年富力强的农民就成为留村的"中坚农民"。还有一些既缺少进城务工经商能力又无法在农村扩大收入机会的农民家庭，就成为村庄收入比较低的弱势农户。

一般情况下，因为不能确定自己进城是否会失败，进城的农民家庭或农民个人很少会放弃自己在农村的宅基地和承包地。对于进城农民来讲，他们愿意为进城失败保留退路。农村的宅基地、承包地以及村庄熟人社会就是农民的最后退路与基本保障。发财致富的机会在城市，基本保障则在农村。成功就在城市过日子，失败就回农村过日子。

回到农村过日子，对农民，尤其是缺少城市就业机会的中老年农民来讲，要远好于在城市的漂泊。当前农村的基础设施已经比较完善，农业机械化程度很高，中老年农民从事农业生产并不存在体力上的障碍。"人均一亩三分地，户均不过十亩田"的小规模经营，每年农忙时间也就两个月，还有十个月

大均衡

的农闲时间。农民在村庄中有自己的房子住，与土地结合起来有农业收入，有农业就业，有庭院经济，能够自给自足，有建立在农业生产基础上的村庄熟人社会关系。有劳动就有意义，就有价值，有收入就有底气，就不会是"等死队"。农业有生产的节奏，也有生活的节奏。在村庄中生活，土地祖祖辈辈都是自己的，不用担心被驱赶，就有身体的安全，有心理的安全，落叶归根，有灵魂的归宿。在村庄中，可以与大自然以及与自己心灵和谐相处。从事农业虽然收入不高，但在自给自足程度很高的村庄熟人社会中生活，消费也不多，生活过得恬静安逸。

对占中国绝大多数的中西部一般农村地区的一般农民来说，增加收入的主要机会是进城务工经商，发家致富的机会在城市。正是当前城市就业机会向农民的开放，让农民可以分享中国经济发展的成果。相对来讲，农村缺少获利机会并不会构成太大问题，因为城乡是一体的，农民会依据自己的家庭条件和个人条件进行策略选择。

有一种意见认为，应当通过更加市场化的手段让农民从土地上获得财产性收入，比如允许农民宅基地自由流转，从而让农民带着卖宅基地的收入进城。在沿海发达地区农村或城郊村，第二、三产业的发展带来了对建设用地的巨大需求，农民宅基地因而具有一定的财产性；但在中西部农村，农民大量进城，宅基地多闲置，根本不可能通过市场化来实现宅基地的所谓价值，倒有可能使农民失去农村退路。农村是包括农民工在内的近9亿农民的最后退路与基本保障，我们一定要清楚，基本保障是不能够市场化的，一旦市场化，出现了问题将无法应对。

也就是说，乡村振兴战略必须要以占全国农村和农民绝大多数的中西部一般农业型农村为重点，要雪中送炭。国家支农资源是有限的，有限的支农资源应首先并主要用在一般农业型农村，为难以进城的农民提供农村生产、生活的保底。农民有退路，国家有出路。中国现代化中，经济发展极在城市，各种发财致富的机会也在城市，社会政治稳定器却在农村，进城失败的农民的退路也在农村。作为最后退路和基本保障的中国一般农业型农村地区，保留一定的社会主义经济成分，以及一定的自给自足经济成分，是十分重要的。过度市场化一定会冲击农村这个基本保障。城市的充分市场化与农村有限市场化构成了中国现代化中最为有趣的辩证法。

当前学界和政策部门在理解乡村振兴战略时明显存在偏差，过度强调沿海城市带等发达地区农村的经验，过度强调发展农村新产业新业态尤其是"休闲农业和乡村旅游"，对占全国农村绝大多数的中西部农村地区，也试图通过更加市场化的办法让农民在农村发展产业，甚至公开鼓吹"资本下乡"，大规模地长期流转农民土地。结果就是中西部农村地区失去其一直以来起到的稳定器与蓄水池的作用。中西部农村不可能复制沿海农村地区的经验，也不具备有旅游资源的农村可发展新业态的条件。如果地方政府实施乡村振兴战略时，让包括农民工在内的近9亿农民失去农村这个最后退路与基本保障，就可能会产生极其严重的后果。

　　　　　　　　　　　　　　　　大均衡

二、乡村振兴要防止造成更大的不平衡

十九大报告指出，中国特色社会主义进入新时代，我国社会主要矛盾是人民日益增长的美好生活需要和不平衡不充分的发展之间的矛盾，其中城乡发展不平衡是十分重要的一个方面。从收入和消费来看，2016年我国城镇居民人均收入和消费支出分别高达农村居民的2.72倍和2.28倍。实施乡村振兴战略的一个重要目标就是要缩小城乡发展的不平衡性。通过实施乡村振兴战略，增加国家对农村的公共投资，改革制约农村发展的体制机制，使农村产业兴旺，农民生活富裕，从而缩小城乡差距。

不过，我们也应当认识到城乡差距的长期性、动态性和相对性。任何一个国家的现代化都必定同时是城市化的过程。人财物向城市集中，可以产生聚集效应和规模效益，城市不仅更能容纳新的生产力，而且更能够产生科技进步。农村人财物向城市聚集，城市发展就快，城乡差距因而拉大。中国是社会主义国家，土地作为生产资料属于公有，所有农民家庭都有村社集体分配的宅基地和承包地，当前中国实行不允许农民失去土地的体制，为进城可能失败的农民留下了返乡退路。正因为存在返乡退路，农民一旦进城失败就不愿意待在城市漂泊，而会返回农村。中国保留农民返乡退路的体制避免了中国出现其他发展中国家普遍存在的大规模贫民窟，消除了城市内的二元结构，而不是如其他发展中国家通过穷人进城富人下乡在表面上缩小了城乡差距，实际上却使进城农民无家可归而在城市形成

了庞大的贫民窟，和问题更大的城市内的二元结构。

之所以说城市内二元结构比城乡间二元结构问题更大，首先是因为无法在城市获得稳定就业与收入，而无法在城市体面安居的进城农民，如果有返乡退路，他们大多愿意返乡，而不愿在城市漂泊。农民返乡，与土地结合起来，不仅有自己的住房，而且有农业收入，有熟人社会的关系，落叶归根，就有了身体和心理的安全感。农民与土地结合起来可以轻松解决生存问题，看起来现金收入远低于城市，实际生活质量却可能不差，尤其有大量闲暇时间。中国现行体制允许农村进城，同时保留农民返乡退路，进城农民会依据自己家庭情况来理性决策留城还是返乡。返乡是农民的权利。

其次，以城市贫民窟为典型的城市内二元结构，将大量缺少就业与收入机会的进城失败者聚集在一起，贫民窟居民缺少收入，漂泊不定，必定是身心俱疲，感到未来没有希望。这样的庞大贫民窟本身就会产生治理难题，产生社会秩序难题。一旦出现经济金融危机，很容易成为社会政治不稳定的因素。发展中国家之所以容易陷入中等收入陷阱，很大一个原因就是城市内二元结构容易造成社会政治不稳定。而在当前中国城乡二元的结构下，农村成为中国现代化的稳定器与蓄水池。

当前实施乡村振兴战略的重要目的是缩小城乡发展不平衡的差距。乡村振兴战略二十字方针中最重要也最基础的"产业兴旺"和"生活富裕"，却可能产生新的不平衡。

要在当前农村实现产业兴旺，显然有很大困难。因为乡村工业存在面源污染以及"小散乱污"的问题，工业进园区已成共识，"村村点火、户户冒烟"的乡村工业已经不再可能发展了。从政策部门的解读和地方政府的规划来看，全国乡村振兴战略中的"产业兴旺"，大都集中于休闲农业和乡村旅游、推动农村一二三产业融合发展上面。简单地说，就是要赚城市人"乡愁"的钱。在一些具有区位优势和旅游资源的地区，通过一二三产业融合发展，可以吸引城市游客，形成兴旺的产业。国家有关部门也出台多个政策文件，从财政资金政策优惠方面支持一二三产业融合发展，实践中也有了很多三产融合发展成功的案例。通过三产融合，吸引城市游客，不仅实现了农村的产业兴旺，而且为当地农民提供了新增就业和收入机会。农村软硬设施大幅度提升，"强富美"的农村正在到来。

不过，在中国只有42%户籍城市化率的情况下，指望靠城市人的"乡愁"消费来赚钱的产业兴旺（休闲农业、乡村旅游），肯定不可能惠及全体农民，只有那些具有区位优势和旅游资源的极少数农村地区和农民群体才有通过三产融合得到获利的机会。相对于一般农村地区，这些农村地区已有优势资源条件，现在实行乡村振兴战略，国家又通过政策对这些具有资源优势农村进行扶持，甚至投入财政资金打造基础设施，比如很多地方政府动辄投入几千万元对具有资源优势的村庄进行基础设施建设。将宝贵有限的公共资源集中到优势地区和优势人群，一般农业地区的一般农民反而更少获得公共资源的阳光雨露。

2035年是中国基本实现社会主义现代化的时间节点。从现在到2035年的乡村振兴战略，与从2035年到2056年建成社会主义现代化强国阶段的乡村振兴战略，二者有本质的不同。毫无疑问，现阶段的乡村振兴战略是服从和服务于2035年基本实现现代化战略的目标的。而中国要基本实现现代化，就必须避免落入其他发展中国家普遍存在的中等收入陷阱，不能产生大规模城市贫民。为此，应当为进城农民保留农村退路，有必要通过保留城乡二元结构来防止城市内二元结构。

而从农村社会内部来看，2035年之前的乡村振兴战略，重点显然不是要在少数地区为少数人造富，不是要锦上添花，而是要为占中国农民绝大多数的小农户包括老年农民提供基本的生产、生活服务。国家资源是有限的，乡村振兴战略中，国家的有限资源应该惠及绝大多数农村地区和农民，他们才是决定中国能否够顺利实现现代化的关键。

三、乡村振兴与老龄化应对

住建部原副部长仇保兴接受中新网记者专访，中新网报道如下：

> 在仇保兴看来，中国是一个典型的农耕文明国家，在广大农村有文化之根和根深蒂固的"乡恋和乡愁"。同时我国农业现代化不可能是美国式土地规模型高度机械化

大均衡

的农庄模式,而必须走多样化、适度规模、有机化和"一村一品"为主的绿色发展道路,这三大因素决定了我国城镇化率到65%至70%就会达到峰值,也说明了实施乡村振兴战略恰逢其时。

仇保兴分析,当城镇化率超过50%的时候,传统的农村乡土文化、田园风光、农业景观会成为稀缺的资源,广大农村将成为一部分人口返乡旅游、居住和创业的热土,城乡之间生产要素的双向流动能造就中国式的农业现代化和增强国民经济结构的韧性。乡村振兴与城乡融合发展不仅关系"三农"问题,也决定中华民族复兴战略能否顺利实现。

据统计,中国目前50岁以上的外出农民工数量急剧减少,50岁以上考虑回乡,55岁基本回乡养老。国务院曾发文解决农民工回乡创业的实际问题,这也是为过高的城镇化预期打的"预防针",也说明实施乡村振兴战略是应对我国老年化问题的必由之路。[1]

以上引述可以归纳为四层意思:第一层,乡村振兴战略是应对我国老龄化问题的必由之路;第二层,中国目前50岁以上的外出农民工考虑回乡,55岁基本回乡养老;第三层,农民工

---

1 仇保兴:《"乡村振兴战略"是因势利导的新举措》,http://news.163.com/17/1021/20/D1A4JA7700018AOQ.html。

年老返乡是因为农村也有创业机会，甚至当城镇化率超过50%的时候，广大农村将成为返乡创业的热土；第四层，我们城镇化率在65%至70%就达到峰值，目前中国城市化率已近60%，可城市化的空间并不太大，乡村振兴战略恰逢其时。

中国是一个发展中国家，是一个未富先老的社会，即中国在还未进入到发达国家阶段时，就已提前进入了老龄社会。在当前乃至未来相当长的时间里，中国城市很难为老年农民提供就业机会，又很难为进城的老年农民提供足够在城市体面生活所需的养老保障。没有任何一个发展中国家有能力为所有进城老年农民提供在城市体面生活所需的养老保障。

当缺少就业机会又缺少国家提供的养老保障时，进城的老年农民留在城市的主要依靠就是子女，他们与成年子女共同生活在城市。与成年子女共同生活，好处是可以相互照应，家庭养老也是中国传统的一部分，一家人老老少少生活在一起，尽享天伦之乐，岂不快哉。不过，农民家庭进城，成年子女在城市打拼，往往收入有限，而城市的生活成本十分昂贵。家庭收入少而开支多，代际关系就容易紧张，生活在同一个单元房内，代际的亲密就可能变成相互伤害，缺少收入能力的父母因此就自认为成为家庭累赘，城市生活变成煎熬。这个时候，如果老年农民在农村有一块土地，有自己的住房，他们可以回到农村去住自己房子种自己土地，日子可能要好过得多。实际上，中国农村土地集体所有制保证了每个农民家庭都有自己的承包地，都有自己的宅基地和住房。进城老年农民在城市失去就业机会时，他们一般既不会在城市漂泊流浪，也不愿与成年子女在城市共同生活，而大都会选择返乡，与土地结合起来，从事小规模的农业经营。他们住在自己的家中，不担心被任何人驱赶，他们耕种自己的承包地，有农业收入，有劳动意义，有收获的乐趣，有农业节气所带来的生活节奏，有建立在农业生产和共同生活基础上的村庄熟人社会关系，有远比待在城市漂泊流浪与遭受煎熬要好的老年生活。因为农业基础设施条件的改善和农业机械化的普及，农业生产不再是重体力劳动，农民年龄大也干得了。

老年农民在农村从事小规模经营，虽然农业收入有限，但农村消费水平也比较低，自给自足虽然谈不上富足，却很容易解决温饱。尤其重要的是，他们在村庄中与土地结合起来，就有了身体和心灵的安全感，有了归属感和意义感。年轻时进城，年老返乡，落叶归根，希望寿终正寝。如果年轻时务工有积蓄，老年生活就过得更好了，子女如果给予经济支持当然也好，国家再有一些基本养老保障也很好。

总之，在当前乃至未来相当长一个时期，如果进城老年农民无法在城市体面生活，他们可以选择返乡生活。这种生活的水准当然没有在城市体面生活好，却比在城市漂泊流浪要好很多。老年农民与土地结合起来形成了当前中国农村普遍存在的老人农业。老人农业是应对未富先老的中国老龄化的重要办法。中国20亿亩耕地不仅保障了中国粮食安全，而且成为应对人口老龄化的重要办法。

就中国返乡农民的绝大多数来讲，他们之所以返乡，是因为随着年龄的增大，越来越难以在城市获得就业机会，也越来越难以在城市体面生活下去。返乡是他们的次优选择，最优选择当然是在城市体面安居，不能在城市体面安居就选择返乡。他们返乡显然不是因为农村有比城市更多的创业机会，而是要寻求自己人生的保底。返乡是他们进城失败的退路。

正是从这个意义上讲，不是所谓乡村振兴战略让农村和农业成为我国应对老龄化的办法，而是中国当前保护农民不失去土地的制度以及中国农村社会主义性质的土地集体所有制，为所有农户都提供了平均的土地权利以及居住的权利。农民可以自由进城，若进城失败也可以自由返乡。当前一个时期，中国选择了不让农民失去土地的制度安排，返乡权是农民的基本人权，土地成为农民的基本保障。基本保障领域不允许市场化，从而让中国这样的发展中国家避免了其他发展中国家普遍存在的大规模贫民窟的出现，以及因此产生的巨大社会问题。

仇保兴认为，中国城市化发展到现阶段就会出现逆城市化，就会有城市人到农村居住，以及会有城市人到乡村旅游，从而带来农村的创业机会。"传统的农村乡土文化、田园风兴、农业景观就会成为稀缺的资源。"仇保兴实际上是说，未来一个时期，休闲农业和乡村旅游将创造大量的农村就业机会，从而为城市"资本下乡"、农民工返乡就业创造条件，乡村振兴也恰逢其时。

不过，在当前中国发展阶段，农村发展第二、三产业的机会十分有限，工业进园区，农村可以发展的产业实际上主要就是农业与所谓一二三产业融合的休闲农业和乡村旅游。当前中国农业产值只占国内生产总值的8.5%，今后还会下降。而所谓休闲农业与乡村旅游，其实就是让农村有机会赚城市人"乡愁"的钱，有这样的赚钱机会的农村和农民最多不过农村和农民总数的5%，而且城市资本远比农民有能力从三产融合中赚取收入。

也就是说，在当前中国仍然有6亿多农村人口，且进城的2亿多农民工的相当一部分仍然可能返乡的情况下，指望农民从农村获得媲美城市机会的就业与收入，显然不靠谱。而如果将农村作为农民返乡创业的地方，甚至试图通过激进市场化的手段来推动"资本下乡"，就可能让农民失去农村这个最后退路与基本保障，以及让农村不再有能力应对老龄化，从而造成中国现代化的艰难局面。毋宁说，将农村作为缺少进城能力的农民的基本保障以及进城失败的农民的最后退路，这样的乡村振兴战略正当其时。

四、乡村振兴的国际经验？

国务院发展研究中心农村部部长叶兴庆在谈到为什么中国要以乡村振兴战略统领现代化进程中的农业农村发展时，认为这是对其他国家经验教训的借鉴。他写道：

> 美国、欧盟等发达国家和地区，都曾实行单一的农业政策，通过价格干预等措施促进农业农村发展和农民增收。面对环境问题恶化、年轻人口大量流失、乡村不断

衰落，他们都转向实行综合性的乡村发展政策，把农业生产、乡村环境、农民福利等问题一揽子解决。日本、韩国工业化城镇化发展到一定阶段后，也都先后实施乡村振兴计划。而拉美一些国家没有能力或没有政治意愿实施乡村振兴，大量没有就业的人口涌向大城市，导致形成严重的社会问题，这是其落入中等收入陷阱的重要原因之一。我国正处于中等收入发展阶段，能否像一些专家预测的那样在 2024 年左右迈入高收入发展阶段，进而顺利地向现代化目标迈进，在很大程度上取决于"三农"问题解决得如何。从正反两方面情况看，我国现代化进程已到了实施乡村振兴战略的时候。[1]

在我看来，叶兴庆的以上立论至少在逻辑上是不严谨的。假若欧美日韩确实实施了乡村振兴战略，也都是在完成工业化进入高收入发展阶段，农村人口占比已经很少的条件下实行了综合性乡村发展政策。并非因为实行了乡村振兴战略，欧美日韩才走出中等收入陷阱，而是走出了中等收入陷阱后，这些国家才实施了乡村振兴战略。而拉美一些国家正处于中等收入陷阱中，拉美国家的情况与欧美日韩不可比。在工业化、城镇化阶段，农村人口涌入城市寻找就业机会，既是工业化、城镇化

1　叶兴庆：《实现国家现代化不能落下乡村》，http://www.zgxcfx.com/sannonglun-jian/201711/104863.html。

本身的需要，又是农村人口自由流动的结果。现代化一定要以城市为经济增长极，各种机会也一定要在城市创造与汇聚。同样是大量人口涌进城市，农村衰落凋敝，不同的是，日韩工业化、城市化为大量进城人口提供了就业机会，而拉美一些国家的农民进城后却很难就业，土地私有制和农村高度商品化、市场化，使得农村土地向少数大资本大地主集中，他们又不再能够退回农村，便不得不滞留漂泊在城市，挣扎在温饱线上，由此形成了作为苦难之源与动乱之源的城市大规模贫民窟。大量缺少就业与收入机会的城市贫民成为激化社会政治动荡的力量，拉美国家因此进入了经济周期与政治动荡的恶性循环，也因此落入所谓中等收入陷阱中。

中国现在正处在中等收入发展阶段和快速城市化的进程中，中国还有6亿多农村人口，若包括与农村有千丝万缕联系的农民工，中国农民人数在8亿以上，农户有2.2亿。因此，中国与欧美日韩的情况完全不同。中国与拉美国家也不同，虽然中国与拉美一些国家都处在中等收入阶段，但中国明显没有形成大规模城市贫民窟，且在现代化进程中保持了高度的社会政治稳定。其中原因正是当前中国保护型的城乡二元结构，即一方面放开农民自由进城的机会，清除限制农民进城的体制机制障碍，一方面限制城市"资本下乡"，从而为无法进城或进城失败的农民留下了农村退路与基本保障。能力强、运气好的进城农民可以在城市安居，无法在城市安居的农民家庭可以选择返乡。中国农民进城是为了在城市获得更多就业与收入机会，如果城市没有这种机会，进城农民也会回到农村，他们有回到农村的制度保证：国家限制城市"资本下乡"占据农民在农村的土地。

也就是说，如果要从国际上借鉴关于实施乡村振兴战略的正反两个方面的经验或教训，叶兴庆提到的两方面国际经验都靠不住。第一，中国现在正处在快速工业化与城市化阶段，仍然处在中等收入发展阶段，农村人口占全国人口的接近一半，这与欧美日韩等发达国家在完成了城市化、进入到高收入发展阶段，且农村人口占比极低时实施的乡村振兴战略或农业综合发展政策，是完全不具有可比性的。第二，拉美一些国家大量没有就业的人口涌向城市形成严重社会问题，乃至落入中等收入陷阱，是其土地私有制以及过度市场化所造成的资本对农民在农村退路的侵蚀和吞没所致。中国当前的保护型城乡二元结构，已经为无法进城或进城失败的农民留下了农村退路与基本保障。

当前中国处在与欧美日韩完全不同的发展阶段，千万要防止片面学习欧美日韩等发达国家所实施的符合其发展阶段的乡村振兴经验。这些经验不可学。同时，中国又要吸取当前落入中等收入陷阱的拉美一些国家的教训，其中最重要的是，土地私有化（土地自由流动）和彻底的市场化造成农村土地向工商资本的集中，使进城失败的农民失去退路，造成了城市严重的贫民窟问题。中国现代化进程中，一定要始终保留住进城农民的返乡权，这是农民的基本人权，是他们的基本保障。基本保障是不能市场化的。

当前学界和政策部门在解读乡村振兴战略时有太多乐观情绪，且误置了乡村振兴的时代背景。毫无疑问，当前中国仍然处在史无前例的城市化进程中，仍然处在中等收入发展阶段。农村首先是包括2亿多农民工在内的近9亿农民的基本保障。基本保障最重要的是保底，有时甚至是一种必要的资源冗余量。千万千万不要用乡村振兴话语来折腾乡村，为达到不切实际的目标而让农民丧失了农村这个最后退路与基本保障。

2017年11月30日

城乡收入差距为什么会拉大？

国务院发展研究中心农村部部长叶兴庆说："中华人民共和国成立以来，特别是改革开放以来，我国城乡面貌都有很大改变，但城乡二元结构明显仍是目前我国最大的结构性问题。2016年我国城乡居民收入倍差仍高达2.72，城乡居民消费支出倍差也高达2.27。城乡居民家庭彩色电视机、电冰箱、洗衣机、手机普及率的差距明显缩小，但家用汽车、空调、计算机普及率的差距仍然很大。城乡差距大、农村发展滞后，是我国发展不平衡的重要体现。农村生产力发展水平不高，农民收入和消费水平低，基础设施滞后，公共服务水平不高，是我国发展不充分的突出表现。放眼全世界，像目前我国这种城乡差距也是不多的。这种局面不改变，将会阻碍我国现代化目标的实现。"[1]

那么，我们应该如何看待城乡收入差距不断拉大的趋势？

一

首先我们要弄清楚按什么口径来统计城乡收入差距。当前正处在中国最为快速城市化的时期，大量农村人口进城，包

---

[1] 叶兴庆：《以乡村振兴战略统领农业农村现代化》，http://www.zgxcfx.com/sannong-lunjian/201711/104930.html。

括农民全家进城和农民家庭青壮年劳动力率先进城。按当前城市化率的统计口径，凡是在城市务工经商超过半年时间的均计算为城市人口，则进城居住生活的农户以及进城务工经商的青壮年劳动力就都应当计算为城市人口。有能力进城居住生活的农民家庭，一定是农村经济条件最好、收入水平最高的农民家庭，简单地说就是富人进城。再加上年富力强年轻力壮劳动力的进城，留在农村的往往是老弱病残等缺少进城能力的农户，按这样的口径统计城乡居民收入差距，城乡收入差距自然会不断地拉大。

留在农村的农民家庭也要分区域。沿海发达地区以及大中城市的城市近郊，受到城市繁荣的第二、三产业的拉抬，而有较多就业和获利机会，且往往会有较多土地非农使用产生的经营性资产和财产性收入。这一部分农民家庭的收入甚至要高于当地城市市民。而在中西部广大农村，农民家庭收入主要来自外出务工与留村务农，收入增长有限。显然，沿海发达地区农村和大中城市近郊农村并非全国一般农村的未来，虽然行政体制上发达地区农村与城市近郊农村仍然是农村建制，但其经济活动与就业结构乃至公共服务早已被纳入城市带中，与城市无异，这些地区的农民家庭收入到底是应当统计为城市家庭收入还是农村家庭收入，可以两说。这部分农民家庭收入的增加只可能掩盖中西部一般农业型农村农民收入的低水平。当前一个时期，中央和地方政府着力推动农村新产业新业态的发展，以增加农民收入，其中推动力度最大、社会关注度最高、被寄以最大期望的，是发展休闲农业和乡村旅游。问题是，发展休闲农业和乡村旅游业即使可以增加农民收入，也只有那些具备区位优势或旅游资源的农村才有发展起来的可能，而这样的农村和农民占全国的比例不会超过5%。即使这5%具有资源条件的农村与农民在国家政策支持下面通过三产融合致富，也无法掩盖中国绝大多数农村与农民的低收入现实。

当前正在进行农村"三块地"改革，其中包括农村经营性建设用地入市的改革，据说可以增加农民财产性收入。沿海发达地区的农村往往占有最多的农村经营性建设用地，繁荣的地方经济也对建设用地有巨大需求，故极少数发达地区农村的农民可以通过这一政策获得惊人的土地利益。而广大的中西部地区农村既缺少集体经营性建设用地，又缺少对建设用地的市场需求，中西部农村的农民也就难以从"三块地"的改革中受益。

一个时期，从中央到地方都支持发展家庭农场，原因有两条，一是家庭农场户均200亩耕地，可以实现农业适度规模经营，二是只有当农民家庭种地有了适度规模才能获得与城市家庭相当的收入。问题是，当前中国仍然有2亿多农户，按每户200亩来组建家庭农场，20亿亩耕地也只有1000万户家庭农场而已。

因此，在城乡收入差距拉大这个话题之下，我们也许还要讨论谁是农村人口，谁是农民，缩小城乡收入差距首先要保证和保护的是哪一部分农村人口的利益。

二

　　中国城乡收入差距拉大，很重要的一个原因是农村富裕家庭和青壮年劳动力进城，而缺少进城能力的老弱病残群体大都留在农村。同时，当前中国城乡体制采取了保护农民的制度安排，其典型就是不允许城市资本（包括城市中产阶级手中的资本）到农村买房买地。当前中国城市已经有了一个具有一定规模的中产阶级群体，他们除了在城市有一套住房以外，还希望到农村买一块宅基地建一个乡间别墅，每年有一个或几个星期时间到农村休闲。城市"资本下乡"买农户宅基地，意味着卖出宅基地的农户一旦进城失败不再可能返回农村，而越是进城困难的农户就越是愿意卖出宅基地以增加进城的能力。城市中产阶级到农村建别墅休闲的利益是建立在农民失去基本退路与保障的基础上的，在现阶段，农民进城失败的概率还比较高，国家为了保证农民的返乡权，禁止宅基地交易，从而限制了城市人的下乡。

　　有一种主张认为，降低城乡居民收入差距很好办，就是允许城市人下乡，允许农民进城。当前中国城乡体制是允许农民进城的，但限制城市人下乡。如果允许城市人到农村买农村宅基地，卖出宅基地的农户即使进城失败也不再可以返回农村，这样就会出现富人下乡和穷人滞城的问题。若如此，从城乡居民收入统计来看，富人下乡提高了农村居民的收入水平，穷人滞城则降低了城市居民的收入水平，城乡收入差距也就会缩小。叶兴庆说"放眼全世界，像目前我国这种城乡差距也是不多的"，这并不是说其他国家没有贫富分化，而是穷人进城富人下乡，贫富差距主要不表现为城乡差距。尤其是一些未彻底进行资产阶级土地革命的发展中国家，以印度和拉美一些国家为典型，地主占有大多数土地，农民要么无地要么只有很少的土地；农民进城往往是不可逆的，一旦进城又无法在城市获得稳定就业与收入，就滞留于城市贫民窟中。印度和拉美一些国家，住在贫民窟的城市人口往往高达30%，他们家徒四壁（如果有家的话），缺少对未来的预期，过一天算一天。这些国家的城乡二元结构变成了更加尖锐对立的城市内的二元结构。当前中国既没有明显的城市贫民窟，城市内的二元结构也不明显，重要原因是农民进城失败还可以选择返乡。

在这个意义上，中国的贫富差距主要表现为城乡差距，防止了城市内产生更加尖锐对立的二元结构，与全世界其他国家不同，这体现了中国体制的优势。试图通过让富人下乡和穷人滞城来缩小城乡居民收入差距，是不折不扣的馊主意。

三

当前对农村居民收入的统计中缺少十分重要的一块，即未被货币化的实物收入，如农民住房不花钱（虽然建房要花钱），有自给自足的庭院经济。农民自己种萝卜，卖给菜贩子每斤0.2元，城市人买萝卜则要每斤2元。更重要的是，当前城乡体制中，农村中的富裕家庭和年富力强的劳动力进城，留在农村的往往是缺少进城能力的老弱病残或进城失败的返乡农民。

大均衡

这些缺少进城能力的农民群体，大体可以分为两种。一种是家庭中的青壮年子女进城务工经商，年老父母留村。这样的以代际分工为基础的半工半耕农民家庭，留村务农的老年父母可以进一步助力进城子女在城市打拼，并让他们更有留城安居的可能。第二种是缺少进城能力的家庭，因为缺少在城市务工经商的能力，依靠土地收入来维持基本生活水准。此外，大量农民进城，会让渡出若干在农村的获利机会，一些年轻力壮而又没有进城的中青年夫妇就可能捕获这些获利机会，通过扩大农业种植规模，提供农业社会化服务，开办家庭小作坊等等，在不离开村庄的前提下获得不低于外出务工所得的收入，这样的农户就是我们所说的"中坚农民"。"中坚农民"在农村占比不高，却是乡村治理中的重要力量。

当前中国农村仍然有6亿多农村人口，2.2亿农户，农业劳动力已明显老龄化，老人农业相当普遍。全国20亿亩耕地，按2.2亿户来平均，户均耕地不超过10亩，农民显然不可能靠农业致富。对于大多数仍然留村的农民来讲，他们是缺少进城的能力，或干脆就是进城失败的群体。他们的城市梦现在已破碎，而希望仍然保留住农村的这片净土。农民进城，目标是过上体面有尊严的城市生活，是要求有稳定就业与收入，而不是在城市过漂泊无根的缺少就业与收入机会的生活，更不愿落到城市贫民窟。

留村的农民，他们有自己的住房，住有所居，绝对不担心被驱赶。在当前农业基础设施比较健全、农业机械化程度越来越高的条件下，即使是老年人，也可以与土地结合起来，不仅有农业收入，而且有农业就业，有劳动的意义，有与农业季节相一致的生活与生命的节奏。人多地少农业经营规模小，农业收入少，同时每年也就只有两个月农忙，还有十个月农闲可以自由安排。正是在农业生产的基础上，农民结成了熟人社会的村庄人际关系，农民之间的交往与竞争产生了社会价值。生活于村庄中的归属感与安全感，进城失败而返乡的落叶归根感，都使与土地结合起来的农村人口，虽然可能与在城市生活比只有较少的现金收入，却有着远高于城市生活的满足感。

正是如此，中国才具备了应对老龄化、应对经济周期、应对现代化进程中可能会出现的社会政治不稳定的最重要手段。

四

也就是说，当前农村的土地是农民的基本保障，是缺少进城机会的农民仍然保持在农村体面生活的基础，是进城失败的农民返回农村的条件。正是因为当前不允许农民失去土地，农村才成为中国现代化的稳定器与蓄水池。农民的宅基地与承包地是他们的基本保障，基本保障虽然不能让农民致富，却可以为农民保底。而正因为土地是农村的基本保障，这样的基本保障就是不能市场化的，是不能只讲效率的，也是不能失去的。

糟糕的是，当前国内学界与政策部门的很多同志借缩小城乡居民收入差距为由，推动农村宅基地与承包地的不可逆流转，并试图通过所谓赋予农民更大的土地权能、允许农民土地买卖来让富人下乡，农民滞城。若如此，中国的现代化进程就真可能落入到印度和拉美国家的悲剧中。

2017年11月28日

城市发展战略的若干想法

中国正处在最为快速的城市化进程中，采用何种城市发展战略一直是学界和政策部门讨论的热点。以下我就中国城市化发展战略谈几点不成熟的意见。

一、城镇化还是城市化？

当前的主流提法是城镇化，即中国城市化包括城和镇两级，其核心是将全国2000多个县城的城市化纳入中国城市化进程，发展县域经济成为城市化的重要组成部分。

从城市化的角度来讲，以城关镇为重点的县域经济显然应当是城市化的一个部分，因为进入县城的人口一般都已从农业中脱离出来，进入了第二、三产业，实现了就业上与收入上的城市化转向，是不容置疑的城市人口。

不过，从发展的角度来看，县域经济的发展潜力比较有限。一个县人口一般有几十万，特别大的可能有100多万人，发展县域经济，将主要人口集中到县城，县城人口可以达到一个中小城市的规模，但很难形成一个健全城市发展所需要的规模效应，很难形成相对独立健全的城市基础设施与服务体系，比如县城一般没有大学。也就是说，县城因为聚集程度不够而无法产生规模效应。正是因此，当前中国县城开发大多只是开发了房地产，而缺少工业经济的发展。尤其是中西部地区，发展县城经济往往变成了开发房地产，然后鼓励农民进城买房。因为县城缺少第二、三产业就业机会，农民就算在县城买了房也住不下来，全国中西部农村县城的大量房地产要么卖不出去，要么出现了卖出去了却无人住的"鬼城"现象。

相对县城来讲，地级市人口一般在数百万，若以地级市为基础进行城市化，则可以轻易形成人口在100万甚至200万的城市规模，这样一个规模的城市可以建立相对独立完善的服务体系和相对健全的基础设施，第二、三产业也就有了充分发展的机会。有了第二、三产业的发展，就有了就业机会，进城的农民就可以从城市获取收入，也就可以在城市中生活下去。

也就是说，如果将城市化的重点放在地级市，农民在地级市买房子，就可以相对容易地获得第二、三产业就业与收入机会，就可以在城市住得下来，生活得好。同时，因为地级市距进城农民所在村庄不远，一般都在一个小时车程以内，进城农民可同时兼顾仍然留守在村庄的父母以及土地。

我以为，当前在市县两级的城市化中，应重点发展地级市的城市化，而相对限制县级城市化。如果中国城市化不是在2000多个县级行政区内推动，而是在300多个地级市推动，就可能更加具有规模效应，更可以让进城农民居住与就业相统一，减少"鬼城"，转向更高质量的城市化。

二、建开发区是个好办法

快速城市化必须先要有土地的城市化，建开发区是土地城市化的好办法。

城市化总是在已有建成区的基础上进行的。已有建成区即建设完成的区域，其上已经有密集的基础设施、生产、生活设施，已经容纳了密集人口，附着了密集利益。通过对建成区的改造可以提高建成区的人口容纳能力，不过，这种提高是相对有限的。此外，对建成区的改造还会涉及对土地上既得利益的调整，从而引发各种矛盾。因此，依靠建成区来容纳大量进城人口，成本高而效率低。

另外一种城市化的办法是在城市近郊征地开发，这也是土地城市化的主导模式之一。正是通过由城市建成区向四面八方的城郊拓展，才扩大了城市面积，形成了容纳新的生产能力与城市新增人口的新城区。现在的问题是，因为城郊农村已经形成城市化预期而在土地上进行了大量的建设，城市化的征地往往会引发冲突。

在这个意义上讲，在大中城市周边进行新区建设，搞开发区模式，是个好办法。像上海浦东新区、重庆两江新区、天津滨海新区、成都天府新区，以及中央刚批准的雄安新区，规模都很大。按人均100平方米的城市建设用地面积计算，一个1000平方公里的开发区可以容纳数百万甚至上千万城市人口，目前全国200多个国家级开发区可以容纳数以亿计的城市人口。此外，还有大量省市级开发区也可以容纳大量城市新增人口。在省会城市、地级市，以及沿海城市经济带的县市设立各个层次的开发区，可以吸纳大量城市化人口。

各级开发区都要占用土地，进城人口占用建设用地面积按每人100平方米来计算，若有5亿进城人口，则要占用建设用地总面积为7600万亩，按50%的开发强度，开发区总面积即为1.52亿亩，假设开发区的土地有50%为耕地，即开发区占用了7600万亩耕地。因为进城农民会退出宅基地，一般农民占用的宅基地面积又远远超过人均100平方米，所以农民退出的宅基地面积，应当很容易补回这7600万亩耕地。当然，农民并非一进城就会退出宅基地，而是有一个相对较长的缓冲期。若全国所有开发区相加可以容纳5亿进城人口，中国城市化也就可以完成了。

建开发区的好处是，可以在相对较大的未进行建设的土地上进行城市规划与建设。进行开发区建设的区域一般都是人口比较稀少、建筑也不多的农村区域，这些地区被选定为开发区之后，进行征地相对比较容易，成本也比较低。在征地并搬迁以后的土地上搞规划和建设，可以充分利用土地，充分按规划要求建最有效率及效益的设施，充分按照城市建设要求进行建设。总之一句话就是，在一张白纸上可以画出最美图画。开发区可以整体规划，分期建设，防止浪费现象的发生。

三、"三旧改造"要慎重

当前城市化进程中，有大量城市"三旧"地块上已经覆盖了各种权利与物业，这些地块使用效率低，脏乱差，成为城市建设的洼地。因此，对旧城镇、旧厂房、旧村庄进行改造就不只是增加了城市建设用地，提高了城市建设用地的效率，而且还可以美化城市环境，提高城市品质。不过，因为"三旧"上面附着的利益太多，所有"三旧"权利主体都试图借"三旧改造"来实现自己利益的最大化，导致"三旧改造"成本巨大，变成了城市财政失血的无底洞。财政失血有两种方式，一种是大量财政资金的直接投入，另一种是"三旧改造"中城市土地出让金的返还。结果就是，改造一个城中村，城市政府花费数十亿甚至上百亿，改造出了无数千万富翁。没有无缘无故的财富，当城中村改造产生出无数千万甚至亿万富翁，这个城市就在失血。

因此，城市化的重点不应当是"三旧改造"，而是开发区模式。既然"三旧"上已经附着了大量刚性利益，城市建设尤其是在初期阶段，不到万不得已，就不要去碰"三旧"。

四、警惕"摊大饼"式城市化

因为特殊的工业化路径，当前中国东部沿海一些地区已经形成了工业化的全覆盖，尤其是珠三角核心区，几乎所有土地都已经完成了农转非，变成了建设用地。在所有这些变成了建设用地的土地上，作为权利主体的农民都期待从土地上获取巨额利益，任何对土地的利用都会引发农民强烈的获利诉求。因此，这些地区进行再开发的难度极大，从而有可能形成低水平城市化的陷阱。

作为改革开放以来先发展的地区，珠三角的工业化是从招商引资、"三来一补"开始的。为了调动各方面的发展积极性，迅速实现工业化，珠三角的发展模式普遍为所谓"四个轮子一起转"，即市县、乡镇、行政村、村民组四级均以土地招商引资进行土地开发，在集体土地上大量建厂房出租，或将土地直接出租给外来企业建厂房。在整个珠三角核心区的地域上，各种外来资本几乎同时建厂。大量外资引入必然要招收大量外来农民工，涌入的成千上万农民工需要住处，村社集体不仅允许农民在自己的宅基地上建房出租，而且分配若干宅基地建房出租，以解决外来农民工的住宿问题。也就是说，除了县市、乡镇、村组以外，当地农民也加入了土地开发和工业化的进程，从而形成了"五个轮子一起转"的快速工业化。结果，短短10多年，珠三角核心区即全面实现了高度工业化，甚至成为全世界的制造中心。同时，珠三角核心区的土地资源也很快被耗尽。

珠三角"五个轮子一起转"的工业化模式，好处是实现了快速且高度的工业化，坏处是缺少城乡规划，土地利用不规范，使得土地上覆盖了各种用途的物业，以及各种不同的产权，形成了刚性的土地利益。随着中国劳动力成本的上升和产业结构升级，以代工为主要特征的加工制造业大量外迁，在珠三角土地上进行重新规划改造与建设以适应产业升级的需要，却可能因为已经开发土地上附着的刚性利益而难以满足，从而造成珠三角大量低效使用土地难以改造的困境。

珠三角核心区以及东部沿海发达地区，普遍存在因为"五个轮子一起转"所导致的"摊大饼"的城市化，这样的城市化显然没有合理利用土地，城市规划与基础设施建设都存在缺陷，无法满足更高质量城市化的需要，反而成了教训。"五个轮子一起转"的"摊大饼"的城市化已经终结其历史使命，应当退出历史舞台。学界有人主张"农民自主的城市化"，即主张农民在他们具有使用权的集体土地上进行工商业建设，这显然是缺少对包括珠三角在内的中国过去"摊大饼"城市化教训的了解，是开历史的倒车。当前所谓"集体经营性建设用地入市"改革，搞不好也会形成缺少规划的工业化与城市化的陷阱，因此要特别警惕。

五、村庄是中国城市体系中的有机组成部分

中国城市化很重要的一个特点是农民可以在城乡之间进退：城市就业机会多、收入水平高时，农民进城，城市就业机会少、收入水平低时，农民返乡；农民年轻时进城，年老时返乡；农民家庭中年富力强的子女进城，年老体弱的父母留村。也就是说，中国农民的城市化不是一次性进城，而是保留了在城乡之间不断往返的可能。宜进城就进城，不能在城市体面生活就返乡。正是因为农民可以在进城失败时返乡，中国城市才

　　　　　　　　　　　　　　大均衡

没有出现大规模的贫民窟，农民无法在城市体面生活时也仍然可以选择回到农村体面生活。农村成为中国现代化的稳定器与蓄水池。

对于一个农民家庭来讲，年富力强的子女进城务工，收入机会多。中老年父母虽然在城市缺少就业机会，却可能有能力留村种地。种地是一种就业，还能有农业收入，有就业有收入，留村的父母才觉得自己有价值。在农村，年老父母有自己的住房，有农业收入，还有房前屋后的庭院经济，生活成本比较低。正是年轻子女进城务工，年老父母留村务农，及由此形成的农民家庭"以代际分工为基础的半工半耕"家计模式，才使农民家庭每年收入多于支出，年年都有节余。有节余的日子才是好日子。

"半工半耕"存在的最大问题是农民家庭的代际分离，以及由此产生的留守老人问题。年老父母留守偏远农村，年轻子女远到沿海地区务工，使得农民家庭之间的相互照料变得困难。更糟糕的是，当前中西部农村，因为县城房地产的开发，有大量农户进城买房，但县城缺少第二、三产业的就业与收入机会，进城买房的农民无法在县城生活下去，年轻子女继而到沿海或大城市务工经商，老父母留村种田，县城的房地产要么卖不出去，要么卖出去了却无人居住。如果地市一级因为聚集而形成规模效应，有了第二、三产业发展的条件，有了各种第二、三产业的就业机会，则进城买房的农民就可以住在城市寻找务工机会，条件好的可以将农村留守父母接到城市来；即使条件不够好，在地市居住工作的年轻子女也可以随时回到农村照看父母，留守农村的父母亦随时可以向居住在城市的子女输送新鲜农产品，并因此加深代际情感。从村庄到城市的距离不算远，分开居住的父母与子女可以保持便利的交流。

因此，在城市化进程中，保留农民的土地权利，让进城失败或无法全家体面进城的农民家庭仍然可以从村庄中获取收入，是中国社会得以在城市化进程中保持稳定的重要诀窍。

六、"三个轮子一起转"的城市化

中国是有14亿人口的大国，中国的城市化一定是个十分独特而曲折的过程。我认为，当前中国城市发展战略应当同时注重三个方面。

第一，以开发区为基础的新型城市建设可以成为吸纳产业和进城人口的主要方式。开发区要保持其生产性，土地上不能产生食利者，要将开发区产生的主要价值用于城市基础设施建设，同时保持农民廉价进城的条件。城市化是为了更好地发展产业，以及更好地服务进城人口的生产、生活。高昂的土地价格和房价使中国失去了作为发展中国家的后发优势。以开发区为基础的新型城市化，为中国的产业发展、走出中等收入陷阱、进城人口在城市体面安居，提供了强有力支撑。这样一种开发区模式既包括国家级新区、开发区，又包括省市各级的开发区。县级及以下则应限制开发区建设。

第二，对目前已经覆盖了大量既得利益，土地上不仅有大量仍然具有使用价值的建筑，而且有着复杂既得利益结构的老城区、老工业化地区的改造，应当缓行。当前全国推行"三旧"——旧城镇、旧厂房、旧村庄——的改造，仅改造一个城中村，地方财政往往要花费数十亿元，如此高昂的改造成本，如此昂贵的城市地价，使城市无法容纳低成本的生产与生活，而且这样的改造将本来还具有使用价值的物业拆除，造成了严重浪费，因此是毫无必要的。这往往还会产生各种各样的"钉子户"，无必要地激化矛盾。所以中国城市化不应当在老城区里面进行拆除重建，而应在新建开发区进行建设。一旧一新，两个轮子同时转，才是最好的城市化。

第三，中国的城市化并不排斥或试图消灭村庄。城市与乡村是互补而非互斥的关系。

2017年4月3日

城乡融合发展彰显中国制度优势

　　贫民窟是发展中国家城市普遍存在的现象。根据联合国人居署发布的《2016年世界城市状况报告》，发展中国家贫民窟居民数量一直在上升，1990年约6.9亿，2000年约7.9亿，2014年达到8.8亿。贫民窟居住环境拥挤脏乱、治安差，居民缺少正规就业岗位和稳定收入，生活贫困，很多人对未来失去信心。同时，贫民窟缺少正式的基层建制，往往难以治理，成为违法犯罪活动滋生的温床。例如，印度孟买的贫民窟人口数量占其城市总人口的比重约为60%，东南亚的印度尼西亚和菲律宾、拉美的墨西哥和巴西、非洲的南非等国也有大规模城市贫民窟。一些发达国家的城市虽然基本看不到像发展中国家那样的贫民窟，但也存在大规模连片贫民区。

　　改革开放以来，我国城镇化快速推进，但是城市中并没有出现贫民窟，这堪称城镇化奇迹。通过解析这一独特现象，可以更深入地认识中国特色社会主义的优势。

一、土地的社会主义公有制，为开展城市建设提供了有效制度保障

　　改革开放以来，我国加大基础设施建设力度，城乡面貌

发生了翻天覆地的变化。城市基础设施大幅改善，不仅优化了城市环境，为城市良性运行提供了基本保障，还有利于促进经济发展，进而创造大量就业机会，为劳动者提供稳定的劳动报酬。我国之所以能在较短时间内取得如此巨大的基础设施建设成就，与我国的土地公有制有着密不可分的关系。

我国《土地管理法》规定：中华人民共和国实行土地的社会主义公有制，即全民所有制和劳动群众集体所有制；国家实行土地用途管制制度，编制土地利用总体规划，规定土地用途。土地的社会主义公有制，为开展城市建设提供了有效的制度保障。地方政府能够根据发展需要，合理调控土地开发利用规模，合理布局城市功能区，按照城市发展规划推进城市建设、完善城市基础设施，有序推进城镇化，促进经济发展和人民安居乐业。这是实行土地私有制的国家难以做到的。

二、农村经济制度和乡村振兴，为农民发展生产、改善生活提供保障

随着经济增长、社会发展和城市进步，越来越多的农村劳动力进入城市工作。他们中的一部分获得了稳定的工作岗位与收入，在城市安家落户；也有一部分人因为多种原因，无法长期留在城市工作生活。对于这部分人，农村土地制度、畅通的返乡通道为他们返乡务农、创业提供保障，避免他们滞留城市，陷入生活困境。

农村集体经济制度为农户提供土地保障。在农村集体经济制

度下，农户有属于自己的宅基地，享有土地承包权和经营权。尽管农户户均经营规模不大，但始终有房有地作为保障。由于在农村有房有地，进城务工的农民随时可以返回农村务农或创业。

不断完善的交通基础设施为人员流动提供便捷条件。改革开放以来，我国交通运输步入发展快车道。到2018年末，全国铁路营业总里程达到13.2万公里，高铁营业总里程达到3万公里，公路总里程达到484.7万公里，通硬化路乡镇和建制村分别达到99.6%和99.5%。不断完善的高铁和公路网络不仅助力经济社会发展，而且大大降低了人们出行的时间成本，农民可以更加方便地在城市与农村之间流动。

乡村振兴大大增强了乡村活力和吸引力。改革开放后，我们党高度重视解决"三农"问题，不断深化农村土地制度改革，大力推进农业农村现代化。党的十八大以来，我们党坚持农业农村优先发展，按照产业兴旺、生态宜居、乡风文明、治理有效、生活富裕的总要求，大力实施乡村振兴战略。乡村振兴战略的实施，正在让农业成为有奔头的产业，让农民成为有吸引力的职业，让农村成为安居乐业的美丽家园。这推动了人才、土地、资本等要素在城乡间双向流动，吸引更多农民工返乡创业就业，促进了城乡共同繁荣。

三、富有活力的社会机制，为人们实现梦想创造条件

在国外，贫民窟的居民大都对改变命运、走出贫困缺乏信心，生活态度十分消极。一些研究表明，贫民窟的居民已经形

成了独特观念和生活方式，并代际传递，即使有摆脱贫困的机会他们也难以抓住，更无法向社会上层流动。

在我国，各个社会群体都在为国家发展和生活幸福而努力拼搏。富有活力的社会机制，激发全体人民的积极性、主动性、创造性，鼓励人们追求梦想，并为人们实现梦想创造条件。

社会主义市场经济体制激发社会活力。在社会主义市场经济体制下，市场作用与政府作用有效配合、协同发力。市场对资源配置的决定性作用日益发挥，劳动力市场不断发展，越来越多的社会成员通过努力拼搏和公平竞争实现向上的社会流动。政府更好地发挥作用，推动新型工业化、信息化、城镇化、农业现代化同步发展，推动产业升级，提升科技创新能力，促进就业岗位增加和人民生活水平不断提高。

比较完善的职业技能培训体系帮助农民工提高知识素养和就业能力。改革开放以来，我国职业教育体系不断发展完善。党的十八大以来，我们根据经济发展、经济结构调整、产业布局需求，加强农民工职业技能培训、在岗技能提升培训、创业培训和农村实用技术培训，各级政府在农民工培训上的投入不断加大。2014年—2017年，全国开展政府补贴性农民工职业培训3856万人次，有力提升了农民工群体的技能素养，使他们能够更好地适应产业升级与高质量发展要求，在劳动力市场上找到更加适合自己的工作岗位。

覆盖广泛的社会保障体系为农民工在城镇就业和生活提供保障。2018年，我国农民工总量达到2.88亿。党和国家不断完善社会保障制度，着力为农民工在城镇就业和生活提供保障。比如，2010年通过的《中华人民共和国社会保险法》规定，进城务工的农村居民依据本法规定参加社会保险；2013年通过的《中共中央关于全面深化改革若干重大问题的决定》要求，把进城落户农民完全纳入城镇住房和社会保障体系，在农村参加的养老保险和医疗保险规范接入城镇社保体系。覆盖广泛且项目比较完备的社会保障体系，解除了劳动者的后顾之忧，使进城农民工对未来有较稳定的预期。

有人说城中村就是中国的城市贫民窟，这种观点是错误的。城中村的房屋大多是村民自己在原来的农村宅基地上盖的简易楼房，其基础设施、居住条件、社会治安都是一些国家的贫民窟不能比的。城中村的居民大多是职工或外来务工人员，有正当职业和劳动收入。他们有自己的梦想并努力为之奋斗，他们对未来充满希望并具有通过自身努力改善生活的能力，与一些国家陷入生活困境而难以自拔的贫民窟居民有着天壤之别。更要看到，我国正在实施2018年到2020年三年棚改攻坚计划，城镇棚户区和城中村改造取得显著成效。

四、适应新时代要求推进新型城镇化，实施乡村振兴战略

农村在我国现代化发展进程中发挥着稳定器和蓄水池的作用。1997年亚洲金融危机和2008年国际金融危机对我国经济特别是对外贸易产生了较大影响，一些农民工因此失业。但由于

大均衡

很多农民工选择返乡就业，所以并未出现社会问题。进入新时代，实现"两个一百年"奋斗目标、全面建成社会主义现代化强国，要求我们积极推进以人为核心的新型城镇化，为农民工市民化创造有利条件；大力实施乡村振兴战略，推动城乡融合发展。

大力推进以人为核心的新型城镇化。城镇化是现代化的必由之路，是解决农业、农村、农民问题的重要途径，是推动区域协调发展的有力支撑，对全面建成小康社会、全面建成社会主义现代化强国具有重大意义。应大力提高城镇化质量，推进以人为核心的新型城镇化，不断提高城镇基础设施和公共服务水平，让城乡居民平等参与城镇化进程，共同分享城镇化发展成果，过上更加幸福美好的生活。

大力实施乡村振兴战略。没有农业农村的现代化，就没有国家的现代化。实施乡村振兴战略，是解决新时代我国社会主要矛盾、实现"两个一百年"奋斗目标和中华民族伟大复兴中国梦的必然要求。要充分尊重农民意愿，充分发挥农民主体作用，激发广大农民积极性、主动性、创造性，让农民真正成为乡村振兴的主体。推动乡村产业、人才、文化、生态和组织振兴，推动农业全面升级、农村全面进步、农民全面发展。

2019年11月1日

从开发扶贫到精准扶贫

——中国农民的脱贫之路

一、中国农民是怎么脱贫的？

过去，中国农村的贫困主要是由于彼时全国经济发展水平都很低。中华人民共和国成立初期，作为一个农业国家，人多地少，再加上城市并不对农民敞开落户的大门，绝大多数农民只能被束缚在土地上，难以获得其他发展机会。

经过多年的工业化，以及改革开放以来的市场化和全球化，中国的经济发展水平迅速提高，贫困人口也开始大幅度减少。

举个简单的例子，在全国劳动力市场逐渐形成的过程中，农民由之前的不被允许进城，发展为可以进城，称呼从"盲流"到"农民工"，再到今天的"新工人""新市民"，可以说，他们进入第二、三产业的体制机制障碍都被扫除，获得了广泛的发展机会和收入机会。

无论是做工地工人，还是外卖专员，农民都可以获得基于当地经济状况的基本收入，务工收入也成为他们的主要收入来源。在此背景下，我国农村家庭的收入来源结构，也慢慢变成

大均衡

了"以代际分工为基础的半工半耕"，即年轻人进城务工，年纪较大的父母依旧种地。既有务工收入又有务农收入，家庭的积蓄就会慢慢增多，逐渐摆脱贫困。

可以说，当前中国反贫困取得成就的根本原因，归功于全国宏观经济政策支持下的经济持续发展。

1978年，中国人均GDP只有300多美元，到2018年已达到9732美元，这是中国农村贫困发生率由97.5%大幅度下降到1.7%最坚实的经济基础。

除了经济发展，我国还在各项政策的制定上，给予农村和农民扶持：

进入21世纪，国家取消农业税，大幅度增加向农村的财政转移支付；

从2002年开始，国家提出要引导农民建立以大病统筹为主的新型农村合作医疗制度（下称"新农合"）；

2009年，作为国家深化医疗卫生体制改革的主要战略部署，以新农合作为农村基本医疗保障制度的地位得以确立，2017年各级财政对新农合的人均补助标准达到450元，相对2002年的人均10元，短短十几年提高了数十倍；

2003年，民政部开始部署农村低保建设工作，2007年，国务院决定在全国建立农村最低生活保障制度，中央财政每年支出城乡最低生活保障资金超千亿元，2016年，各级财政支出农村低保金1014.5亿元；

2009 年，国务院决定开展新型农村社会养老保险（下称"新农保"）试点并很快在全国推广，目前农村基础养老金为每月 70 元。

这些面向农户个人或家庭的社会保障政策极大缓解了农民家庭的贫困状况，提高了农民家庭应对风险的能力。其中，"新农合"对防止农户因病返贫起到很大作用；最低生活保障可以为农村缺少收入来源和劳动能力的贫弱农户解决温饱问题；"新农保"则为农村老年人提供了难得的现金收入。

二、从"开发扶贫"到"精准扶贫"

随着经济发展水平的提高和政策的扶持，我国农村从普遍性贫困转变成差异性贫困。现在，农村贫困人口大多集中在"老少边穷"地区，这些地区或多或少存在自然环境恶劣、基础设施简陋、教育水平落后、医疗条件较差等问题。

针对这些地区，早在1984年，中共中央、国务院就发布了《关于帮助贫困地区尽快改变面貌的通知》，指出："特别是还有几千万人口的地区仍未摆脱贫困，群众的温饱问题尚未完全解决。其中绝大部分是山区，有的还是少数民族聚居地区和革命老根据地，有的是边远地区。解决好这些地区的问题，有重要的经济意义和政治意义。"

1986年，国务院更是设立了贫困地区经济开发领导小组（1993年更名为"国务院扶贫开发领导小组"），负责拟定扶贫开发的法律法规、方针政策和规划，调查、指导全国扶贫开发工作。此后，相关计划陆续出台：1994年出台《国家八七扶贫攻坚计划》，2001年出台《中国农村扶贫开发纲要（2001—2010年）》，2011年出台《中国农村扶贫开发纲要（2011—2020年）》，逐渐形成了完整系统的扶贫开发政策。

扶贫开发也叫"开发扶贫"，重点是区域开发，典型做法是评选出贫困县并进行重点支持。支持的方式多种多样，一般包含修路、修桥以及引进技术等。交通通畅了，农民们就有了更多的机会，有了技术指导，农产品质量也实现了提质升级，从而更具竞争力。比如多山地的陕南地区，之前受限于交通，农产品只能内部消化，山路修好后，许多村庄与外部的市场建立了联系，盘活了农产品资源，迅速摆脱了贫困。

国家为此也付出了极大的财力物力，到2017年，全国共划定832个连片特困地区县和国家扶贫开发工作重点县，这些地区在当年实际整合涉农财政资金就超过3000亿元。

区域性的开发扶贫，极大改善了贫困地区的基础设施条件，降低了农民进入全国市场的门槛，提高了当地农民的生产、生活水平，快速减少了农村贫困人口，在反贫困工作中起到了显著作用。

不过，随着贫困的减少，开发扶贫的一些弊端慢慢浮现出来。其中，最显著的问题就是，被列入贫困县就会有国家财政扶贫资金和专项政策支持，一些贫困县因此不愿意脱贫，还有一些县争当贫困县，甚至出现了评上贫困县后"举县庆贺"的怪象。

我们曾调研过湖北的两个贫困县，当地农户的家庭经济条件普遍都不错，真正的贫困户很少。这两个县为何要当贫困县呢，因为他们都是新设立的县，县级工业基础薄弱，财政收入较少，想通过申报国家级贫困县来获得国家扶贫资金的投入。为了成功申报国家级贫困县，这两个县都有意压低农民人均收入，虚报贫困户比例。

开发扶贫还存在一个隐蔽的问题，那就是"精英俘获"现象——扶贫资源更多被当地富裕农民占据，没有真正惠及贫困农民。除了腐败性的侵占资源外，大多数"精英俘获"现象其实是市场在起作用，毕竟富裕农民本身就在经济、社会等结构因素中占据优势，可以更好地利用开发扶贫带来的基础设施及技术扶持等。也就是说，开发扶贫中出现"精英俘获"现象是一个必然，势必导致一些贫困村的贫富差距加大。

正是在这一背景下，2014年中央提出了"精准扶贫"战略，将之前以区域为重点的开发扶贫扩展到对建档立卡贫困户的精准扶贫，将过去的"大水漫灌"转变为"精准滴灌"。

"精准扶贫"战略在以区域为重点的开发扶贫战略基础上，将扶贫重点落到直接帮扶贫困户上来，具体包括精准识别、精准帮扶、精准管理、精准考核等贫困治理的全流程。其中，精准帮扶是对识别出来的贫困户和贫困村深入分析致贫原因，落实帮扶责任人，逐村逐户制定帮扶计划，集中力量进行扶持。

三、思想上的贫困才是需要重点改变的

过去开发扶贫的重点是区域性的，比如连片特困地区、贫困县或贫困村，国家扶贫资源一般不会到户。而精准扶贫强调的"五个一批"（即发展生产脱贫一批、易地搬迁脱贫一批、生态补偿脱贫一批、发展教育脱贫一批、社会保障兜底一批），更多针对的是个体。

发展才是硬道理。发展生产无疑是重中之重，扶贫效果也很显著。不过，影响最深远的还是教育扶贫。

世界银行的一项研究显示，以世界银行的贫困线为标准，如果家庭中的劳动力接受教育年限少于6年，则贫困发生率大于16%；若将接受教育年限增加3年，则贫困发生率会下降到7%；若接受教育年限为9至12年，则贫困率下降到2.5%；若接受教育年限超过12年，则几乎不存在贫困状况。

可以看出，教育扶贫具有基础性、根本性作用，是拔掉"穷根"、稳定脱贫的关键，也是阻断贫困代际传递的重要方式。

所以，在教育扶贫方面，我们有个很硬性的要求，就是要控制辍学率，保证上学率，简称"控辍保学"。现在，很多贫困县的入学率达到了100%，这在过去是无法想象的。在调研过程中，我们发现陕南有一些贫困地区，初中升学率都达到了惊人的100%。

要知道，一个人接受了九年义务教育，如果能再接受三年高中教育，不管是职业高中，还是普通高中，就可以成为我们市场上很受欢迎的劳动力。这样的学历水平，即便无意深造，选择外出打工，也足以解决家庭的贫困问题。如果想继续深造，那将来的发展前景会更好。

教育扶贫还有一个潜在的、不可逆转的影响。我们常说"扶贫先扶志"，对于一些存在"等靠要"想法的老一辈人来说，在思想上改造他们难度较大，而新一代的孩子们接受了全国统一的义务教育，观念势必发生改变。所以，教育扶贫虽是缓慢、艰苦、长期的投入，但带来的影响却是内生的、根本的，可以让越来越多的贫困地区孩子掌握知识，改变命运，从而造福家庭。

不过，也有一些扶贫方式存在与实际脱钩的问题，比如易地搬迁。

易地搬迁是脱贫攻坚的有效手段之一，对于生存条件恶劣地区的群众更是极大的利好。

但易地搬迁仍存在一些问题。我们在贵州某地调研时发现，很多享受国家易地搬迁政策的农民并不愿意搬走。为什么不搬走呢？俗话说，一方水土养育一方人。在原来村庄里，农民有土地，有牲畜，基本可以实现肉类和菜类的自给自足，但搬到安置点后，这部分养殖、种植行为很难再开展，还需要额外支出餐食费，一般也没有新的就业机会可以立即弥补这部分支出，导致搬迁农民除了居住环境改变之外，生活水平并没有得到显著提高。

还有一种情况是，在一个家庭中，老人们往往会把新房留给年轻人住，一是觉得自己"没有奔头儿了"，还不如留守老房子，再就是避免与年轻人住在一起产生矛盾。若老人留在老房子，易地搬迁工作就无法推行，新房子也很难落实，这成了扶贫工作中亟待解决的矛盾激化点。

此外，一些农民脱贫后又出现了返贫现象，也值得关注。

目前我们注意到，返贫的原因主要集中在婚丧嫁娶等方面。这种现象与我们的"文化本能"密切相关。在中国一些地区，尤其是传统文化核心区，农民的家庭观念很强烈，他们考虑的不是个人利益最大化，而是家庭利益最大化，老一辈家长都会自觉承担起孩子结婚时的一切开销，包括县城房子、汽车，以及上万元的彩礼钱。这些物质的背后是一笔巨大的开支，足以把一个刚刚脱贫的家庭再次拖到贫困线以下，我们在甘肃、河南、安徽等地区调研时都发现存在这种情况。

而在另一些非传统文化核心区，我们则发现了一些只强调个人利益最大化的农民。比如，在云南、贵州等地，很多农民并不认为子女的嫁娶以及子孙后代的发展必须由自己承担，他们并不听从扶贫干部的安排，进行脱贫劳动来获取额外收入，而更多考虑个人闲暇的最大化，宁愿打麻将、打牌、喝酒。这些贫困户就是俗称的"懒汉"，属于脱贫攻坚工作中较难攻克的一部分。

可以看出，随着贫困人口的减少，我国贫困情况因地区不同，呈现出不同的特点。外在的由客观环境造成的贫困已不是主要因素，思想上的贫困才是需要重点改变的，在2020年的脱贫攻坚工作中，我们需要给予更多关注。

四、消灭了绝对贫困，下一步怎么办？

2020年是脱贫攻坚决战决胜之年，我们毫无疑问会取得胜利，我们将全面建成小康社会，实现第一个百年奋斗目标。

那么，消灭了绝对贫困后，我们如何巩固成果？

这就需要我们落实好与脱贫攻坚一脉相承的乡村振兴战略，在乡村振兴"三步走"战略的安排下，依照每个战略阶段问题的特点予以针对性解决。

值得注意的是，我国乡村振兴战略的"三步走"应对的是农村、农民在三个层面的分化。

首先，当前我国至少存在着三种不同类型的农村。

一是沿海城市经济带农村地区，以珠三角和长三角为典型，这些地区已经工业化，农村大多数已经实现了城镇化，占全国农村总数不超过10%；

二是广大的中西部一般农业型农村地区，主要从事传统农业生产，占全国农村的70%以上；

三是适合发展休闲农业和乡村旅游等新业态，具有区位条件或旅游资源的农村地区，占全国农村5%以下。

其次，占中国农村最大比例的中西部农村地区，存在四种差异颇大的农户：举家进城的农村富裕农户；以代际分工为基础的半工半耕户；留守农村的中等农民家庭；老弱病残家庭。

最后是农民个人生命周期的分化。年轻力壮时，农民进城务工经商比较容易找到机会。随着年龄的增长，这些人开始逐步分化，有能力在城市成功立足，获得体面生活的就会全家进

大均衡

城；无法获得体面生活的，就会返乡养老，与土地再次结合。

其实，这三个层面的分化，也体现了我国农村在现阶段不平衡不充分发展的特点。因此，乡村振兴在实施过程中，要注意大多数农村和农民首先要解决的仍然是基本保障问题，这个保障问题的一个重要因素就是土地。

当前中国很多城市向农民开放，于是有了许多"新市民"，但乡村并未完全对城市开放，最典型的例子就是，农民由农村户籍变为城市户籍可能比较容易，但由城市户籍变为农村户籍则基本不可能。此外，城市资本（包括城市市民）也不能到农村买农民的宅基地和住房。

国家之所以对城市"资本下乡"进行限制，是担心如果城市资本在农村建立起"看星星看月亮"的度假别墅，万一农民进城失败了要退回农村，将失去在农村赖以保底的基本保障。因此，当前城乡二元体制是一种允许农民自由进城，但不允许资本自由下乡的"保护型城乡二元体制"。

作为农民进城的退路，以家庭农业为基础的小农经营不仅为农户提供了宅基地和住房，使"居者有其屋"，还为农民从土地中获得收入提供了保障。农业生产基础上的熟人社会也随之建立起来，这正是有根的，有身体安全感和精神归属感的，有情有义的农村生活。

也是因为这个退路的存在，中国成为所有发展中国家中唯一没有大规模城市贫民窟的国家。只要农民可以与土地结合，就有了基本保障，中国发展过程中遇到的任何困难就能够"软着陆"，从而对中国的社会稳定发挥巨大作用。

除此之外，农业、农村还是我国应对人口老龄化的重要办法。当前农业基础设施条件比较完善，机械化程度越来越高，国家还在建设更完善的农业社会化服务体系，十九大报告也提出要"实现小农户与现代化农业发展有机衔接"。农村老年人在城市可能是一个纯消费者，但只要与土地结合起来，他们就可以通过土地获得收入，获得劳动的意义。

但在"保护型城乡二元体制"下，不能忽视一个很突出的问题，那就是农村中能力强、收入高的农民家庭会选择进城，城镇化仍是未来一段时期内的发展趋势，这必然会导致中国城乡收入差距不断拉大。

所以，为村中缺少进城能力的农民群体提供基本保障显得越来越重要。这就需要乡村振兴战略中的支农资源重点向这些农民群体倾斜。若农村能为农民提供基本的生产、生活保障，进城失败的农民就不愿漂泊在城市，国家则获得了农村这个稳定器与蓄水池。

在2020年，我国将取得脱贫攻坚的最后胜利，千百年来困扰中华民族的绝对贫困问题即将历史性地画上句号。当然，脱贫只是第一步，更好的日子还在后头，我们要落实好乡村振兴战略，巩固好脱贫攻坚的成果，早日实现农村"强富美"的美好愿景。

2017年8月21日

农民如何城市化

一

1988年读大学时我就写了一篇《中国现代化的小城镇途径》，发表在自己办的学生社团刊物《调查与评论》上。文章题目一看便知是受费老影响，当时以为，中国可以走与欧美不同的就地城市化道路，其中关键是先通过乡镇企业来发展乡村工业，农民离土不离乡，进厂不进城。

没有想到到了1990年代，乡镇企业即纷纷改制和关闭，正规制造业很快就代替了乡村工业，农村青壮年劳动力远离家乡，进厂进城，尤其集中到沿海发达地区务工。农民家庭中，中老年父母仍然留村务农，获得务农收入，年轻子女进城获得务工收入。家庭收入因此增加，可以在农村翻盖新房，也有更多收入参与人情，生活水平也提高了，农村随之变得更加繁荣。

进入21世纪，进城农民不再只是从城市务工经商赚钱回农村消费，而开始谋划在城市买房安居。进城青壮年农民凭自己的务工经商收入很难在沿海地区和大城市买房安居，他们开始在家乡的县城买房。中西部地区县城就业机会少，收入也比较低，农民在沿海发达地区和大中城市务工经商获得收入，回县城买房。他们买房主要是为了让子女受到更好的教育，也是为自己退休养老做准备。他们仍然必须在县城以外务工经商，否则缺少足够支付县城买房的按揭还贷能力。

在外务工农民将积蓄用于在县城买房，提高了县城消费水平。农民在县城买房，县城地价飙升，土地财政收入成为县级行政区的主要收入来源。农民买房推动房地产的发展，房地产拉动就业，拉动消费，增加税收，增加财政收入。

农民在县城买房是要享受更好的公共服务和基础设施，县政府因此将更多资源尤其是教育资源集中到县城，不仅将所有高中集中到县城，而且将越来越多初中也集中到县城。县里还有意无意鼓励"无房不嫁"的风气，年轻人不在县城买房子都不好意思说媳妇。越来越多农民进城买房推动县城房价持续上涨，房价上涨又证明之前贷款买房的农民做了多么聪明正确的选择，从而鼓励更多农民在县城买房。

农民家庭在县城买房当然有很大经济压力，年轻人仅靠进城务工的收入肯定是买不起房的，因此，农民家庭中，父母将历年积蓄拿出来支持子女在县城买房。过去进城子女将务工收入拿回农村翻建新房，现在变成农村留守父母将务农收入用于支持子女在城市买房。农村不仅人进城了，而且资源也从农村流入城市，农村真正衰落了。

中西部县城普遍缺少就业机会，更缺少高收入的就业机会，因此，在县城买房，年轻人很难真正在县城生活，他们不得不继续到沿海发达地区或大中城市寻找较高收入的职业，他

　　　　　　　　　　　　　　　大均衡

们的父母也不得不继续留在农村务农以获得足以支持进城子女的农业收入。在县城买房的农民当然也会利用县城有限的就业机会，尤其在子女上学需要有家人陪伴时。但由于县城就业收入低，这样的农民家庭就更加依赖父母在农村的农业收入。

缺少就业机会的县城当然不是农民进城的目标，因为缺少收入的城市生活还不如农村生活。所以，即使在县城买了房，农民也未能实现在县城的安居，农民家庭中的年轻人还是要到就业机会多的大中城市打拼，他们的父母还是要在农村务农。最后导致县城卖出去的很多房子都无人居住。

虽然农民即使在县城买了房子也没有办法安居，但农民买房所显示出来的巨大购买力及因此给县级行政区带来的土地财政收益，会极大地鼓励当地政府的发展雄心。当地政府很愿意运用集中起来的权力，在县域经济发展和城市建设中大展宏图。每个县的政府都期待通过强有力的行政权力来招商引资，发展产业，建设城市；都愿意成立各种投融资平台来获得贷款，让城市建设提档升级。因此，县政府都在规划建城市中心公园、体育馆、文化馆、博物馆、图书馆，建标志性建筑，建新医院、新学校，建环城绿道。

如此一来，贵州独山县城市建设形成400亿债务，陕西贫困县镇安县花7.1亿元建豪华中学，西部一个只有40万人口的县级市据说近年投入1800亿搞建设，河南一个贫困县仅PPP项目就立项400多亿，就不奇怪了。实际上，近年我到全国几乎所有县市调研，当地县委主要领导都有宏伟蓝图，都要在短期内发展县域经济和进行城市建设。

现在的问题是，缺少了制造业的发展，中西部县域经济其实是没有发展起来的空间的。仅靠外出打工的农民工回县城买房所形成的相当有限的土地财政收入，不可能支撑起县域经济繁荣，也不可能支撑得起这些宏伟蓝图。县政府成立的各种投融资平台进行融资借款，将来也很难有偿还能力。

实际上，中国制造业高度集中在沿海发达地区和大中城市，中西部地区县一级发展制造业的空间已经不大了。县域经济发展最好的百强县主要集中在东部沿海地区，属于东部沿海发达地区城市带的有机组成部分。若从经济集中度来看，中国经济越来越集中到东部沿海发达地区及大中城市，中西部县域经济在全国经济中的占比很小，而且会越来越小。

其中道理也很简单：沿海发达地区和大中城市有更完善的基础设施、产业配套和研发能力，地市级城市也许才是发展制造业的最低层级的城市。也就是说，地市级以上的城市才可能创造出足够多的就业机会，也才可能是大多数进城农民可以最终落脚之地。

二

当前一个时期，农民进城主要是到沿海发达地区和大中城市务工经商，到县城买房。将来县城能否成为农民进城的终点具有很大的不确定性。在我看来，绝大多数中西部县城都不可能是农民进城的终点，因为绝大多数县城都缺少就业机会。当前主要依靠中西部农村农民到沿海地区务工经商，再将主要收入拿回县城买房所刺激起来的县域经济、城市建设和土地财政是不可持续的，被外出务工农民返回县城买房所激励起来的广大中西部地区县政府的雄心是值得警惕的。

以我的意见，当前中国中西部地区，城市化的重点应在地级市而不在县一级。地级市是中国城市化的重点和起点。县一级城市化多是消费性的城市化，县级城市的建设应当有所节制。

无论县一级城市建设是否应当节制，以及县城是否为当前中国城市化的合理起点，当前中国至少有一点是必须明确的，那就是除特殊性情况以外的中西部县级以下区域很难再是城市化的合适地点，中西部地区农村就地城市化已经没有可能性，乡镇也不再是城市化的合适地点。苏北、山东搞"合村并居"，让若干村农民集中起来，像城市居民一样"上楼"，农民看似城市化了，实则不然，因为农民"上楼"了却没有就业，这样的"上楼"不可持续，自然不是真正的城市化。

在县城以下的农村为农民建楼，这些地方既脱离农业生产，又缺少第二、三产业就业机会，这些地方的"上楼"就是纯消费性的，不可持续，结果只可能是制造了一堆钢筋混凝土垃圾，很快会被抛弃。

相对来讲，虽然农民城市化就是农民进城，也就是农民离开村庄，村庄因此衰落，但是，村庄仍然是生产性的，因为农民在村庄中可以与土地结合起来，从土地中获得收入。而且村庄生活成本低，村庄熟人社会使社会互助变得容易。农民正是在村庄依据自己的家庭状况采取自认为最佳的家庭策略进城，他们对自己的情况最了解，也对自己的决策负最终责任。农民为防进城失败，一般都愿意保留农村这个退路，正是农民有退路，中国国家现代化才有出路。

村庄是生产性的，是农民进城的出发点，又是其进城失败时的退路。中国城市化是一个长期的战略，村庄因此具有极为重要的意义。当前乃至未来相当长一个时期，乡村振兴显然不是要让农村变得比城市更好，从而吸引城市人来乡下居住，而是要持续为进城农民提供村庄基本的生产、生活条件。拥有一个稳定的、生产性的、可持续的村庄，正是中国稳健而高速城市化的前提。

2020年8月16日

大均衡

国土空间规划的几个问题

一

国土空间规划如何编制，涉及对未来中国城市化道路的判断。当前中国正处在史无前例的快速城市化进程中，城乡关系也正在激烈重组。中国城市化的走向和独特道路是编制中国国土空间规划的前提，而好的国土空间规划编制又有助于实现中国高质量的城市化，从而更好地服务于中国现代化建设和中华民族伟大复兴事业。

当前编制国土空间规划，首先要对中国城市化道路有清醒的认识。

在改革开放之初，以乡村工业化为主要内容的乡镇企业的异军突起，改变了中国经济城乡结构。农民离土不离乡、进厂不进城的就地工业化和城市化似乎是可能的，以小城镇为中心、不牺牲农村、城乡发展相对均衡的发展模式受到广泛期待与认可。不过，到了20世纪90年代，因为乡村工业存在难以克服的面源污染，以及产权不清，乡镇企业在中国进入买方市场阶段产品市场竞争力不足，而纷纷关闭。乡镇企业最为发达的苏南地区在20世纪90年代进行了十分彻底的乡镇企业改制。利用良好的工业基础，苏南开始广泛招商引资，发展基于外资的制造业。与此同时，珠三角地区利用全球产业转移的契机大力发展"三来一补"企业，浙江则以家庭作坊为基础发育出具有活力的民营企业。在进入新世纪之后，这些地区仍然保持了强劲的发展势头，在东部沿海地区形成了一个以制造业为基础的沿海城市经济带，经济带内的很多农村实现了就地工业化和城市化。

相对说来，在广大的中西部地区，随着20世纪90年代乡镇企业的关闭，中西部地区乡村工业化戛然而止，当地农民开始远离家乡，进入沿海地区和大中城市务工经商。中西部地区广大农村不仅青壮年劳动力进城了，而且进城农民开始在县城买房，留守农村的父母将有限的农业剩余用于支持子女进城，农村进一步衰落。

显然，东部沿海城市经济带的现不会是中西部农村地区的未来。当前中国经济结构大体表现为沿海城市经济带和中西部以省会城市为代表的经济增长极，中西部农村就地工业化和城市化已无可能。

不仅中西部农村（乡、村两级）已无就地工业化和城市化的可能，而且县域经济发展的空间也十分有限。县城产业多集中为消费性产业，缺少制造业的支撑，使得县城很难创造出足够多的就业机会。县城发展主要靠外出务工农民返乡购房，而他们即使在县城买了房子，也会因为县城缺少就业机会而很难住下来。也因此，大多数中西部县城可能只是农民进城过程中过渡的一站，而非终点。

大均衡

东部地区与中西部地区发展差异最显著的表现是，绝大多数百强县都集中在东部沿海发达地区，而在中西部地区，往往仅有个别特殊县市才进入百强县，这些中西部特殊县市多为中西部资源型县市、省会城市的近郊县市。珠三角地区进入百强县的也比较少，原因只是珠三角城市化太快，以前的百强县都已经改为市辖区，退出了百强县的统计行列。正如前述，东部地区乡村工业化、就地城市化不再可能是中西部地区的未来，而以几乎全域城市化为条件所形成的东部沿海城市经济带的百强县，也不是未来中西部地区县域经济的未来。中西部县域经济已经失去了全域工业化和就地城市化的可能性。

二

既然中西部地区县域不再可能复制东部地区全域工业化和就地城市化的模式，中西部地区的城市化就是农民脱离土地进入城市的过程。我们要仔细研究农民进城的过程。对于国土空间规划来讲，中西部农民进城的几个特点值得重视。

第一，农民进城并非全家同时从农村搬迁进入城市，而有一个缓慢并长期与城市接触适应的过程。农民家庭中先是年轻子女进城务工经商，父母仍然留村务农。子女在城市务工经商有了积蓄，开始在城里（通常是县城）买房，并将父母接到城市居住养老。不过，老年父母一般都不适应城市生活，而愿意在农村居住，种点田，搞点庭院经济。甚至进城农民自己年老了也愿意回到农村养老。也就是说，农民进城往往只是农民家庭中的一部分人进城，仍会有人选择留守农村。也正是这个原因，虽然有大量农民进城，农民家庭全家进城的情况却不多见，农民在农村的住房中仍然有人居住，农村宅基地对农民仍然很重要。

第二，农民进城也是一个艰难的过程。一方面，进城农民收入的提高未必能赶上在城市消费支出的增加，因此普遍出现了留守农村的父母用农业剩余支持进城子女的情况；另一方面，他们未必能在城市获得稳定就业、收入和社会保障，最终可能进城失败，因此倾向于保留农村退路。从这个意义上讲，正是农村这个退路为农民进城提供了胆量、基础和支撑，而非反过来，农村成为农民进城的拖累。城市和乡村之间不是对立的关系而是互补的关系。

第三，农民进城必须要有就业。一座城市只有好的基础设施和公共服务而缺乏就业机会，是不可能让进城农民安居的。目前中西部县城具有远好于村庄的基础设施和公共服务，尤其具有对农民十分重要的教育资源，但最大的问题是缺少就业机会。因此，即使在县城买房的农民，也不得不到沿海地区务工，同时不得不保留农业生产经营。

在县城仍然缺少就业机会的情况下，乡镇一级搞房地产开发，吸引农民"上楼"，又比如，山东"合村并居"将农民集中到一起"上楼"居住，这些集中居住点既缺少第二、三产业就业机会，又不方便进行农业生产，必然会遭到抛弃。

第四，当前农民进城还有两种十分普遍的方式。一种方式是通过考大学进城。考取大学，在城市工作，娶妻生子，再接父母到城市共同生活，这样全家就进城了。不过，父母是否适应城市生活及是否愿意到城市生活仍然存疑。实际上，绝大多数父母宁愿留在村庄养老也不愿进城与子女共同生活。住几天是可以的，时间长了感觉像坐牢一样。另外一种方式是婚姻进城，即农村娶媳妇必须在县城买房子。然而，婚姻进城只是农民家庭在县城买了房子，却并没有解决就业问题。甚至越是在县城买了房，就越是要依靠到县城以外的沿海发达地区务工经商，以及留在农村从事农业生产，这些活动都是生产性的、有收入的，县城生活则属于消费性的。

第五，农民进城还有一个由县城到地级市甚至省会城市的流动过程。县城往往只是农民进城的中转站而非终点。

第六，从过程来看，农民进城是一个漫长、艰难、复杂的过程。农民进城绝对不是一个简单的将农村的家搬到城市的过程，而要在城乡之间不断往返，城乡关系因此变得极为复杂。总体来讲，城乡之间是互补的关系，是相互嵌入的关系，而不是相互对立的关系。农民进城需要经历一个很长的历史过程才能尘埃落定，也许还要20年甚至30年，中国才能完成城市化。

三

农民进城的以上六个特点对于国土空间规划来讲，有以下几点重要启示。

第一，村庄对农民很重要。即使看起来大多数农民已经进城了，却仍然有许多农民家庭在农村生活，这些农民家庭不一定很完整，可能主要是中老年父母留守农村。一方面，农村为所有仍然生活在其中的中老年人提供了收入和意义之源，提供了庇护之所；另一方面，留守农村的中老年父母仍然在支持进城打拼的子女，减少对子女的"拖累"，帮助增加在城市子女的积蓄。也是因此，在未来很长一个时期，村庄仍然要存在，千万不要动辄就想消灭村庄。村庄的消失是一个长期的过程，也应当是一个自然的过程，为什么我们总是急于迅速消灭村庄？我们一直在进行退耕还林、还草、还湖，且大量耕地仍存在普遍的季节性抛荒，为什么还要急于将农村宅基地复垦为耕地？

第二，一定要防止巨变时期的乱作为，最典型的是当前史无前例地向农村投入各种资源。这些资源试图打造美丽乡村，不仅国家投入资源，引进社会资本，而且动员农民投入资源，结果却往往是农民仍然要进城（因为村庄缺少第二、三产业的收入机会，无法为所有村民提供收入），国家和社会资本的投入打了水漂。本来农民正在进城，农户策略往往是保留一个最低限度的农村退路，而将所有积蓄用于在城市开辟商业机会，现在却可能被迫修建一个花费不低的、外观看起来不错的农村住房，这样就造成了农民不必要的两头投资，浪费了社会资源。

第三，在农民数量仍然庞大，农村地域无比广大，城市休闲消费又乏力的情况下，全国农村都开展的以乡村旅游为代表的一二三产业融合，不一定全部都有前途。即使某些具有区位或环境优势的农村适合发展乡村旅游，也应当是当地农民与社会资本的事情，政府不应过于关注，更不应过多投资。

第四，中国经济增长极在城市，甚至主要在地级市以上的

大均衡

城市，中西部县以下地区经济成长机会比较少，农村人口大量向县级以上城市聚集是必然规律，因此，所有逆向的对县级以下进行的产业规划都要警惕。

四

小结一下，关于国土空间规划应当有以下几点结论。

（一）要保留住现有村庄，不要随便撤并村庄，即使这个村庄因成为"空心村"而消亡，也应当是一个自然而然的过程，不要人为地提前消灭村庄。

（二）不要打农民宅基地的主意，宅基地就是一块用于建房子的荒地，而不是一块可以长出真金白银的神奇"造币机"。

（三）不要打造田园综合体，不要用政府资金打造乡村旅游，产业的事情都要交给社会和企业以及农民自己。

（四）要警惕中西部县城的宏伟规划，要限制县城不合理的巨额融资权力。

（五）要防止村庄和县城之间的房地产投资，要防止农民在村庄和县城之间的地方"上楼"，因为这些地方没有就业机会，甚至缺少基本公共服务。这些地方的"上楼"只不过是产生建筑垃圾。

总之一句话，在当前中国快速城市化阶段的农村发展策略应当是稳健的保守的，不能折腾。

2020年8月18日

乡村振兴规划中的四类村庄

一

《国家乡村振兴战略规划（2018—2022年）》（下文简称《规划》）第九章《分类推进乡村发展》中，明确提出"顺应村庄发展规律和演变趋势，根据不同村庄的发展现状、区位条件、资源禀赋等，按照集聚提升、融入城镇、特色保护、搬迁撤并的思路，分类推进乡村振兴，不搞一刀切"。《规划》将中国村庄分为四类。第一类是"集聚提升类村庄"，即"现有规模较大的中心村和其他仍将存续的一般村庄，占乡村类型的大多数，是乡村振兴的重点"，针对这类集聚提升类村庄应当"科学确定村庄发展方向，在原有规模基础上有序推进改造提升，激活产业、优化环境、提振人气、增添活力，保护保留乡村风貌，建设宜居宜业的美丽村庄"，"鼓励发挥自身比较优势，强化主导产业支撑，支持农业、工贸、休闲服务等专业化村庄发展"。第二类是"城郊融合类村庄"，即"城市近郊区以及县城城关镇所在地的村庄"。第三类是"特色保护类村庄"。第四类是"搬迁撤并类村庄"，"对位于生存条件恶劣、生态环境脆弱、自然灾害频发等地区的村庄，因重大项目

　　　　　　　　　　　　　　　　　　大均衡

建设需要搬迁的村庄，以及人口流失特别严重的村庄，可通过易地扶贫搬迁、生态宜居搬迁、农村集聚发展搬迁等方式，实施村庄搬迁撤并，统筹解决村民生活、生态保护等问题"。

<h2 style="text-align:center">二</h2>

应当说，《规划》提出乡村发展"分类推进"，不搞"一刀切"，是十分重要的。将当前中国村庄分为四种类型，就是体现了不搞"一刀切"的要求。不过，《规划》的村庄分类过于模糊，且明显存在着静态分类的问题，容易引发地方政府的误解，容易引发国土空间规划的误解，从而造成地方实践中的问题。

《规划》所言的四类村庄中，"城郊融合类村庄"和"特色保护类村庄"都是数量极少，情况特殊的村庄，两者加起来不会超过全部村庄的5%，因此不作为本文拟讨论的重点。本文将重点讨论"集聚提升类村庄"和"搬迁撤并类村庄"。

我们首先来看"搬迁撤并类村庄"。"生存条件恶劣、生态环境脆弱、自然灾害频发等地区的村庄"，当然应在搬迁撤并之列。不过，这类村庄数量并不多，且往往是单家村、三家村，撤并工作量并不大，且农村精准扶贫中的"易地搬迁安置"已将绝大多数此类村庄易地搬迁了，所以这类村庄不是本文讨论的重点。"因重大项目建设需要搬迁的村庄"，比如三峡移民等以及高铁建设的征迁也都与乡村振兴无关，涉及村庄数量很少，且都有专门的国家政策支持，因此也不必讨论。需要讨论的是"人口流失特别严重的村庄",也就是"空心村"。

问题是,什么样的村庄才是"空心村",以及为什么"空心村"就必须要搬迁撤并。一般来讲,生存环境恶劣、生态环境脆弱以及自然灾害频发的村庄,农民难以居住。生存条件差,生产不容易,农民就更加倾向到生产、生活条件比较好的地方谋发展,尤其愿意进城务工经商,即使政府不组织搬迁撤并,农民也自发地搬迁了。村庄中存在的一些缺少进城务工能力的老弱病残户,在精准扶贫"易地搬迁安置"中早已安置了。而对于绝大多数具有较好农业生产和生活条件的村庄,比如绝大多数山东农村,虽然农村青壮年劳动力进城了,缺少进城能力的中老年农民却仍然留守村庄,依靠土地生活,甚至他们种地粮食亩产要远高于规模经营农场主,这样的村庄不是必须要搬迁撤并的"空心村"。这些村庄不仅对缺少进城机会的、相对弱势的农户很重要,而且是进城失败农民的退路。

只有对于极少数确实已完全空心化不再有人居住的自然村要进行搬迁撤并。不过,既然已经无人居住,搬迁撤并的意义何在?一个自然村三五户人家都已进城,且农户都同意宅基地复垦,那也是一个自然过程,地方政府完全没有必要急于复垦。让农民宅基地闲置几年十几年时间,让宅基地上自然长出苗木花草,这块宅基地仍然是国土。农户愿意在宅基地上种大豆高粱,那也是他们的权利。

由此看来,"搬迁撤并类村庄"数量也很少,也不应当是乡村振兴战略关注的重点。因此,乡村振兴战略关注的重点只有"集聚提升类村庄"。《规划》上也正是这样说的："现有规模较大的中心村和其他仍将存续的一般村庄，占乡村类型的大多数，是乡村振兴的重点。"这些村庄不仅数量庞大，而且全国至少80%的农民就居住在"集聚提升类"村庄中。

问题就来了，这类村庄中的农民是否要进城？显然，"集聚提升类村庄"的农民不仅要进城，而且事实上绝大多数具有进城能力的青壮年农民和农民家庭都已经进城了，其他没有进城的农民和农户也都在计划进城。当前中国正处在史无前例的城市化进程中，"所有道路通向城市"，因为城市有着远比农村多的就业机会和更好的基础设施与公共服务。也只有当绝大多数农民进城了，留守农村的农民才可以扩大土地经营规模，缓解人地关系紧张格局，他们也才有机会致富。并且，这类村庄中的农民会依据自己家庭的情况来进城，有自己的进城策略与步骤，对自己的进城决策负最终责任。农民家庭中总是青壮年劳动力先进城，子女进城后父母留村支持进城子女，条件具备后再全家进城。全家进城后，为防进城失败，农民会保留农村退路，即保留农村住房、耕地和宅基地。即使农民可以全家在城市体面安居，老年人也往往愿意回到农村居住。也就是说，农民进城是一个极为复杂的过程，并非一蹴而就、一去不返的。在未来几十年，农民会依据自己的家庭条件和资源状况不断在城乡之间往返。这个时候，乡村振兴的重点就不是要将农民固定下来，也不应当过于强调"推进改造提升，激活产业、优化环境、提振人气、增添活力"，更不可能将占中国农村最多数的这类农村建设成为"宜居宜业的美丽村庄"。

三

当前及未来相当长的一段时期，将是农民快速进城、城乡关系重组的时期，这段时期最重要的一个特点就是变化。城市人口不断增长，农民依据自己家庭状况来进行进城与返乡的决策。这个时期的乡村振兴就应当适应城乡关系的巨变，为农民进城提供条件与保障。这个时候乡村振兴战略的重点，当然就不是要建设美丽宜居村庄，更非将农民固定在村庄中。乡村振兴在现时期乃至未来一个时期的重点，都在于为农民进城提供保障，为维护农村基本生产、生活秩序保驾护航。

当前很多地方的乡村振兴战略都变成将大量财政资源投入乡村搞美丽宜居，搞产业激活，并要求农民拆旧房建新房、拆庭院"上楼"，甚至强迫农民退出宅基地，强迫农民将土地流转给企业搞规模经营，这样的做法完全缺乏考虑。当前中国农村最重要的任务应是支持农民进城去完成中国城市化。

农民进城十分艰难，他们要在城市买房安居，要有城市就业收入，要有留守农村父母对艰难进城子女的农业剩余支持。进城农民也可能缺少在城市赡养父母的能力，他们的年老父母普遍不愿与子女一起住在城市，且进城农民担心进城失败而宁愿保留农村退路，以及即使在城市安居的农民也愿意保留农村宅基地从而保留"乡愁"。这个时候，地方政府再以乡村振兴的名义逼迫农民贴钱"上楼"，再将农民宅基地复垦，导致农民家庭既在农村进行无效的消费性投资，又要承担巨大的进城成本，结果就是拖累了农民的进城，与中国当前正在进行的快速城市化背道而驰。

四

必须深入研究乡村振兴与中国城市化之间的辩证关系。要用动态的、发展的、系统的眼光看待乡村振兴规划中四类村庄之间的逻辑关系。乡村振兴规划不能刻舟求剑。

2020年8月17日

未来15年乡村建设重点在于保底

一

2020年是扶贫攻坚收官之年，中国由此进入"后扶贫攻坚"时代。经过坚苦卓越的努力，中国终于有望消灭绝对贫困，全面建成小康社会，实现第一个百年奋斗目标。在"后扶贫攻坚"时代，扶贫攻坚如何对接乡村振兴战略，全国农村工作重点如何由精准扶贫转向乡村振兴，成为当前及未来一段时期内不得不考虑的重大问题。

从乡村振兴战略来讲，按2018年年初中央农村工作会议部署，乡村振兴战略的实施将分三步走：到2020年，乡村振兴取得重要进展，制度框架和政策体系基本形成；到2035年，乡村振兴取得决定性进展，农业农村现代化基本实现；到2050年，乡村全面振兴，农业强、农村美、农民富全面实现。到2035年，农业农村现代化也才只是基本实现，只有到了2050年，再经过六个五年计划，乡村才能全面振兴，农业强、农村美、农民富的"强富美"乡村才能全面到来。

按三步走的部署，2020年进入乡村振兴战略实施的第二步。也就是说，2020年由扶贫攻坚所对接的是乡村振兴战略的

大均衡

第二步，即再经过15年奋斗基本实现农业农村现代化，而不是直接对接到第三步即建设"强富美"的乡村。

扶贫攻坚重点所在的中国中西部农村地区，经济欠发达，基础设施比较差，虽然农民脱贫了，地方经济基础却普遍比较薄弱。这些地区农村工作重点转换时尤其要注意对接的是乡村振兴第二步的战略，防止错误对接到乡村振兴第三步即"强富美"的乡村建设上。

遗憾的是，当前全国各级地方政府在落实乡村振兴战略时，不仅发达的东部地区普遍将乡村振兴战略等同于美丽乡村建设，试图短期内即实现"强富美"的乡村，而且中西部地区也普遍存在急于求成的思想，试图通过集中资源、重点突破、打造亮点的形式建设美丽乡村，而将有限的资源重点用在脱离地方实际的乡村振兴形式上，没有做基于保底的乡村建设工作。

二

当前和未来很长的一段时期内，中国仍将处于快速城市化阶段，主要表现就是农民持续进城，农村人口越来越少，进城农民越来越不再依靠农村而可以在城市获得体面生活的条件。只有当中国绝大多数农民进城了，农村只剩下很有限的农民，才能改变当前中国农村人多地少的格局，农户才会有相对多的农村获利机会，才可能凭借农业致富，农业强、农民富、农村美也才具备可能性。简言之，只有减少农民数量，才能使农民致富。

不过，在当前阶段，虽然中国城市化率已经达到60%，户籍城市化率却只有45%，因为几乎所有进城农民都刻意保留了农村的退路，70%以上的农民家庭因此形成了"以代际分工为基础的半工半耕"家计模式。在全国一半以上的人口都还要依托土地，70%以上农户仍然耕种土地的情况下，依靠农业不可能致富，"强富美"的乡村振兴也不可能实现。

反过来，当前农村虽然很难让农民致富，却对农民十分重要，主要是可以为数量庞大的、相对弱势的农村人口提供保底功能，包括三部分农村人口：

（一）缺少城市就业机会、难以进城的农村相对弱势群体；

（二）进城失败的农民工，他们如果无法体面在城市安居，就宁愿回来农村过农村体面、安宁的生活；

（三）需要在农村养老的老年人。很多农村老年人即使自己子女在城市事业成功，也不愿与子女在城市的同一个屋檐下生活，宁愿回农村，因为与子女一起生活不自由。所以他们为了自由，宁愿抛弃城市更好的基础设施与公共服务条件。在农村生活，与土地结合起来，有收入，有意义，亲近自然，在熟人社会中生活也有价值感。

以上三部分农村人口数量庞大，他们并非不愿意过体面的城市生活，只是在当前中国的发展阶段，很难获得在城市体面生活的就业与生活收入条件。

三

中国大多数农民有农村这个保底的退路，不仅对农民很重要，对中国也很重要，2001年我就提出："农村是中国现代化的稳定器与蓄水池。"正是凭借农村这个稳定器，中国才能从容应对2008年金融危机，才能平稳有效应对2020年的新冠疫情。手中有粮，心里不慌。正是有了农村这个退路和保底，中国才能从容应对在中华民族崛起中可能遭遇到的任何风浪。

只有当中国经济发展到高度发达阶段，已经实现高度现代化，中国才应该开始以美丽乡村为目标的乡村建设。

在未来15年的时间里，中国乡村振兴的重点应该是保底式的，基础的。我们不是要建设一个比城市更好的乡村，而是要建设一个能保持农村基本生产、生活秩序的，可以为绝大多数农民提供退路和保底的乡村。

2020年5月12日

"合村并居"何必拆农民房子

一

2020年5月6日山东省自然资源厅政务动态栏目发布"省自然资源厅召开《山东省村庄布局专项规划》等项目和技术规程专家研讨会",消息称,国土空间规划处将"编制全省村庄布局专项规划,指导各地完成县域村庄布局,制定全省合村并居规划指引,稳妥推进合村并居",引发广泛关注。据齐鲁网、公众号"网上问政"和公众号"东岳客"2020年5月8日进一步的延伸报道,"合村并居",又叫作"合村并点"。山东之所以要"合村并居",原因是"山东是人口大省、农业大省,有农村常驻人口4900多万,行政村6.9万个,村庄密度0.43个/平方公里,平均每个村700多人","山东省农村人口多,村庄规模小、密度大",早在2001年山东省政府就出台关于规范"小城镇建设"的47号文件,对"合村并点"进行了说明。"2008年开始实施合村并点试点的德州市认为,长期以来存在的村庄数量多、规模小,带来的'三高两难'是制约农村发展的瓶颈"。"三高","一是村级组织运转成本高,基层负担重。按每村平均5000元计算,仅全市财政承担的村级工资费用就近

314

4000万元。二是'空心村'比例高，土地浪费严重。全市农村人均居民点用地达257平方米，高出国家标准107平方米，'空心村'比例达80%。有的村庄房屋空置率高达50%。三是基础设施建设成本高，公共服务水平低。医院、学校、超市等基础设施，因村庄过于分散而低水平重复建设，国家的扶持资金分散到各村，就像撒胡椒面，收效甚微"。"两难"，"一是村级管理水平低，带领群众增收致富难。二是民主管理难。大家族在村中的人口比例多，家庭宗派治村的痼疾难以割除"。

因为"合村并居"是牵涉到农民基本生产、生活的大事，所以山东省自然资源厅召开一次专家研讨会，就引发了广泛关注。"合村并居"在山东是有特殊含义的。2014年我到山东德州调研，当时德州规划将该市8000个自然村全部拆掉，建1000个左右的大型社区。拆除8000个自然村，牵涉到德州全体农民的利益。拆农民房子要钱，建社区要钱，大拆大建，初步算下来也要超过千亿资金投入。德州是一个财政贫市，不可能拿得出这么多钱，市领导的想法是通过"增减挂钩"将拆农民房子退出的宅基地形成城市建设用地指标，再将指标卖到青岛，换回资金搞建设。问题是青岛并不缺建设用地指标，德州即使腾出建设用地指标也卖不出去。因此，德州只能靠贷款建社区，向农民收取建设成本，以及降低建设质量标准。结果就是，以前农民在自己房子住得好好的，现在非得被强拆搬进社区，还要自己出钱。搬进社区房子的质量差、面积小，社区也没有可以存放农具的空间，距离承包地太远，之前种植蔬菜的庭院也没有了。总之，农民搬到社区后生活质量下降了，生产、生活更加不方便了，还将原来计划到城市买房的积蓄用于购买社区质量很差的住房。结果政府花了很多钱，农民不满意，规划无法持续。德州在拆除大概10%的村庄以后难以为继，"合村并居"终于不了了之。

二

为什么山东省像着了魔一样非得花费巨额财力去推行"合村并居"，拆农民房子建社区呢？前引德州市所说的"三高两难"，成为支撑山东拆农民房子的理由。问题是，"三高两难"实在是小学算术题，不足为据，经不起算啊。若说村级组织运转成本高，相对于德州计划花费上千亿资金来"合村并居"，每年4000万元的村级组织运转成本何足挂齿？若说"空心村"比例高，农民进城自然就会有"空心村"，"空心村"里仍然有无法进城的农户需要留村务农，还有大量进城失败的农民将来需要返乡，村庄对农民生活的保底显然极为重要。有农民进城了，将房子空在那里，他们需要时再回来住，为何非得将农民进城后留下的空房子立即拆掉？有人说农民空房子不住人，浪费了土地。但是，中国并没有粮食紧张到非得拆掉农民房子将宅基地复垦种粮食的地步，反过来当前仍然存在普遍的耕地季节性抛荒。一面耕地大量抛荒，一面却将拆农民房子、复垦农民宅基地种粮食当作头等大事来抓，岂不荒唐？何况农民的空房子是作为退路来保留的。面对2020年新冠疫情，幸亏农民在农村有房子，他们可以返乡安全度过疫情。若说基

大均衡

础设施建设成本高，绝大多数农户都已经自发到城市买房了，农民城市化是必然趋势，指望靠"合村并居"来为农民提供良好基础设施，恰恰是花了大钱没办成事。

"两难"就更不成立了。带领群众增收致富难？第一，群众增收致富的机会在城市，怎么可能指望村干部带领农民群众致富？第二，"合村并居"大折腾就能突然冒出带领群众致富的村干部？说民主管理难，将小村合并成为大村就可以解决家庭宗派治村的痼疾了吗？大村有大村的管理难处，小村有小村的管理优势。从来没有证据可以证明民主管理难易与村庄规模大小有关系。

三

相对全国来讲，山东省行政村规模普遍偏小，那么，山东"合村并居"也并非就一定不好（当然，我以为"合村并居"没必要）。但合村就合村，何必花那么多资金去拆农民房子，建所谓的"新型社区"。山东在村庄之上普遍有管理区，山东的行政村与全国绝大多数省市的自然村（即村民小组）比较类似，管理区与全国绝大多数省市行政村比较类似。在我看来，山东"合村并居"最简单的办法是将现在的行政村改成自然村基础上的村民小组，将管理区改成行政村。改变体制，不拆农民房子，更不拆掉自然村。一个管理区下面有若干个自然村，有若干分散的居民点，有什么不好？这方面，山东烟台在管理区一级搞党建示范区，没有大拆大建，几乎不花财政成本，就完全解决了德州所谓"三高两难"的问题。群众满意，又没有财政压力，这才是实事求是的做法。

四

实际上，最奇怪的事情是，牵头山东"合村并居"的居然是山东省自然资源厅，也就是过去的山东省国土资源厅。本来行政建制应当归组织和民政部门管，是地方政府的职责，自然资源厅只管理土地，何以会管到"合村并居"一事上来？自然资源厅管到村级组织行政成本太高、村干部带领农民致富难的问题上来，手也未免伸得太长了一点？

之所以山东省自然资源厅手会伸这么长，与自然资源部曾发布的"城乡建设用地增减挂钩"政策有关。为了节约土地资源，原国土资源部出台政策，允许地方政府在减少农村建设用地的同时增加城市建设用地指标。农村建设用地主要是农民宅基地，减少农村建设用地就要拆农民房子，将农民宅基地复垦为耕地。地方政府为了获得城市建设用地指标，动起歪脑筋，通过"合村并居"来拆农民房子。拆了农民房子农民住哪里？就住到廉价低质量建设的所谓社区，农民生活生产因此变得很不便利。

在经济条件比较好、财政能力比较强的地区，地方政府拆农民房子会给予农民比较多的补偿，因此农民对于搬进社区还比较满意，比如四川成都和山东青岛，实行"增减挂钩"，农民还是受益了的。而对于山东德州这样的财政穷市，地方政府没有财政能力，拆了农民房子却不能让农民获得满意的安置，搞得怨声四起。在全国绝大部分地区，"合村并居"造成极其严重的农民利益受损和干群关系对立。

德州市自身财力不行，因而希望将拆农民房子所减少的农村建设用地变成可以交易的城市建设用地指标，问题是，农村宅基地太多，山东德州拆除8000个自然村减少农村建设用地挂钩形成的城市建设用地指标远远超过市场需求。德州市刚开始时是希望将指标卖给山东比较富一点的青岛，问题是青岛也有"增减挂钩"，不缺指标。德州的指标卖不出去。原本指望靠拆农民房再卖指标获得土地财政收入，用这个收入偿还建设社区的贷款，现在指标卖不出去，建设社区的巨额贷款无法偿还，地方政府因此形成了巨额地方债务。

山东"合村并居"这样的折腾不能再搞了。

2020年5月12日

"合村并居"可能造成系统性风险

近期，山东省大范围地推行"合村并居"，由地方政府主导拆除传统自然村，将农民集中到新型社区。与土地结合的农村，在我国经济社会建设中发挥稳定器和蓄水池功能，大范围"合村并居"将带来巨大风险，原因有如下几点。

一是造成农民被动"失地"。"合村并居"后的新建社区，居住规模达数千甚至上万人，改变乡村空间布局，农业耕作半径从过去的一公里范围，扩大至数公里，耕作极为不便。新型社区基本建成高层公寓，缺少农具存放空间，与农业生产要求脱节。入住社区后，农民只能放弃农业生产，再加上庭院经济消失所带来的生活成本提升，让农民生活质量总体下降，对农村贫弱群体的冲击尤为突出。

二是造成巨大的财产浪费。改革开放以来，农村已经过1980年代和取消农业税后的两轮建房潮流。农民几代人的储蓄已投资到农村建筑中，砖混结构的两层楼房和带院落平房是农村普遍形态，农民居住条件已有大幅改善。此时推行"合村并居"工程，将农民的私人投资和国家前期投入的农村基础设施建设毁掉，是巨大的社会财富浪费，且不符合生态环保发展理念。我国还处于社会主义初级阶段，物质财富还未充裕到允许

大均衡

大拆大建的程度。

三是违背农民意愿。各地采取的还建安置方案是，对农民房屋作价评估给予补偿，农民按照政策到新型社区购置还建房屋。大部分农民所获得的补偿款不够支付新房购置费用，而农民居住面积缩小，需要额外拿出一大笔现金。各地采取"先拆后建"方式，拆除房屋后农民存在居住困难的问题，且对还建房屋的工期、质量等都不抱信心。一些已经建成小区，在房屋质量和后期物业管理方面存在不少问题，成为治理隐患。各地通过行政压力推动"合村并居"，造成基层干群关系紧张。

四是长期风险。以上都是短期可见的矛盾，"合村并居"的长期风险在于，将改变"三农"的压舱石地位。农村不仅是居住场所，还是一套物质、文化和社会生产体系。用行政手段强行改变乡村形态，对我国社会稳定根基造成冲击。缺乏稳定就业、与农业脱节、上万人集聚的陌生人社区，不仅自身治理难度很大，而且易成为社会波动的放大器。大范围的"合村并居"活动会在传统的城市与农村之间，人为制造一个高风险的"非城非乡"的第三元结构。

地方政府套用"城乡建设用地增减挂钩"政策搞"合村并居"，一是想解决建设用地指标问题，二是想解决乡村建设资金来源问题。但这在政策设计和操作上都存在着明显不足。

首先，我国土地资源还未紧缺到需要拆除农民房屋的地步。自然资源部出台"城乡建设用地增减挂钩"政策，在总量控制、严格审批、尊重农民意愿等方面设置多方面条件。地方政府借此搞大规模"合村并居"，存在政策滥用的现象。对于经济发展势头好、产业升级力度大且急需用地地区，可多给予用地政策支持，避免不必要的拆农民房屋行为。

其次，通过拆除农民房屋所获得的建设用地指标，成本高昂。按每户20万元支出核算，建设一个容纳1000户的新型社区，成本超过2亿元。按照拆除两户腾退一亩建设用地指标计算，每亩指标的成本超过40万元。这些挂钩指标只能用于商住用地开发，才有可能平衡资金。而且，大规模"合村并居"会造成当地的房地产库存增加，引发地方债务问题。

城镇化是一项长期工程，农民退出农村宅基地要保持自然过程，避免政策上操作过急。山东省强行推动全省范围的"合村并居"，缺乏基本论证，违背农民意愿，造成严重的干群关系紧张。既无科学依据和政策依据，又搞强迫命令，在新冠疫情和目前国际环境带来深度不确定性的形势下，山东省大面积侵犯农民基本利益的"合村并居"乱作为，可能造成国家安全的系统性风险。

山东"合村并居"强推之风当刹！

2020年6月11日

大均衡

后　记

　　2020年始料未及的新冠疫情，对全世界各个国家都造成了重大影响，而中国以果决的手段迅速控制了疫情。相对于世界上至今仍然深陷疫情的一些国家，中国之所以能迅速控制疫情，除与中国体制优势、集体文化有关以外，农村再次成为中国得以有效应对危机的一个关键。疫情期间，大量城市务工求学人口回到农村，无生存之忧。严格的流动限制之所以可以进行，是因为农村为中国最大多数人口提供生活保障。或者说，正是农村为中国大多数人口提供了生活保障，国家就可以采取措施进行严格管控，也就可以在短期内将疫情控制住。

　　最近几年国际关系比较复杂，中国却能保持战略定力，继续发展，其中一个原因就是中国有农村这个战略大后方。农村是中国现代化的稳定器和蓄水池，这句我在20年前说的话，现在听起来仍然很应景。2008年金融危机爆发，国际舆论对当时中国可能出现2000万失业农民工感到担忧——在国际语境中，一个人失业就意味着一家人挨饿，2000万人失业就有接近一个亿的人口没饭吃，这显然是重大危机。不过，中国情况不一样。2008年底我在贵州农村调研时，问一个农民说失业怎么办，他回答说："失业回来家里不过是多一双筷子。没有打工收入，打麻将打小一点就行。"正是因为农村对失业农民工的接纳，2008年金融危机对中国社会的冲击很小。可以说，因为有一个稳定的农村，中国成为世界上最有能力应对经济周期及其他困难的国家。

世界银行所言"中等收入陷阱"，即一个国家到了中等收入阶段，劳动力价格上涨，经济成长乏力。之前经济增长较快的时候，社会各个阶层与群体都可以从中获益，经济增长速度降下来以后，阶层之间的利益分配就变成了零和博弈，一个群体收入的增加以另一个群体收入的减少为代价，因此出现结构性矛盾，不同阶层之间的冲突加剧，社会矛盾频发，甚至引发政治动荡，反过来又造成经济增长的停滞，国家遂落入发展陷阱。中国情况则大为不同。一方面，中国实行土地公有制，消灭了土地食利阶层，另一方面，农村这个退路与基本保障，使得中国社会在发展中一直没有出现阶层之间的剧烈冲突。农民正通过代际接力的方式融入城市，即使进城失败，也可以有底气地退回农村。"未富先老"是中国现代化进程中遇到的又一个难题，农村成为应对人口老龄化最为重要的阵地。

简而言之，正是看起来并不现代也不发达的中国农村，为中国现代化提供了最为重要的保障。在2014年出版的《城市化的中国道路》一书中，我认为，中国现代化由三轮驱动：小农经济、中国制造和科技进步。小农经济为整个中国现代化提供了廉价劳动力，提供了社会稳定的基础，提供了多数人的基本保障。中国制造让中国成为世界工厂，为中国赚取外汇，大幅提高了生产力，改善了基础设施，为公共服务提供了充裕资

大均衡

金，为科技进步提供了资金和技术条件。科技进步和产业升级则是中国由大国晋升强国的关键。只有科技进步，才能让中国在世界产业价值链中由低端走向高端，也只有在高附加值产业中占据地位，中国才不会受人掣肘，才能真正成为发达国家。三轮驱动的关键是将中国制造的利润导向科技进步和产业升级，而小农经济恰恰为这样一个利润流向提供了最可靠保障。

因此，城乡之间的关系并非齐头并进，而是一快一慢、一正一反、一发展极一稳定器，对立统一，相反相承。中国现代化建设，必须城市先行、科技先进。从战略高度来看，中国城乡之间的均衡是大均衡。乡村振兴不是要消灭小农经济，不能急于求成，而必须有历史的耐心，必须服从中国现代化建设的大局。

这个角度来看，2020年疫情期间山东以乡村振兴名义通过"合村并居"来拆农户房子，过于急于求成，既不得民心，又不符合中国现代化的规律。在中央的指导下，山东不得不停止了"合村并居"。实际上，当前全国仍然存在不少类似山东"合村并居"一类的激进乡村振兴做法，有些中央部委的三农政策甚至也过于激进。系统检讨当前一个时期的"三农"政策与实践，对于避免落入中等收入陷阱，实现中华民族伟大复兴，具有重大理论和现实意义。

本书收入的是笔者近年所写的调查随笔与政策评论，主要涉及对中国农村与城市化的认识。这些文字的结论是，在未来相当长一个时期，农村仍然十分重要。农村是农民的基本保障，是将来可能进城失败的农民的最后退路。基本保障是

不允许也不应当市场化的，必然维持在较低水平。农民没有
"乡愁"，只有"城愁"，他们正在想方设法进城，而在农民
进城的历史进程中，政策不应过于浪漫化。在未来相当长一个
时期，应建设一个可以为农民保底、为进城失败的农民提供退
路、不那么美丽却可以维持基本生产生活秩序的农村，这个
农村将继续作为中国现代化进程中应对危机和危险的稳固根
据地。

希望这本小书可以为当前的乡村振兴政策提供启示，为关
心"三农"问题和中国现代化前途的读者提供别样的视角。

是为后记。

2020年11月14日

大均衡